新債権法における

要件事実と訴状記載のポイント

著　中村　知己（弁護士）

新日本法規

は　し　が　き

　いわゆる債権法改正にかかる改正民法（平成29年法律第44号による改正）の施行が2020年4月1日に迫っている。いよいよ本腰を入れて勉強しなければと危機感を募らせている弁護士も多いであろう。

　既に今回の改正に関する解説書は数多く出版されている。要件事実に着目したものとしても、伊藤滋夫編著『新民法（債権関係）の要件事実Ⅰ』、『同Ⅱ』（青林書院）、大江忠著『新債権法の要件事実』（司法協会）など、名立たる大家による解説書が既に出版されているところであり、これらの網羅的かつ緻密な解説は、本書の執筆にあたっても非常に参考になった。

　本書の特色は、訴状の作成という観点から、改正前後の新旧の要件事実を対比させるとともに、項目ごとに訴状例を掲載し、改正後の要件事実に基づいて訴状の請求原因事実を具体的にどのように記述するかを示しているところである。実務上、訴状を作成するにあたっては、個々の要件事実を請求原因事実として具体的に記述する際、どのように表現すればよいのか悩むことがあるが、そのような場合に、本書を紐解いて該当する訴状例を参照していただきたい。

　本書の利用にあたっては、以下の点に留意されたい。

　まず、本書の性質上、請求原因における法律構成に用いることが想定されない条項、すなわち抗弁以下の段階で用いられる条項や通常は訴訟上用いられることのない条項については（債務不存在確認請求として半ば強引に取り込んだものが一部あるものの）、本書の対象外となっていることである。そのため、本書のみで今回の改正内容を網羅的に理解することはできない。

　また、本書掲載の訴状例は、訴状の本文（「請求の趣旨」、「請求の原因」及び「関連事実」）に限定した記載例である。それ以外の記載事項

については、一般的な書式にて確認してもらいたい。また、書証の引用もしていないが、実際上は訴状段階から当然に添付すべき書証もあるので、必要なものは添付の上、引用していただきたい。

　さらに、実務では附帯請求として利息や遅延損害金を付して請求するのが当然と思われる事案であっても、敢えて元本のみの請求としているものがある。請求の趣旨及び請求の原因が複雑となり、事案に応じた要件事実の構造が見えにくくなるのを防ぐという趣旨である。

　加えて、現在、私は司法研修所の民事弁護教官を拝命しているが、本書の内容はあくまで私見に基づくものであり、司法研修所民事弁護教官室の見解ではない。もし本書の内容に不備等があれば、ひとえに私個人の不勉強・不見識の結果である。

　著者略歴をご覧いただければお分かりのとおり、本書は私にとって初めての単著となった。編者の目も通さず、自分自身の責任において一冊を書き上げることの重責と、何よりも必要な原稿の量に圧倒されたものの、何とか書き上げることができた。この孤独な作業の中で原稿が遅れがちだったにもかかわらず、温かい叱咤激励をいただいた新日本法規出版株式会社の中井彰紀氏にはこの場をお借りして深く感謝したい。中井氏がいなければ、本書が日の目を見ることはなかったに違いない。

　2019年3月

弁護士　中村知己

著 者 略 歴

中 村 知 己（なかむら　ともみ）

1973年　　福島県にて出生
1997年　　一橋大学法学部卒業、司法修習開始（第51期）
1999年　　弁護士登録（東京弁護士会）
2017年〜　司法研修所民事弁護教官

〒160-0022　東京都新宿区新宿5丁目8番2号
　　　　　　　ニューライフ新宿2階　永石一郎法律事務所

【主な著書】
　『ケース別　遺産分割協議書作成マニュアル』（新日本法規出版）共著
　『医療機関再生の法務・税務』（中央経済社）共著
　『信託の実務Ｑ＆Ａ』（青林書院）共著
　『事例式　契約書作成時の税務チェック』（新日本法規出版）共編著
　『社会生活トラブル　合意書・示談書等作成マニュアル』（新日本法規出版）共編著

略　語　表

＜法令の表記＞

　　根拠となる法令の略記例及び略語は次のとおりです（〔　〕は本文中の略語を示します。）。

　　　民法第415条第2項第1号＝民415②一

民	民法
旧民〔旧民法〕	平成29年法律第44号による改正前の民法
商	商法
旧商〔旧商法〕	平成29年法律第45号による改正前の商法
借地借家	借地借家法
破	破産法
旧破	平成29年法律第45号による改正前の破産法
民執	民事執行法

＜判例の表記＞

　　根拠となる判例の略記例及び出典の略称は次のとおりです。

　　　最高裁判所平成23年9月30日判決、判例時報2131号57頁
　　　＝最判平23・9・30判時2131・57

判時	判例時報	新聞	法律新聞
判タ	判例タイムズ	民集	最高裁判所（大審院）民事判例集
金法	金融法務事情		
裁判集民	最高裁判所裁判集民事	民録	大審院民事判決録

目　　次

第1章　総　　則

第1節　意思能力・公序良俗

ページ

【1】　意思能力（動産引渡請求）〔民3の2〕……………………… 3
【2】　公序良俗（債務不存在確認請求）〔民90〕………………… 6

第2節　意思表示

【3】　心裡留保と第三者（土地明渡請求）〔民93②〕…………… 9
【4】　意思表示に対応する意思を欠く錯誤（債務不存在確認
　　　請求）〔民95①一〕……………………………………… 12
【5】　動機の錯誤（債務不存在確認請求）〔民95①二〕………… 16
【6】　表意者の重過失による錯誤（債務不存在確認請求）〔民
　　　95③〕…………………………………………………… 20
【7】　錯誤と第三者（土地明渡請求）〔民95④〕………………… 24
【8】　第三者による詐欺（動産引渡請求）〔民96②〕…………… 28
【9】　詐欺と第三者（土地明渡請求）〔民96③〕………………… 32
【10】　意思表示の到達の妨害（遺留分侵害額請求）〔民97②〕……… 36

第3節　代　　理

【11】　代理権の濫用（売買代金請求）〔民107〕………………… 40
【12】　代理権授与表示及び権限外の行為の表見代理（所有権
　　　移転登記手続請求）〔民109〕…………………………… 44

【13】 代理権消滅後の権限外の行為の表見代理（所有権移転
登記手続請求）〔民112②〕………………………………… 47

【14】 無権代理人の責任（売買代金請求）〔民117〕……………… 51

第4節　無効及び取消し・条件及び期限

【15】 原状回復の義務（原状回復請求）〔民121の2〕……………… 55

【16】 条件の成就の妨害等（不当利得返還請求）〔民130②〕……… 58

第5節　時　効

【17】 消滅時効の援用（抵当権設定登記抹消登記手続請求）
〔民145〕…………………………………………………… 61

【18】 裁判上の請求による時効の完成猶予（売買代金請求）
〔民147〕…………………………………………………… 66

【19】 協議を行う旨の合意による時効の完成猶予（貸金返還
請求）〔民151〕…………………………………………… 70

【20】 承認による時効の更新（売買代金請求）〔民152〕…………… 74

第2章　債権総則

第1節　債権の目的

【21】 特定物の引渡しの場合の注意義務（損害賠償請求）〔民
400〕……………………………………………………… 79

【22】 法定利率（貸金返還請求）〔民404〕………………………… 82

【23】 不能による選択債権の特定（動産引渡請求）〔民410〕……… 85

第2節　債権の効力

第1款　債務不履行の責任等

【24】　確定期限と履行遅滞（売買代金請求）〔民415①〕‥‥‥‥‥ 89

【25】　不確定期限と履行遅滞（貸金返還請求）〔民412②〕‥‥‥‥ 93

【26】　履行不能（損害賠償請求）〔民412の2〕‥‥‥‥‥‥‥‥‥ 97

【27】　受領遅滞（増加費用請求）〔民413②〕‥‥‥‥‥‥‥‥‥ 101

【28】　履行遅滞中の履行不能（損害賠償請求）〔民413の2①〕‥‥ 105

【29】　受領遅滞中の履行不能（請負報酬請求）〔民413の2②〕‥‥ 109

【30】　債務不履行－履行拒絶（損害賠償請求）〔民415②二〕‥‥ 113

【31】　特別事情による損害（損害賠償請求）〔民416②〕‥‥‥‥ 117

【32】　中間利息の控除（損害賠償請求）〔民417の2〕‥‥‥‥‥ 121

【33】　金銭債務の特則（貸金返還請求）〔民419〕‥‥‥‥‥‥‥ 124

【34】　代償請求権（代償請求）〔民422の2〕‥‥‥‥‥‥‥‥‥ 127

第2款　債権者代位権

【35】　債権者代位権の要件（貸金返還請求）〔民423〕‥‥‥‥‥ 131

【36】　登記又は登録の請求権を保全するための債権者代位権
（所有権移転登記手続請求）〔民423の7〕‥‥‥‥‥‥‥‥ 135

第3款　詐害行為取消権

【37】　詐害行為取消権－原則型（詐害行為取消請求）〔民424，
424の6〜424の9，425〕‥‥‥‥‥‥‥‥‥‥‥‥‥‥‥‥ 139

【38】　詐害行為取消権－相当対価型（詐害行為取消請求）〔民
424の2〕‥‥‥‥‥‥‥‥‥‥‥‥‥‥‥‥‥‥‥‥‥‥‥ 143

【39】 詐害行為取消権—担保供与型（詐害行為取消請求）〔民
424の3〕 ……………………………………………………………… 147

【40】 詐害行為取消権—過大代物弁済型（詐害行為取消請求）
〔民424の4〕 ……………………………………………………… 151

【41】 転得者に対する詐害行為取消請求（詐害行為取消請求）
〔民424の5〕 ……………………………………………………… 155

【42】 債務者の受けた反対給付に関する受益者の権利（反対
給付返還請求）〔民425の2〕 ………………………………… 159

【43】 詐害行為取消請求を受けた転得者の権利（売買代金請
求）〔民425の4〕 ………………………………………………… 162

第3節　多数当事者の債権及び債務

第1款　債権者が複数の場合（連帯債権・不可分債権）

【44】 連帯債権（貸金返還請求）〔民432〕 ………………………… 167
【45】 不可分債権（動産引渡請求）〔民428〕 ……………………… 170

第2款　債務者が複数の場合（連帯債務・不可分債務）

【46】 連帯債務（貸金返還請求）〔民436〕 ………………………… 173
【47】 不可分債務（動産引渡請求）〔民430〕 ……………………… 176
【48】 連帯債務者の一人に対する履行の請求（貸金返還請求）
〔民441〕 …………………………………………………………… 179
【49】 連帯債務者間の求償権（求償請求）〔民442〕 …………… 182
【50】 償還をする資力のない者の負担部分の分担（分担請求）
〔民444〕 …………………………………………………………… 185

第3款 保証債務

【51】 主たる債務者が期限の利益を喪失した場合における情
報の提供義務（保証債務履行請求）〔民458の3〕……………… 189

【52】 委託を受けた保証人の求償権（事後求償請求）〔民459〕…… 193

【53】 委託を受けた保証人が弁済期前に弁済等をした場合の
求償権（事後求償請求）〔民459の2〕………………………… 196

【54】 個人根保証契約の保証人の責任等（保証債務履行請求）
〔民465の2〕………………………………………………… 199

【55】 保証人が法人である根保証契約の求償権（保証債務履
行請求）〔民465の5〕……………………………………… 202

【56】 事業に係る債務についての保証債務の特則（保証債務
履行請求）〔民465の6〜465の9〕………………………… 206

第4節 債権譲渡・債務引受

【57】 譲渡制限特約につき悪意重過失の譲受人からの請求
（譲受債権請求）〔民466〕………………………………… 210

【58】 債務者・引受人間の併存的債務引受（売買代金請求）
〔民470③〕………………………………………………… 214

【59】 債権者・引受人間の免責的債務引受（売買代金請求）
〔民472②〕………………………………………………… 218

【60】 債務者・引受人間の免責的債務引受（売買代金請求）
〔民472③〕………………………………………………… 221

第5節 債権の消滅

第1款 弁 済

【61】 弁済（債務不存在確認請求）〔民473〕………………………… 225

【62】 預貯金口座に対する払込みによる弁済（債務不存在確認請求）〔民477〕‥‥‥‥‥‥‥‥‥‥‥‥‥‥‥‥‥229

【63】 受領権者としての外観を有する者に対する弁済（債務不存在確認請求）〔民478〕‥‥‥‥‥‥‥‥‥‥‥‥‥‥233

【64】 代物弁済（所有権移転登記手続請求）〔民482〕‥‥‥‥‥‥237

【65】 弁済による代位の要件（代位請求）〔民499〜501〕‥‥‥‥240

【66】 一部弁済による代位（代位請求）〔民502〕‥‥‥‥‥‥‥‥244

第2款　更　改

【67】 給付内容の変更による更改（動産引渡請求）〔民513〕‥‥‥‥248

【68】 債務者の交替による更改（売買代金請求）〔民514〕‥‥‥‥‥251

【69】 更改後の債務への担保の移転（抵当権移転登記手続請求）〔民518〕‥‥‥‥‥‥‥‥‥‥‥‥‥‥‥‥‥‥‥‥‥‥‥254

第3章　契　約

第1節　総　則

第1款　契約上の地位の移転・契約の解除

【70】 契約上の地位の移転（目的物引渡請求）〔民539の2〕‥‥‥‥261

【71】 催告によらない解除―履行拒絶（代金返還請求）〔民542，545〕‥‥‥‥‥‥‥‥‥‥‥‥‥‥‥‥‥‥‥‥‥‥‥‥‥264

第2款　定型約款

【72】 定型約款の合意（通信料請求）〔民548の2〕‥‥‥‥‥‥‥‥269

【73】 定型約款の変更（通信料請求）〔民548の4〕‥‥‥‥‥‥‥‥272

第2節 贈 与

【74】 贈与（動産引渡請求）〔民549〕‥‥‥‥‥‥‥‥‥‥‥‥‥‥ 277

【75】 贈与者の引渡義務等（損害賠償請求）〔民551〕‥‥‥‥‥‥ 279

第3節 売 買

【76】 権利移転の対抗要件に係る売主の義務（所有権移転登
記手続請求）〔民560〕‥‥‥‥‥‥‥‥‥‥‥‥‥‥‥‥‥‥‥‥ 283

【77】 他人の権利の売買における売主の義務（損害賠償請求）
〔民561〕‥‥‥‥‥‥‥‥‥‥‥‥‥‥‥‥‥‥‥‥‥‥‥‥‥‥‥‥ 285

【78】 買主の追完請求権（修補請求）〔民562〕‥‥‥‥‥‥‥‥‥‥ 288

【79】 買主の代金減額請求権（代金返還請求）〔民563〕‥‥‥‥‥ 292

【80】 担保責任の期間の制限（代金返還請求）〔民566〕‥‥‥‥‥ 296

【81】 買戻しの特約（所有権移転登記手続請求）〔民579〕‥‥‥‥ 301

第4節 消費貸借

【82】 書面でする消費貸借（貸金交付請求）〔民587の2〕‥‥‥‥ 306

【83】 利息（貸金返還請求）〔民589〕‥‥‥‥‥‥‥‥‥‥‥‥‥‥ 309

【84】 期限前弁済（損害賠償請求）〔民591③〕‥‥‥‥‥‥‥‥‥‥ 313

第5節 使用貸借

【85】 使用貸借（目的物引渡請求）〔民593，593の2〕‥‥‥‥‥‥ 316

【86】 使用貸借の終了（借用物返還請求）〔民597，598〕‥‥‥‥‥ 319

【87】 借主による収去等（収去・原状回復請求）〔民599〕‥‥‥‥ 322

【88】 損害賠償等の請求権についての期間の制限（損害賠償
請求）〔民600〕‥‥‥‥‥‥‥‥‥‥‥‥‥‥‥‥‥‥‥‥‥‥‥‥ 326

第6節　賃貸借

【89】　不動産の賃貸人たる地位の移転（賃料請求）〔民605の2〕……… 330

【90】　合意による不動産の賃貸人たる地位の移転（地代請求）
〔民605の3〕…………………………………………………… 335

【91】　不動産の賃借人による妨害の停止の請求等（妨害排除
請求）〔民605の4〕………………………………………… 340

【92】　賃借物の一部滅失等による賃料の減額等（賃料返還請
求）〔民611〕…………………………………………………… 344

【93】　敷金（敷金返還請求）〔民622の2〕……………………………… 348

第7節　雇用・請負

【94】　履行の割合に応じた報酬（雇用報酬請求）〔民624の2〕……… 352

【95】　注文者が受ける利益の割合に応じた報酬（請負報酬請
求）〔民634〕…………………………………………………… 356

【96】　請負人の担保責任（原状回復請求）〔新民法該当なし（旧
民635の削除）〕………………………………………………… 360

第8節　委　任

【97】　受任者の履行割合に応じた報酬（委任報酬請求）〔民
648③〕…………………………………………………………… 364

【98】　成果等に対する報酬（委任報酬請求）〔民648の2〕………… 368

【99】　委任の解除（損害賠償請求）〔民651②〕……………………… 372

第9節　寄　託

【100】　期限前返還（損害賠償請求）〔民662②〕……………………… 376

【101】 損害賠償等の請求権についての期間の制限（損害賠償請求）〔民664の2〕‥‥‥‥‥‥‥‥‥‥‥‥‥‥‥‥‥‥ 379

第10節　組　合

【102】 加入・脱退した組合員の責任（組合債務履行請求）〔民677の2②．680の2①〕‥‥‥‥‥‥‥‥‥‥‥‥‥ 384

【103】 脱退した組合員の組合に対する求償権（求償請求）〔民680の2②〕‥‥‥‥‥‥‥‥‥‥‥‥‥‥‥‥‥‥‥‥‥‥ 388

民法（債権法）　旧新条数索引‥‥‥‥‥‥‥‥‥ 393

第1章　総　則

2

第1節　意思能力・公序良俗

【1】　意思能力（動産引渡請求）

〔民3の2〕

＜要件事実＞

旧	―
新	❶　当該意思表示の当時、原告が意思無能力であったことの評価根拠事実

ポイント

1　改正内容について

（1）　改正前

改正前においても、意思能力がない状態での意思表示が無効であることは異論がなかったものの（東京高判昭48・5・8判時708・36、東京高判昭52・10・13判時877・58等）、民法上、明文の規定がありませんでした。

（2）　改正後

改正後は、当事者が「意思表示をした時に」意思能力を有しなかったときは法律行為を無効とする旨が定められ（民3の2）、意思能力の判断基準時が意思表示時点であることが明示されました。ただし、意思能力の定義自体は定められなかったため、従前どおり解釈に委ねられることとなりました。

2　要件事実について

条文の新設によって実質的な変更はないため、要件事実としても実

質的に従前と同じです。意思能力の有無は評価的な要件といえるため、要件事実としては評価根拠事実を主張することになります。

3 訴状例について

意思無能力の状態で原告が被告に贈与した動産の返還を請求するという事案における訴状例です。

請求原因としては、①原告もと所有（原告が贈与契約時点で所有権を有していたこと）、②被告占有、のみで足りるものと解されるため、請求の原因ではそれだけを記載しています。なお、訴状では、贈与契約が無効であることを前提として、原告の現所有として主張する方法もあるでしょう。

本件のような事案では、請求原因のみでは裁判所に紛争の実体が伝わらないため、予想される抗弁及びそれに対する再抗弁の主張まで記載しておく必要があります。

関連事実第1項は、被告から主張されることが予想される所有権喪失の抗弁です。なお、所有権喪失の抗弁としては贈与契約の締結のみで足り、引渡しの主張までは不要と解されますが、被告が占有を取得した経緯の説明として記載しています。関連事実第2項が、所有権喪失の抗弁に対する原告の再抗弁としての意思無能力による無効の主張であり、意思無能力の評価根拠事実を具体的に主張します。

訴 状 例

第1 請求の趣旨
　1 被告は，原告に対し，別紙物件目録記載の動産を引き渡せ
　2 訴訟費用は被告の負担とする
　との判決並びに仮執行の宣言を求める。

第2　請求の原因

1　原告は，平成○年○月○日当時，別紙物件目録記載の動産（以下「本件動産」という。）を所有していた。

2　被告は，本件動産を占有している。

3　よって，原告は，被告に対し，本件動産の所有権に基づく返還請求として，本件動産の引渡しを求める。

第3　関連事実

1　原告は，被告に対し，平成○年○月○日，本件動産を贈与し，引き渡した。

2　しかしながら，原告は，上記贈与契約当時，以下の理由により意思能力を失っていた。

　（1）　……

　（2）　……

3　したがって，上記贈与契約は原告の意思無能力により無効であり，原告はいまだ本件動産を所有しているものである。

（別紙）

物件目録

（省略）

【2】 公序良俗（債務不存在確認請求）

〔民90〕

＜要件事実＞

旧	① 当該法律行為が公の秩序又は善良の風俗に反する事項を目的とすることの評価根拠事実
新	❶ 当該法律行為が公の秩序又は善良の風俗に反することの評価根拠事実

ポイント

1 改正内容について

（1） 改正前

改正前は、公序良俗に反する「事項を目的とする」法律行為が無効であるものと定められていました（旧民90）。

（2） 改正後

改正後は、「事項を目的とする」が削除され、単に公序良俗に反する法律行為が無効であるとされました（民90）。これは、法律行為の目的（内容）が公序良俗に反する場合のみならず、その経緯等、他の諸事情を含めて全体的に判断すべきであることを明確にしたものです。

なお、いわゆる暴利行為が無効である旨の条項を新設することも検討されましたが、要件の明確化が困難であること等を理由に実現しませんでした。

2 要件事実について

要件事実については、民法90条の改正によって実質的な影響を受けることはないでしょう。

3 訴状例について

　貸付けの契約自体が暴利行為であって公序良俗に反するとして、債務不存在確認を求める場合の訴状例です。前述のとおり、暴利行為を無効とする規定は改正により新設されませんでしたが、暴利行為が公序良俗違反になる旨の判例・裁判例は多数積み重ねられており（大判昭9・5・1民集13・875等）、その点は従前同様です。なお、違法な高金利の場合であっても、最終的にどの範囲が公序良俗違反となるか（利息部分のみなのか、元金部分を含めて無効とされるのか等）は、具体的な事情によって異なるでしょう。

　債務不存在確認の請求原因事実としては、確認の利益を基礎づける事実として、被告が原告に対する債権を有している旨主張していること（原告被告間で債権の存否に争いがあること）のみで足り、被告側において抗弁として当該債権の存在を主張立証する必要があります。

　しかしながら、紛争の本質を裁判官に伝えるためには、訴状の段階から原告が債務不存在と主張する実質的な根拠を含めて記載しておくことが適切でしょう。

　請求の原因第1項は、確認の利益を基礎づける主張です。

　請求の原因第2項は、必ずしも記載する必要はなく、第1項の記載と本件訴訟を提起している事実自体により確認の利益は認められると考えられますが、文章の流れとしてはこのような記載があった方が読みやすいでしょう。

　関連事実第1項は、本来は被告において主張すべき債権の発生原因事実ですが、後に公序良俗違反の再抗弁を主張する前提として先行して主張しています（契約内容には争いがないものとします。）。

　関連事実第2項が、公序良俗違反の評価根拠事実の記載です。具体的な事情を丁寧に主張していく必要があるでしょう。

訴 状 例

第1 請求の趣旨
　1　原告被告間の平成○年○月○日付け消費貸借契約に基づく原告の
　被告に対する貸金元金○万円及びこれに対する平成○年○月○日か
　ら支払済みまで年○％の割合による利息金の債務が存在しないこと
　を確認する
　2　訴訟費用は被告の負担とする
　との判決を求める。
第2 請求の原因
　1　被告は，原告に対して，原告被告間の平成○年○月○日付け消費貸
　借契約に基づき貸金元金○万円及びこれに対する平成○年○月○日
　から支払済みまで年○％の割合による利息金の債権を有していると
　主張している。
　2　しかしながら，前項記載の消費貸借契約は，後述するとおり，公序
　良俗に反するものであって無効である。
　3　よって，原告は，被告に対し，本件債務が存在しないことの確認を
　求める。
第3 関連事実
　1　被告は，原告に対し，平成○年○月○日，返済済みまで10日ごとに
　○円の利息を支払うとの約定で○万円を貸し付けた。
　2　前項記載の消費貸借契約は，以下の理由によって公序良俗違反で
　無効である。
　　(1)　上記約定利息は，年利に換算すると○％であり，出資の受入れ，
　　　預り金及び金利等の取締りに関する法律5条1項違反の超高金利
　　　である。
　　(2)　……

第2節　意思表示
【3】　心裡留保と第三者（土地明渡請求）

〔民93②〕

＜要件事実＞

旧	〔新〕と同じ
新	❶　当該意思表示を前提としてその目的について新たに法律上の利害関係を有するに至ったこと ❷　❶の際、当該意思表示が心裡留保によるものであることを知らなかったこと

ポイント

1　改正内容について

(1)　改正前

改正前は、旧民法93条ただし書により無効となる意思表示を前提として新たに利害関係を有するに至った第三者につき保護する規定がありませんでしたが、判例（最判昭44・11・14判時580・76）は、民法94条2項を類推適用して、善意の第三者には対抗できないとしていました。

(2)　改正後

改正後は、民法93条2項が追加され、「前項ただし書の規定による意思表示の無効は、善意の第三者に対抗することができない。」ことが明記されました。

2　要件事実について

従来の判例で認められていた要件を明記したものなので、要件事実について特段の変更はありません。

3　訴状例について

　原告がAから購入した土地の所有権に基づき当該土地を占有する被告に対して明渡しを求めたのに対し、被告が当該土地は自分の所有物であり、被告からAに対する当該土地の売却は民法93条1項ただし書により無効であることを理由に、原告の所有を争っているという事例です。

　所有権に基づく返還請求権としての土地明渡請求の請求原因は、①原告所有、②被告占有、ですので、「第2　請求の原因」ではその主張をしています。

　しかしながら、本件のような事例では、被告が原告の所有を否認することが予測されるため、原告は、「第3　関連事実」において、争いのない時点の所有（被告の所有）まで遡り、そこから原告まで所有権が移転した原因事実を主張しています。

　関連事実第2項が要件事実❶の主張、関連事実第4項が要件事実❷の主張です。

訴　状　例

第1　請求の趣旨
　1　被告は，原告に対し，別紙物件目録記載の土地を明け渡せ
　2　被告は，原告に対し，平成○年○月○日から前項の明渡済みまで，月○円の割合による金員を支払え
　3　訴訟費用は被告の負担とする
　との判決並びに仮執行の宣言を求める。
第2　請求の原因
　1　原告は，別紙物件目録記載の土地（以下「本件土地」という。）を所有している。

第1章 第2節 意思表示 11

2 被告は，本件土地を占有している。

3 よって，原告は，被告に対し，所有権に基づき，本件土地の明渡しを求める。

第3 関連事実

1 被告は，Aに対し，平成○年4月20日，本件土地を代金○円で売った（以下「売買契約1」という。）。

2 Aは，原告に対し，同年7月5日，本件土地を代金○円で売った（以下「売買契約2」という。）。

3 被告は，売買契約1締結当時，被告にはAに対して本件土地を売却するつもりはなく，Aもそのことを知っていたとして，売買契約1は民法93条1項ただし書により無効であるから，原告が売買契約2によりAから本件土地の所有権を取得することはない旨主張している。

4 しかしながら，原告は，売買契約2締結当時，前項記載の心裡留保につき知らなかったから，民法93条1項ただし書による無効の主張は，善意の第三者である原告には対抗できないものである（民法93条2項）。

（別紙）

物件目録

所　　在　○○県○○市○○町○丁目

地　　番　○○番○○

地　　目　宅地

地　　積　○○．○○㎡

【4】 意思表示に対応する意思を欠く錯誤（債務不存在確認請求） 〔民95①一〕

＜要件事実＞

旧	① 当該意思表示に錯誤があること ② ①が法律行為の要素に関するものであること
新	❶ 当該意思表示に対応する意思を欠く錯誤があること ❷ ❶の錯誤が法律行為の目的及び取引上の社会通念に照らして重要なものであること ❸ 取消しの意思表示

ポイント

1 改正内容について

(1) 改正前

改正前は、「意思表示は、法律行為の要素に錯誤があったときは、無効とする。」（旧民95）とのみ定められており、法律行為の要素に錯誤があるか否かは、判例・学説上、主観的因果関係（当該錯誤がなければ表意者はそのような意思表示をしなかった）と客観的重要性（通常人でもそのような意思表示をしないであろう）が必要であるとされていました（大判大3・12・15民録20・1101、大判大7・10・3民録24・1852等）。

意思表示に対応する意思を欠く錯誤、いわゆる「表示の錯誤」とは、例えば1,000万円のつもりで100万円と表示してしまったような場合のことです。

(2) 改正後

改正後は、従来の判例及び学説を踏まえて錯誤の要件が細分化・明

第1章　第2節　意思表示　　13

確化されました。「意思表示は、次に掲げる錯誤に基づくものであって、その錯誤が法律行為の目的及び取引上の社会通念に照らして重要なものであるときは、取り消すことができる。」とされ（民95①柱書）、その一つとして、「意思表示に対応する意思を欠く錯誤」が掲げられています（民95①一）。また、錯誤の効果が無効から取消しに変更されました（民95①柱書）。

2　要件事実について

要件事実については、従来の枠組み自体を変更するものではなく、要件事実❶は要件事実①に、要件事実❷は要件事実②に対応しながら、それぞれ判断要素がより明確化されたものといえるでしょう。また、無効から取消しへと効果が変更されたことに伴い、要件事実❸が必要となりました。

3　訴状例について

注文書の記載ミスで予定の10倍の発注をしてしまったことを理由に過剰発注分を錯誤で取り消し、その分の代金債務の不存在確認を求める事例です。

債務不存在確認の請求原因事実としては、確認の利益を基礎づける事実として、被告が原告に対する債権を有している旨主張していること（原告被告間で債権の存否に争いがあること）のみで足り、被告側において抗弁として当該債権の存在を主張立証する必要があります。

しかしながら、紛争の本質を裁判官に伝えるためには、訴状の段階から原告が債務不存在と主張する実質的な根拠を含めて記載しておくことが適切でしょう。

請求の原因第1項は、確認の利益を基礎づける主張です。

請求の原因第2項は、要件事実❸の主張です。錯誤の具体的主張と

14 第1章 第2節 意思表示

併せて関連事実に記載することも考えられますが、相手方に対する意
思表示でもあり、裁判官に原告側の主張を印象付けるために最初の方
で記載しておく方法もあるでしょう。10個分の発注については原告も
認めているため、それを超えた部分のみ取り消すとの主張をしていま
す。

　関連事実第4項が要件事実❶、関連事実第5項が要件事実❷に対応し
た主張ですが、それ以外の記載も含めて全体の流れを示しておくこと
が有益でしょう。また、本件事案の内容からすると、被告から重過失
（民95③）の主張が出される可能性が高いため、可能であればあらかじ
め反論をすることも検討すべきでしょう。

> ## 訴 状 例

第1　請求の趣旨
　1　原告被告間の平成○年○月○日付け売買契約に基づく原告の被告
　　に対する売買代金債務が60万円を超えて存在しないことを確認する
　2　訴訟費用は被告の負担とする
　との判決を求める。
第2　請求の原因
　1　被告は，原告に対し，平成○年○月○日に別紙物件目録記載の動産
　　（以下「本件動産」という。）100個を売買代金合計600万円（税込，
　　以下同じ。）で売ったと主張し（以下「本件売買契約」という。），
　　これに基づき，原告に対し，売買代金の支払を求めている。
　2　しかしながら，後述するとおり，本件売買契約のうち，本件動産10
　　個（売買代金合計60万円）を超える部分は，原告の錯誤によるもので
　　あるから，原告は，本訴状をもって，本件売買契約のうち本件動産10
　　個（売買代金合計60万円）を超える部分を取り消す。
　3　よって，原告は，被告に対し，本件動産の売買代金の支払義務が60
　　万円を超えて存在しないことの確認を求める。

第1章　第2節　意思表示　　　15

第3　関連事実
1　原告は，○○において鞄及び革製品の小売店舗を個人で経営しているところ，鞄メーカーである被告から卸売価格1個6万円の本件動産10個を仕入れることとして，平成○年○月○日，被告に対し注文書をファックス送信した。
2　発注から3日後に被告から請求書が届いたが，そこには本件動産100個分，600万円の請求額が記載されていた。そこで，ファックス送信した手元の注文用紙を確認したところ，確かに100個との記載があった。
3　原告は，直ちに被告に連絡し，注文間違いだとして90個分の発注を取り消してもらうよう依頼したが，すでに下請会社に発注済みであることを理由に取消しに応じてもらえなかった。
4　原告には，本件動産10個を発注する意思しかなく，その10倍もの発注をする意思は当然存在しなかった。
5　仕入数量は販売見込みを勘案して決定するものであり，本来の数量の10倍もの発注を行ったのでは大幅な赤字となって経営を圧迫することは必至である。
6　以上の経緯から，原告は，本件訴訟を提起するに至ったものである。

（別紙）

物件目録

被告制作にかかる紳士用鞄（型番○○○）

【5】 動機の錯誤（債務不存在確認請求）

〔民95①二〕

＜要件事実＞

旧	① 当該意思表示に錯誤があること （動機に錯誤があること＋動機が表示されたこと） ② ①が法律行為の要素に関するものであること
新	❶ 表意者が法律行為の基礎とした事情についてのその認識が真実に反する錯誤があること ❷ ❶の錯誤が法律行為の目的及び取引上の社会通念に照らして重要なものであること ❸ ❶の事情が法律行為の基礎とされていることが表示されていたこと ❹ 取消しの意思表示

ポイント

1 改正内容について

(1) 改正前

改正前は、「意思表示は、法律行為の要素に錯誤があったときは、無効とする。」(旧民95) とのみ定められており、法律行為の要素に錯誤があるか否かは、判例・学説上、主観的因果関係（当該錯誤がなければ表意者はそのような意思表示をしなかった）と客観的重要性（通常人でもそのような意思表示をしないであろう）が必要であるとされていました（大判大3・12・15民録20・1101、大判大7・10・3民録24・1852等）。

意思表示をする動機に錯誤がある場合、いわゆる「動機の錯誤」に

第1章　第2節　意思表示　　　17

ついては、動機が相手方に表示されていることを必要とするのが判例・通説であったといえるでしょう（最判昭29・11・26民集8・11・2087、最判昭45・5・29判時598・55、最判平元・9・14判時1336・93等）。

　(2)　改正後

　改正後は、従来の判例及び学説を踏まえて錯誤の要件が細分化・明確化されました。「意思表示は、次に掲げる錯誤に基づくものであって、その錯誤が法律行為の目的及び取引上の社会通念に照らして重要なものであるときは、取り消すことができる。」とされ（民95①柱書）、その一つとして、「表意者が法律行為の基礎とした事情についてのその認識が真実に反する錯誤」が掲げられています（民95①二）。この場合、「その事情が法律行為の基礎とされていることが表示されていたときに限り」意思表示の取消しができるものとされています（民95②）。

2　要件事実について

　要件事実については、従来の枠組み自体を変更するものではなく、要件事実❶が要件事実①のうち「動機に錯誤があること」に、要件事実❸が要件事実①のうち「動機が表示されたこと」に対応し、要件事実❷は要件事実②に対応しながら、それぞれ判断要素がより明確化されたものといえるでしょう。また、無効から取消しへと効果が変更されたことに伴い、要件事実❹が必要となりました。

3　訴状例について

　原告がその所有する仏像を被告に対して安価で売却したが、引渡し前に当該仏像が実は著名な彫刻家の制作にかかるものであることが判明したため、（動機の）錯誤を理由に売買契約を取り消し、仏像の引渡義務がないことの確認を求めたという事案です。

　債務不存在確認の請求原因事実としては、確認の利益を基礎づける

事実として、被告が原告に対する債権を有している旨主張していること（原告被告間で債権の存否に争いがあること）のみで足り、被告側において抗弁として当該債権の存在を主張立証する必要があります。

しかしながら、紛争の本質を裁判官に伝えるためには、訴状の段階から原告が債務不存在を主張する実質的な根拠を含めて記載しておくことが適切でしょう。

請求の原因第1項は、確認の利益を基礎づける主張です。

請求の原因第2項は、要件事実❹の主張です。錯誤の具体的主張と併せて関連事実に記載することも考えられますが、相手方に対する意思表示でもあり、裁判官に原告側の主張を印象付けるために最初の方で記載しておく方法もあるでしょう。

関連事実第2項が要件事実❶、関連事実第3項が要件事実❸、関連事実第4項が要件事実❶及び❷に対応した主張です。

訴 状 例

第1　請求の趣旨
1　原告被告間の平成○年○月○日付け売買契約に基づく原告の被告に対する別紙物件目録記載の動産の引渡義務が存在しないことを確認する
2　訴訟費用は被告の負担とする
との判決を求める。
第2　請求の原因
1　被告は，平成○年○月○日に原告から別紙物件目録記載の動産（以下「本件動産」という。）を代金10万円で買ったと主張し（以下「本件売買契約」という。），これに基づき，原告に対し，本件動産の引渡しを求めている。
2　しかしながら，後述するとおり，本件売買契約は，原告の錯誤によるものであるから，原告は，本訴状をもって本件売買契約を取り消す。

第1章 第2節 意思表示 19

　3　よって，原告は，被告に対し，本件動産の引渡義務が存在しないことの確認を求める。

第3　関連事実

　1　原告は，被告に対し，平成○年○月○日，本件動産を代金10万円で売った。

　2　本件動産の作者は，実際には後述するとおり著名な彫刻家のAであったが，原告はBであるものと認識しており，前項記載の売買代金もB制作であることを前提とした金額である。

　3　原告は，被告に対し，本件売買契約に先立ち，本件動産の作者がBであり，その前提で売買代金額を定めた旨，伝えていた。

　4　ところが，その後，偶然知り合った美術商に本件動産を見てもらったところ，著名な彫刻家であるAの制作にかかるものに間違いなく，その評価額は少なくとも200万円を下ることはないとのことであった。

（別紙）

物件目録

　A制作にかかる大日如来像（木彫，全長○○．○cm）　1体

20 第1章 第2節 意思表示

【6】 表意者の重過失による錯誤（債務不存在確認請求） 〔民95③〕

＜要件事実＞

旧	－
新	❶ 相手方が表意者に錯誤があることを知っていたこと 又は ❶′ 相手方が表意者に錯誤があることを重大な過失により知らなかったことの評価根拠事実 又は ❶″ 相手方が表意者と同一の錯誤に陥っていたこと

ポイント

1 改正内容について

（1） 改正前

改正前の旧民法95条ただし書は、「表意者に重大な過失があったときは、表意者は、自らその無効を主張することができない。」と定められており、表意者に重過失がある場合には例外なく無効主張が許されないかのような規定となっていました。

（2） 改正後

改正後の民法95条3項では、「錯誤が表意者の重大な過失によるものであった場合には（中略）意思表示の取消しをすることができない。」としつつ、その例外として、「相手方が表意者に錯誤があることを知り、又は重大な過失によって知らなかったとき」（民95③一）、「相手方が表

意者と同一の錯誤に陥っていたとき」（民95③二）には取消しの主張が許されることが明記されました。

2　要件事実について

錯誤による意思表示の取消しの抗弁に対して相手方から表意者の重過失の再抗弁が主張された場合、要件事実❶～❶″のいずれかを再々抗弁として主張することができます。

❶　相手方が表意者の錯誤を知っていた場合には、相手方を保護する必要がないため、取消可能とされました。

❶′　相手方が重過失により表意者の錯誤を知らなかった場合も相手方を保護する必要がないため、取消可能とされました。

❶″　相手方も表意者と同一の錯誤に陥っていた場合には、当事者双方とも意図していなかった内容の意思表示を有効として保護する意味がないため、取消可能とされました。

3　訴状例について

注文書の記載ミスで予定の10倍の発注をしてしまったことを理由に過剰発注分を錯誤で取り消し、その分の代金債務の不存在確認を求める事例です（【4】の事例と同じ）。

本件の内容によれば被告から重過失（民95③）の抗弁が主張される可能性が高いと考えられるため、あらかじめ関連事実第6項において、被告の重過失の評価根拠事実となり得る事実を記載しています。

訴 状 例

第1　請求の趣旨
　1　原告被告間の平成○年○月○日付け売買契約に基づく原告の被告に対する売買代金債務が60万円を超えて存在しないことを確認する

2　訴訟費用は被告の負担とする

との判決を求める。

第2　請求の原因

1　被告は，原告に対し，平成○年○月○日に別紙物件目録記載の動産（以下「本件動産」という。）100個を売買代金合計600万円（税込，以下同じ。）で売ったと主張し（以下「本件売買契約」という。），これに基づき，原告に対し，売買代金の支払を求めている。

2　しかしながら，後述するとおり，本件売買契約のうち，本件動産10個（売買代金合計60万円）を超える部分は，原告の錯誤によるものであるから，原告は，本訴状をもって，本件売買契約のうち本件動産10個（売買代金合計60万円）を超える部分を取り消す。

3　よって，原告は，被告に対し，本件動産の売買代金の支払義務が60万円を超えて存在しないことの確認を求める。

第3　関連事実

1　原告は，○○において鞄及び革製品の小売店舗を個人で経営しているところ，鞄メーカーである被告から卸売価格1個6万円の本件動産10個を仕入れることとして，平成○年○月○日，被告に対し注文書をファックス送信した。

2　発注から3日後に被告から請求書が届いたが，そこには本件動産100個分，600万円の請求額が記載されていた。そこで，ファックス送信した手元の注文用紙を確認したところ，確かに100個との記載があった。

3　原告は，直ちに被告に連絡し，注文間違いだとして90個分の発注を取り消してもらうよう依頼したが，すでに下請会社に発注済みであることを理由に取消しに応じてもらえなかった。

4　原告には，本件動産10個を発注する意思しかなく，その10倍もの発注をする意思は当然存在しなかった。

5　仕入数量は販売見込みを勘案して決定するものであり，本来の数量の10倍もの発注を行ったのでは大幅な赤字となって経営を圧迫することは必至である。

6　原告は，平成○年○月から1年以上にわたり継続的に被告から本件動産を仕入れているが，これまで月に数個の発注しかしておらず，最

第1章 第2節 意思表示 23

も多い月でも10個であった。よって，被告も一度に100個もの注文が
あれば不審に思って原告に問い合わせてしかるべきであったが，被
告からの確認は一切なかった。

7 以上の経緯から，原告は，本件訴訟を提起するに至ったものである。

（別紙）

物件目録

被告制作にかかる紳士用鞄（型番○○○）

【7】 錯誤と第三者（土地明渡請求）

〔民95④〕

＜要件事実＞

旧	―
新	❶ 当該意思表示を前提としてその目的について新たに法律上の利害関係を有するに至ったこと ❷ ❶の際、当該意思表示が錯誤によるものであることを知らなかったこと ❸ ❷につき無過失の評価根拠事実

ポイント

1 改正内容について

（1） 改正前

改正前は、錯誤（旧民95）の効果は無効であり、第三者保護規定はありませんでした。そのため、錯誤による意思表示を前提として新たに利害関係を有するに至った第三者に対して錯誤を対抗できるか否か、第三者が保護される要件として善意のみで足りるのか無過失まで必要か、については説が分かれており、判例・学説も固まっていませんでした。

（2） 改正後

改正後は、錯誤の効果が取り消し得るものとされた上（民95①）、民法95条4項において、「第一項の規定による意思表示の取消しは、善意でかつ過失がない第三者に対抗することができない。」との第三者保護規定が定められ、第三者が保護されるためには善意のみならず無過失まで必要であることが明示されました。

第1章　第2節　意思表示　　25

　心裡留保（民93②）や通謀虚偽表示（民94②）の場合と異なり、無過失まで要求しているのは、心裡留保や通謀虚偽表示の場合は表意者自身が意思表示と真意とに齟齬があることを認識しているのに対し、錯誤の場合にはその認識がないという点で、より表意者を保護すべきとの考慮によるものです。

2　要件事実について

❶　錯誤による意思表示を前提として、当該意思表示の目的である物や権利について新たに法律上の利害関係を有するに至ったことを主張します。

❷　上記法律上の利害関係を有するに至った時点で、前提となった意思表示が錯誤によるものであることを知らなかったことが必要です。

❸　錯誤によるものであることを知らなかったことについて過失がないことも要件となります。無過失は規範的要件のため、その評価根拠事実が要件事実となります。

3　訴状例について

　原告がAから購入した土地の所有権に基づき当該土地を占有する被告に対して明渡しを求めたのに対し、被告が当該土地は自分の所有物であり、被告からAに対する当該土地の売却は錯誤によるものであって取り消す旨主張し、原告の所有を争っているという事例です。

　所有権に基づく返還請求権としての土地明渡請求の請求原因は、①原告所有、②被告占有、ですので、「第2　請求の原因」ではその主張をしています。

　しかしながら、本件のような事例では、被告が原告の所有を否認することが予測されるため、原告は、「第3　関連事実」において、争い

26 第1章 第2節 意思表示

のない時点の所有（被告の所有）まで遡り、そこから原告まで所有権が移転した原因事実を主張しています。

　関連事実第2項が要件事実❶の主張、関連事実第4項が要件事実❷❸の主張です。なお、本来、要件事実❸としては、「過失がない」というだけではなく、その評価根拠事実を主張すべきですが、訴訟提起段階では被告の具体的主張が出ておらず、必ずしも事実関係が明確になっていない場合もあるため、訴状においては単に「過失がない」とのみ主張し、具体的な評価根拠事実は訴訟の進行に応じて主張するということも多いでしょう。

訴 状 例

第1　請求の趣旨
　1　被告は，原告に対し，別紙物件目録記載の土地を明け渡せ
　2　被告は，原告に対し，平成○年○月○日から前項の明渡済みまで，月○円の割合による金員を支払え
　3　訴訟費用は被告の負担とする
　との判決並びに仮執行の宣言を求める。
第2　請求の原因
　1　原告は，別紙物件目録記載の土地（以下「本件土地」という。）を所有している。
　2　被告は，本件土地を占有している。
　3　よって，原告は，被告に対し，所有権に基づき，本件土地の明渡しを求める。
第3　関連事実
　1　被告は，Aに対し，平成○年4月20日，本件土地を代金○円で売った（以下「売買契約1」という。）。
　2　Aは，原告に対し，同年7月5日，本件土地を代金○円で売った（以下「売買契約2」という。）。
　3　被告は，以下のとおり，錯誤を理由として売買契約1を取り消したことによりAは無権利者となったから，原告が売買契約2によりAか

第1章　第2節　意思表示　　27

ら本件土地の所有権を取得することはない旨主張している。

(1)　被告は，売買契約1締結当時，実際には本件土地の南側隣地に高層マンションが建設される計画はなかったにもかかわらず，それがあるものと信じていた。

(2)　被告は，本件土地を，将来子どもが独立して自宅を建築する際に敷地として提供しようと考えていたところ，南側に高層マンションが建築されれば，本件土地の日照が悪化して宅地としては不適切となる。

(3)　被告は，Aに対し，売買契約1の際，高層マンションが建つと日当たりが悪くなるので本件土地を手放すことにした旨申し述べた。

(4)　被告は，Aに対し，平成○年10月20日，売買契約1を取り消すとの意思表示をした。

4　しかしながら，原告は，売買契約2締結当時，売買契約1が錯誤によるものであることにつき知らず，かつ，知らないことにつき過失もなかったから，錯誤による取消しの主張は，善意無過失の第三者である原告には対抗できないものである（民法95条4項）。

（別紙）

物件目録

所　　在　　○○県○○市○○町○丁目
地　　番　　○○番○○
地　　目　　宅地
地　　積　　○○．○○㎡

【8】 第三者による詐欺（動産引渡請求）

〔民96②〕

＜要件事実＞

旧	①　第三者が表意者に対して欺罔行為を行ったこと ②　①により表意者が錯誤に陥ったこと ③　②により表意者が当該意思表示をしたこと ④　③の際、当該意思表示の相手方が①を知っていたこと ⑤　取消しの意思表示
新	❶　第三者が表意者に対して欺罔行為を行ったこと ❷　❶により表意者が錯誤に陥ったこと ❸　❷により表意者が当該意思表示をしたこと ❹　❸の際、当該意思表示の相手方が❶を知っていたこと又は知らなかったことにつき過失があることの評価根拠事実 ❺　取消しの意思表示

ポイント

1　改正内容について

（1）　改正前

　改正前は、第三者の詐欺について「相手方がその事実を知っていたときに限り」取消しが可能とされており（旧民96②）、相手方が詐欺の事実を知らなければ、たとえ知らなかったことにつき過失があったとしても取り消すことができないと解釈できる内容でした。

第1章　第2節　意思表示　　29

(2)　改正後

改正後は、第三者の詐欺について「相手方がその事実を知り、又は知ることができたときに限り」取消しが可能とされ（民96②）、相手方が知らなかったとしても、知らなかったことに過失がある場合には取消しが可能であることが明らかにされました。

2　要件事実について

要件事実❶から❸まで及び❺は従前と同様です。

- ❶　表意者を錯誤に陥れようとする故意と錯誤によって意思表示をさせようとする故意の双方を第三者が有していることが必要であるとされています（大判大6・9・6民録23・1319）。
- ❷❸　欺罔行為から錯誤へ（要件事実❷）、錯誤から意思表示へ（要件事実❸）と至る一連の因果関係も必要となります。
- ❹　第三者による詐欺を「知ることができた」場合を含めて取消しが可能となりました。「知ることができた」というのは評価的な要素を含む要件のため、その評価根拠事実が要件事実となります。

3　訴状例について

原告がその所有する貴重な動産（壺）をAに騙されて被告に贈与してしまったため、Aの詐欺を理由として贈与を取り消し、当該動産の返還を請求するという事案です。

請求原因としては、①原告もと所有（原告が贈与契約時点で所有権を有していたこと）、②被告占有、のみで足りるものと解されるため、請求の原因ではそれだけを記載しています。

本件のような事案では、請求原因のみでは裁判所に紛争の実体が伝

わらないため、予想される抗弁及びそれに対する再抗弁の主張まで記載しておく必要があります。

関連事実第1項は、被告から主張されることが予想される所有権喪失の抗弁です。なお、所有権喪失の抗弁としては贈与契約の締結のみで足り、引渡しの主張までは不要と解されますが、被告が占有を取得した経緯の説明として記載しています。所有権喪失の抗弁に対する原告の再抗弁が、Aの詐欺による取消しの主張です。

関連事実第1項及び第2項が要件事実❶❷❸、関連事実第3項が要件事実❹、関連事実第4項が要件事実❺の主張です。

訴　状　例

第1　請求の趣旨
　1　被告は，原告に対し，別紙物件目録記載の動産を引き渡せ
　2　訴訟費用は被告の負担とする
　との判決並びに仮執行の宣言を求める。
第2　請求の原因
　1　原告は，平成○年○月○日当時，別紙物件目録記載の動産（以下「本件動産」という。）を所有していた。
　2　被告は，本件動産を占有している。
　3　よって，原告は，被告に対し，本件動産の所有権に基づく返還請求として，本件動産の引渡しを求める。
第3　関連事実
　1　原告は，被告に対し，平成○年○月○日，本件動産を贈与し，引き渡した（以下「本件贈与」という。）。
　2　原告が本件贈与をしたのは，Aが，本件動産は実はBの作品ではなく贋作であるとの虚偽の事実を告げて原告を欺き，そのように信じさせたからである。
　3　被告は，本件贈与に際し，Aによる上記詐欺の事実を知っていた。仮に知らなかったとしても，以下の事実からすれば，Aによる上記

詐欺の事実は容易に知ることができた。
　(1)　被告は，本件贈与の際，本件動産がBが○年に制作した作品であることを知っていた。
　(2)　○年にBが制作した壺は，希少価値が高く，その評価額は最低でも○円は下らないものである。
　(3)　……
　(4)　……
4　原告は，被告に対し，本訴状をもって，本件贈与を取り消すとの意思表示をする。

（別紙）

物件目録

品　　　名　壺
形　　　状　高さ○cm，直径○．○cm
材　　　質　陶器
制　作　年　○年
制　作　者　B

【9】 詐欺と第三者（土地明渡請求）

〔民96③〕

＜要件事実＞

旧	① 当該意思表示を前提としてその目的について新たに法律上の利害関係を有するに至ったこと ② ①の際、当該意思表示が詐欺によるものであることを知らなかったこと ③ 〔新設〕
新	❶ 当該意思表示を前提としてその目的について新たに法律上の利害関係を有するに至ったこと ❷ ❶の際、当該意思表示が詐欺によるものであることを知らなかったこと ❸ ❷につき無過失の評価根拠事実

ポイント

1 改正内容について

(1) 改正前

　改正前は、「前二項（※旧民96①②）の規定による詐欺による意思表示の取消しは、善意の第三者に対抗することができない。」（旧民96③）とされており、第三者が保護されるには善意であれば足りるとの規定になっていました。しかしながら、自ら虚偽の意思表示を行っている通謀虚偽表示の場合（民94②）に比べ、詐欺の場合には表意者の帰責性は少ないのであり、通謀虚偽表示と詐欺とで第三者保護要件が同じではバランスを欠くとの批判がありました。

第1章　第2節　意思表示　　33

（2）　改正後

改正後は、「前二項（※民96①②）の規定による詐欺による意思表示の取消しは、善意でかつ過失がない第三者に対抗することができない。」（民96③）として、善意のみならず無過失まで要求されることとされました。

2　要件事実について

❸　前述のとおり、通謀虚偽表示の第三者保護要件（民94②）との比較から、第三者の側の保護要件を無過失まで要求することによりバランスを取ることとし、要件事実❸が追加されました。「無過失」は規範的要件のため、その評価根拠事実が要件事実となります。

3　訴状例について

原告がAから購入した土地の所有権に基づき当該土地を占有する被告に対して明渡しを求めたのに対し、被告が当該土地は自分の所有物であり、被告からAに対する本件土地の売却はAの詐欺によるものであって取り消す旨主張し、原告の所有を争っているという事例です。

所有権に基づく返還請求権としての土地明渡請求の請求原因は、①原告所有、②被告占有、ですので、「第2　請求の原因」ではその主張をしています。

しかしながら、本件のような事例では、被告が原告の所有を否認することが予測されるため、原告は、「第3　関連事実」において、争いのない時点の所有（被告の所有）まで遡り、そこから原告まで所有権が移転した原因事実を主張しています。

関連事実第2項が要件事実❶の主張、関連事実第4項が要件事実❷❸の主張です。なお、本来、要件事実❸としては、「過失がない」という

だけではなく、その評価根拠事実を主張すべきですが、訴訟提起段階では被告の具体的主張が出ておらず、必ずしも事実関係が明確になっていない場合もあるため、訴状においては単に「過失がない」とのみ主張し、具体的な評価根拠事実は訴訟の進行に応じて主張するということも多いでしょう。

訴 状 例

第1　請求の趣旨
　1　被告は、原告に対し、別紙物件目録記載の土地を明け渡せ
　2　被告は、原告に対し、平成○年○月○日から前項の明渡済みまで、月○円の割合による金員を支払え
　3　訴訟費用は被告の負担とする
　との判決並びに仮執行の宣言を求める。
第2　請求の原因
　1　原告は、別紙物件目録記載の土地（以下「本件土地」という。）を所有している。
　2　被告は、本件土地を占有している。
　3　よって、原告は、被告に対し、所有権に基づき、本件土地の明渡しを求める。
第3　関連事実
　1　被告は、Aに対し、平成○年4月20日、本件土地を代金○円で売った（以下「売買契約1」という。）。
　2　Aは、原告に対し、同年7月5日、本件土地を代金○円で売った（以下「売買契約2」という。）。
　3　被告は、以下のとおり、Aの詐欺を理由として売買契約1を取り消したことによりAは無権利者となったから、原告が売買契約2によりAから本件土地の所有権を取得することはない旨主張している。
　　(1)　被告がAに対して本件土地を売却したのは、本件土地の南側隣地に高層マンションが建設される計画がなかったにもかかわ

らず，Aがその計画があると告げて被告を欺き，そのように信じ
させたためである。

(2) 被告は，Aに対し，平成○年10月20日，売買契約1を取り消す
との意思表示をした。

4 しかしながら，原告は，売買契約2締結当時，売買契約1が詐欺によ
るものであることにつき知らず，かつ，知らないことにつき過失もな
かったから，詐欺による取消しの主張は，善意無過失の第三者である
原告には対抗できないものである（民法96条3項）。

（別紙）

物件目録

所　在　○○県○○市○○町○丁目

地　番　○○番○○

地　目　宅地

地　積　○○．○○㎡

【10】 意思表示の到達の妨害（遺留分侵害額請求）

〔民97②〕

＜要件事実＞

旧	―
新	❶ 当該意思表示の相手方が通知の到達を妨げたこと ❷ 当該意思表示が通常到達すべき時が到来したこと ❸ ❶に正当な理由がないことの評価根拠事実

ポイント

1 改正内容について

(1) 改正前

改正前は、隔地者（意思表示の発信から到達まで時間的な隔たりのある者）に対する意思表示について、「その通知が相手方に到達した時」から効力を生ずると規定されていましたが（旧民97①）、相手方が到達を妨害した結果、到達しなかった場合の意思表示の効力については規定がありませんでした。

「到達」とは、当該通知が相手方の了知可能な状態に置かれることをもって足りると解されています（最判昭36・4・20判時258・20）。

判例では、遺留分減殺の意思表示の内容証明郵便が不在のため留置期間経過で返戻された事案において、「遅くとも留置期間が満了した時点」で到達したものと認められる旨判示したものがありましたが（最判平10・6・11判時1644・116）、名宛人において郵便物の内容が十分に推知できた等の当該事案の具体的事情を考慮した上での判断であったため、その他の事例においても同様の解釈が成り立つのか必ずしも明ら

かではありませんでした。なお、2019年7月より、遺留分減殺請求は遺留分侵害額請求に改正されます。

（2）　改正後

改正後は、「隔地者」に限らず意思表示一般に到達主義が採用されるとともに、民法97条2項が新設され（旧民法97条2項は3項に繰下げ）、「相手方が正当な理由なく意思表示の通知が到達することを妨げたときは、その通知は、通常到達すべきであった時に到達したものとみなす。」ものとされました。

2　要件事実について

❶　相手方が通知の到達を妨害したことの主張です。具体的にどのような方法で妨害したのかを主張します。

❷　到達妨害がなかったとした場合に通常到達すべき時がいつであるか及びその時期の到来を主張します。

❸　到達妨害に正当な理由がないことの主張です。正当理由は規範的要件のため、評価根拠事実が要件事実となります。なお、意思表示の到達を争う相手方において、妨害に正当な理由があることを主張立証すべきとの考え方もあり得るでしょう。

3　訴状例について

遺贈によって遺留分を侵害された相続人が、受遺者に対して遺留分侵害額請求権に基づいて侵害額相当の金銭を請求する事案です。

遺留分侵害額請求の意思表示を訴訟外で行ったところ、受遺者が通知書の受領を拒否したことから、意思表示の到達を妨害したとして配達日に到達した旨主張しているものであり、請求の原因第6項が要件事実❶❷❸の主張です。

第1章　第2節　意思表示

訴 状 例

第1　請求の趣旨
1　被告は，原告に対し，○円を支払え
2　訴訟費用は被告の負担とする
との判決並びに仮執行の宣言を求める。

第2　請求の原因
1　Aは，別紙物件目録記載1の土地及び同目録記載2の建物（以下「本件不動産」という。）を所有していた。
2　Aは，平成○年2月4日，本件不動産を被告に遺贈する旨の自筆証書遺言をした。
3　Aは，平成○年5月8日，死亡した。
4　原告は，Aの子である。
5　Aが死亡時に有していた財産及び債務は別紙相続財産一覧表記載のとおりであり，本件不動産（評価額○円）を除いて原告が相続によって取得した財産はわずか○円に過ぎない。よって，上記遺贈が原告の遺留分（遺留分額○円）を侵害していることは明らかであり，被告による侵害額は○円である。
6　原告は，被告に対し，以下のとおり，遺留分侵害額請求の意思表示をした。
　(1)　原告は，被告に対し，平成○年10月18日，遺留分侵害額請求権を行使する旨記載した通知書（内容証明郵便）を発送した。
　(2)　配達係員は，平成○年10月20日，被告宅に赴いて被告に対して上記通知書を交付しようとした。しかし，被告は，事前に原告から上記遺贈が原告の遺留分を侵害している旨口頭にて告げられていたことから，上記通知書に遺留分侵害額請求の意思表示が記載されているものと考え，配達係員に対して受取りを拒否する旨申し述べ，原告にこれを返戻させたものである。
　(3)　被告は，何ら正当な理由なく上記通知書の到達を妨害したものであるから，当該通知は，通常到達すべき平成○年10月20日に被告に到達したものとみなされる（民法97条2項）。

7 よって，原告は，被告に対し，上記遺留分侵害額請求権に基づき，遺留分侵害額相当の○円の支払を求める。

（別紙）
物件目録

1 所　　在　○○県○○市○○町○丁目
　地　　番　○○番
　地　　目　宅地
　地　　積　○○．○○㎡
2 所　　在　○○県○○市○○町○丁目○○番地
　家屋番号　○○番
　種　　類　居宅
　構　　造　木造瓦葺2階建
　床 面 積　1階○．○㎡
　　　　　　2階○．○㎡

（別紙）
相続財産一覧表

1 不動産
　(1) 土　地　……
　(2) 建　物　……
2 預貯金
　(1) 定期預金　……
　(2) 普通預金　……
3 有価証券　……
……

第3節　代　理

【11】　代理権の濫用（売買代金請求）

〔民107〕

＜要件事実＞

旧	〔新〕と同じ
新	❶　代理人が、代理行為の際、自己又は第三者の利益を図る目的を有していたこと ❷　代理行為の相手方が、代理行為の際、❶を知っていたこと又は知ることができたことの評価根拠事実

ポイント

1　改正内容について

（1）　改正前

改正前は、代理権の濫用に関する規定は設けられておらず、代理人が自己又は第三者の利益を図る目的で代理権の範囲内の行為をした場合、旧民法93条ただし書を類推適用し、相手方が代理人の目的を知り又は知ることができたときは代理行為が無効となるとされていました（最判昭42・4・20判時484・48）。

（2）　改正後

改正後は、民法107条に代理権の濫用の要件及び効果を定めた規定が新設されました。代理権濫用の要件については、旧民法93条ただし書を類推適用する上記判例の要件と同様ですが、効果については、無効ではなく無権代理行為とみなすこととされました。これにより追認（民113）や無権代理人の責任追及（民117）が可能となりました。

2 要件事実について

❶ 代理人の目的は問題とする代理行為の時点で存在している必要があり、代理行為後に生じた場合には該当しません。

❷ 相手方の認識についても、問題とする代理行為の時点で知っていた又は知ることができたことが必要です。なお、「知ることができた」とは、一般人の注意を払えば知ることができた場合をいい（民法93条ただし書につき我妻榮ほか『我妻・有泉 コンメンタール民法総則・物権・債権〔第5版〕』194頁（日本評論社、2018））、規範的要件といえるため、評価根拠事実が要件事実となります。

3 訴状例について

原告所有の土地の売却につき代理権を有するAが、被告を買主として当該土地の売却を行う際に、売買代金を自己の借入金の返済に流用する目的を有していたという事例です。

所有権移転登記抹消登記手続請求の要件事実としては、①原告の目的物所有、②抹消対象となる登記の存在、ですが、被告からA・被告間の売買契約締結の主張（所有権喪失の抗弁）が出されることが予想されるため、訴状の段階から代理権の濫用によるものである旨を記載しておくべきでしょう。

請求の原因第1項及び第2項が、所有権移転登記抹消登記手続請求の要件事実の記載です。なお、第1項については、判決の事実整理においては、「もと所有」、すなわち争いがないA・被告間の売買契約締結時点における所有権を主張することで権利自白を成立させることになりますが、訴状における主張としては、「現所有」で記載するのが通常でしょう。

関連事実第1項は、被告から主張されることが予想される所有権喪

失の抗弁に関する記載です。本来、被告が主張すべき事実であることから、要件事実を厳密に記載する必要はなく、この程度の記載で足りるでしょう。

　関連事実第2項が要件事実❶及び要件事実❷のうちの悪意の主張であり、関連事実第3項が要件事実❷のうちの過失の主張（知ることができたことの主張）です。評価根拠事実として売買契約締結当時の事実を挙げることになります。

訴 状 例

第1　請求の趣旨
　1　被告は，別紙物件目録記載の土地について，別紙登記目録記載の所有権移転登記の抹消登記手続をせよ
　2　訴訟費用は被告の負担とする
　との判決を求める。
第2　請求の原因
　1　原告は，別紙物件目録記載の土地（以下「本件土地」という。）を所有している。
　2　本件土地について，別紙登記目録記載の所有権移転登記（以下「本件登記」という。）がある。
　3　よって，原告は，被告に対し，本件土地の所有権に基づき，本件登記の抹消登記手続をすることを求める。
第3　関連事実
　1　被告は，本件登記について，被告が原告の代理人であるAから本件土地を購入したことに基づきなされたものであると主張している。
　2　しかしながら，Aは，上記売買契約締結当時，受領した売買代金を被告からの借入金の返済に流用する目的を有しており，被告はそれを知っていた。
　3　仮に被告が上記Aの目的を知らなかったとしても，以下の事実からすれば被告はAの目的を知ることができた。

（1） 被告は，Aに対し，上記売買契約締結当時，○万円の貸金債権を有しており，すでに大幅に返済期限を徒過している状態であった。

（2） Aは，被告に対し，上記売買契約締結に先立ち，上記売買契約が締結できて代金が入ればすぐに借入金を返済する旨伝えていた。

（3） ……

4 以上のとおり，Aの上記売買契約締結行為は無権代理行為であり（民法107条），その効果が原告に効力が及ぶことはないから，本件登記は何ら理由のない登記であって，直ちに抹消されるべきものである。

（別紙）

物件目録

所　　在　　○○県○○市○○町○丁目
地　　番　　○○番○○
地　　目　　宅地
地　　積　　○○．○○㎡

（別紙）

登記目録

○○地方法務局平成○年○月○日受付第○○号所有権移転
原　　因　　平成○年○月○日売買
所 有 者　　○○県○○市○○町○丁目○番地○
　　　　　　　○　○　○　○

【12】 代理権授与表示及び権限外の行為の表見代理
（所有権移転登記手続請求）

〔民109〕

＜要件事実＞

旧	〔新〕と同じ
新	❶ 代理人による意思表示 ❷ 代理人が、❶の際、本人のためにすることを示したこと ❸ 相手方が、代理人に❶の代理権があると信じたこと ❹ ❸について正当な理由があることの評価根拠事実 ❺ 本人が、相手方に対し、❶に先立ち、❶以外の特定の事項について代理権を授与した旨を表示したこと

ポイント

1 改正内容について

（1） 改正前

　改正前は、代理権授与表示により代理人とされた者が、表示された代理権の範囲外の代理行為を行った場合には、旧民法109条と旧民法110条とが重畳適用されるとの判例（最判昭45・7・28判時603・52）がありました。

（2） 改正後

　改正後は、民法109条2項に「第三者に対して他人に代理権を与えた旨を表示した者は、その代理権の範囲内においてその他人が第三者との間で行為をしたとすれば前項の規定によりその責任を負うべき場合において、」「その他人が第三者との間でその代理権の範囲外の行為を

第1章 第3節 代 理 45

したときは、第三者がその行為についてその他人の代理権があると信ずべき正当な理由があるときに限り、その行為についての責任を負う。」との規定が新設されました。前段が旧民法109条、後段が旧民法110条に由来するものであり、旧民法における重畳適用の場合と同様の内容となっています。

2 要件事実について

要件事実自体は旧民法における109条・110条の重畳適用の場合と同様です。要件事実❶❷は代理の場合の共通の要件、要件事実❸❹が旧民法110条に関する要件、要件事実❺が旧民法109条に関する要件です。

代理権があると信ずべき正当な理由があること（要件事実❹）については代理の成立を主張する側において主張立証する必要がありますが、代理権の不存在についての悪意又は有過失（民109①ただし書）については、代理の成立を争う相手方に主張立証責任があると解されます。

3 訴状例について

原告が被告の代理人とされるAから土地を購入したところ、実際にはAには当該土地売却の代理権がなかったため、民法109条2項に基づき被告に対して所有権移転登記手続を求めるという事例です。

請求の原因第1項から第5項までがそれぞれ要件事実❶から❺までに対応しています。

訴 状 例

第1 請求の趣旨
 1 被告は，原告に対し，別紙物件目録記載1の土地について，平成○年○月○日の売買を原因とする所有権移転登記手続をせよ
 2 訴訟費用は被告の負担とする
 との判決を求める。

第2 請求の原因

1 Aは，原告に対し，平成○年3月15日，別紙物件目録記載1の土地（以下「本件土地」という。）を代金○万円で売った（以下「本件売買契約」という。）。

2 Aは，本件売買契約の際，被告のためにすることを示した。

3 原告は，Aに本件売買契約締結の権限があると信じた。

4 原告がAに本件売買契約締結の権限があると信じたことには，以下のとおり，正当な理由がある。

(1) Aは，被告と同居する被告の長男であって，原告とも面識があった。

(2) 本件土地に隣接して別紙物件目録記載2の土地（以下「別件土地」という。）が存在しているが，被告は，本件土地と別件土地とを一体として○○に使用していた。

(3) ……

5 被告は，原告に対し，平成○年3月5日，別件土地の売却についてはAに任せている旨を申し述べ，Aに別件土地の売却につき代理権を授与した旨を表示した。

6 よって，原告は，被告に対し，本件売買契約に基づき，本件土地の所有権移転登記手続をすることを求める。

（別紙）

物件目録

1 所　　在　○○県○○市○○町○丁目
　　地　　番　○○番○○
　　地　　目　宅地
　　地　　積　○○．○○㎡
2 所　　在　○○県○○市○○町○丁目
　　地　　番　○○番○○
　　地　　目　宅地
　　地　　積　○○．○○㎡

第1章　第3節　代　理　　47

【13】　代理権消滅後の権限外の行為の表見代理（所有権移転登記手続請求）　〔民112②〕

＜要件事実＞

旧	〔新〕と同じ
新	❶　代理人による意思表示 ❷　代理人が、❶の際、本人のためにすることを示したこと ❸　相手方が、代理人に❶の代理権があると信じたこと ❹　❸について正当な理由があることの評価根拠事実 ❺　本人が、代理人に対し、❶に先立ち、❶以外の特定の事項について代理権を授与したこと

ポイント

1　改正内容について

（1）　改正前

　改正前は、代理権消滅後の代理人が従前の代理権の範囲外の代理行為を行った場合には、旧民法112条と旧民法110条とが重畳適用されるとの判例（大判昭19・12・22民集23・626）がありました。

（2）　改正後

　改正後は、民法112条2項に「他人に代理権を与えた者は、代理権の消滅後に、その代理権の範囲内においてその他人が第三者との間で行為をしたとすれば前項の規定によりその責任を負うべき場合において、」「その他人が第三者との間でその代理権の範囲外の行為をしたと

きは、第三者がその行為についてその他人の代理権があると信ずべき正当な理由があるときに限り、その行為についての責任を負う。」との規定が新設されました。前段が旧民法112条、後段が旧民法110条に由来するものであり、旧民法における重畳適用の場合と同様の内容となっています。

2　要件事実について

要件事実自体は旧民法における112条・110条の重畳適用の場合と同様です。要件事実❶❷は代理の場合の共通の要件、要件事実❸❹❺が旧民法110条に関する要件であり、請求原因として主張すべき事実は、民法110条の場合と同様です。

代理行為の前に代理権が消滅していたことは、被告において主張立証すべき抗弁であり、これに対して消滅につき善意であること（民112②・①本文）が原告の再抗弁、過失によって知らなかったことの評価根拠事実（民112②・①ただし書）が被告の再々抗弁となります。

3　訴状例について

原告が被告の代理人であったＡから土地を購入したところ、実際にはＡには当該土地売却の代理権がなく、かつ、Ａの有していた別件土地売却の代理権も既に消滅していたという事例です。

請求の原因第1項から第5項までがそれぞれ要件事実❶から❺までに対応しています。

関連事実第1項が、本来被告が主張立証すべき代理権消滅の抗弁、関連事実第2項が、消滅につき善意であることの再々抗弁です。これらの記載は訴状段階で必ずしも記載する必要はありませんが、代理権消滅の抗弁が出されることが確実である場合などには記載しておくべきでしょう。

第1章 第3節 代理 49

訴 状 例

第1 請求の趣旨
1 被告は，原告に対し，別紙物件目録記載1の土地について，平成○年○月○日の売買を原因とする所有権移転登記手続をせよ
2 訴訟費用は被告の負担とする
との判決を求める。
第2 請求の原因
1 Aは，原告に対し，平成○年3月15日，別紙物件目録記載1の土地（以下「本件土地」という。）を代金○万円で売った（以下「本件売買契約」という。）。
2 Aは，本件売買契約の際，被告のためにすることを示した。
3 原告は，Aに本件売買契約締結の権限があると信じた。
4 原告がAに本件売買契約締結の権限があると信じたことには，以下のとおり，正当な理由がある。
　(1)　Aは，被告と同居する被告の長男であって，原告とも面識があった。
　(2)　Aは，被告の代理人として，原告に対し，平成○年○月○日及び平成○年○月○日の2回にわたり，被告名義の土地を売却したことがあった。
　(3)　本件土地に隣接して別紙物件目録記載2の土地（以下「別件土地」という。）が存在しているが，被告は，本件土地と別件土地とを一体として○○に使用していた。
　(4)　……
5 被告は，Aに対し，平成○年2月15日，別件土地の売却を委任し，同土地売却の代理権を授与した。
6 よって，原告は，被告に対し，本件売買契約に基づき，本件土地の所有権移転登記手続をすることを求める。
第3 関連事実
1 被告は，Aに対し，平成○年2月末日，請求の原因第5項記載の委任を解除したため，Aの代理権は消滅している旨主張する。

2 しかし，原告は上記代理権の消滅を知らなかったものであるから，民法112条2項及び1項本文に基づき被告は責任を負うものである。

（別紙）

物件目録

1 所 在 ○○県○○市○○町○丁目
地 番 ○○番○○
地 目 宅地
地 積 ○○．○○㎡
2 所 在 ○○県○○市○○町○丁目
地 番 ○○番○○
地 目 宅地
地 積 ○○．○○㎡

第1章　第3節　代　理　　51

【14】　無権代理人の責任（売買代金請求）

〔民117〕

＜要件事実＞

旧	—
新	❶　代理人が、当該契約の際、自己に当該契約の代理権がないことを知っていたこと

ポイント

1　改正内容について

（1）　改正前

改正前は、無権代理人に対する責任追及において、「他人の代理人として契約をした者が代理権を有しないことを相手方が知っていたとき、若しくは過失によって知らなかったとき」（旧民117②）には、無権代理人への責任追及の規定は適用しないものとされていました。

（2）　改正後

改正後は、「他人の代理人として契約をした者が代理権を有しないことを相手方が知っていたとき」（民117②一）及び「他人の代理人として契約をした者が代理権を有しないことを相手方が過失によって知らなかったとき」（民117②二本文）には無権代理人への責任追及の規定は適用しないとの規定は改正前と同様ですが、さらに、相手方が過失によって知らなかったときでも、「他人の代理人として契約をした者が自己に代理権がないことを知っていたときは、この限りでない」（民117②二ただし書）との規定が追加されました。これは、代理権のないことを知っていた代理人と、過失により知らなかった相手方とでは相手

方の方を保護すべきとの考えで追加された規定です。

2 要件事実について

❶ 相手方有過失の抗弁に対する再抗弁の要件事実です（民117②二）。相手方悪意の抗弁に対する再抗弁にはならない点に注意が必要です（民117②一参照）。

3 訴状例について

原告がAの代理人と称する被告に対して目的物である動産を売却したが、実際には被告は代理権を有していなかったという場合に、被告に対してその契約の履行を求める事例です。

請求の原因第1項及び第2項が、無権代理人に対する履行請求のための要件事実です。なお、第1項の事実のみで被告に対する契約責任の追及が可能であり、第2項は不要であるとの考え方もありますが、（本人としての）契約に基づく履行請求（契約責任）と民法117条に基づく履行請求（法定責任）とは別個の訴訟物であると解されますし、社会的事実としても自ら本人として契約する場合と他人の代理人と称して契約する場合とは異なるものといえますので、第2項も記載して無権代理人に対する請求であることを明確にすべきであると考えます。

請求の原因第3項は、要件事実としては不要の記載です。相手方において無権代理であることを主張立証する必要はなく、代理人の側で抗弁として自己の代理権又は本人の追認を得たことを証明することが必要だからです（民117①）。しかしながら、このような記載を入れることで、無権代理人の責任追及であることが明確になり、文章の流れとしても読みやすいものになると考えます。

関連事実第1項が本来被告側で主張すべき抗弁（相手方悪意又は有

第1章　第3節　代　理　　53

過失）の記載であり、要件事実としては過失があることの評価根拠事
実を主張する必要がありますが、原告側で敢えて詳しく主張すべきも
のではないため、簡素な記載にとどめています。

　関連事実第2項は悪意の主張に対する否認と、過失がないことの主
張です。こちらも本来要件事実となるのは過失の評価障害事実なので
すが、訴状段階では単に過失がない旨の記載にとどめておくことも多
いでしょう。

　関連事実第3項が、要件事実❶の記載です。民法117条2項2号ただし
書に基づく主張は、有過失の抗弁に対する再抗弁となります。

訴 状 例

第1　請求の趣旨
　1　被告は，原告に対し，○万円を支払え
　2　訴訟費用は被告の負担とする
　との判決並びに仮執行の宣言を求める。
第2　請求の原因
　1　原告は，被告に対し，平成○年○月○日，○○○○を代金○万円で
　　売った（以下「本件売買契約」という。）。
　2　被告は，本件売買契約の際，Aのためにすることを示した。
　3　しかしながら，被告は，本件売買契約当時，本件売買の代理権を有
　　していなかった。
　4　よって，原告は，被告に対し，民法117条1項に基づき，本件売買代
　　金○万円の支払を求める。
第3　関連事実
　1　原告は，本件訴訟提起前，被告に対して任意に履行を求めたものの，
　　被告は，本件売買につき代理権がなかったことは認めながらも，原告
　　も被告に代理権がないことを知っていたか又は過失によって知らな
　　かったので被告は無権代理人としての責任を負わない旨主張し（民

法117条2項1号・2号本文），支払を拒んだ。

2 しかし，原告は被告に代理権がないことを知らなかったし，知らなかったことにつき過失もない。

3 仮に原告の過失が認められたとしても，被告は，自らが代理権を有していないことを知っていたのであるから，民法117条2項2号ただし書によって，被告に無権代理人の責任を問うことが可能である。

第1章　第4節　無効及び取消し・条件及び期限　　55

第4節　無効及び取消し・条件及び期限
【15】　原状回復の義務（原状回復請求）

〔民121の2〕

＜要件事実＞

旧	一
新	❶　（無効となるべき）契約が成立したこと ❷　❶に基づき目的物が給付されたこと ❸　❶の無効原因

ポイント

1　改正内容について

（1）　改正前

　改正前は、無効となった法律行為に基づき給付されていた目的物の返還請求は、民法703条（及び704条）に基づく不当利得返還請求であるものと解されていました。

（2）　改正後

　改正後は、民法121条の2第1項において、「無効な行為に基づく債務の履行として給付を受けた者は、相手方を原状に復させる義務を負う。」と定められ、当該請求が同条に基づく原状回復請求であるものと整理されました。

2　要件事実について

❶　原告被告間において無効となるべき一定の契約（取消しの結果、無効となるべき契約を含みます。）が成立したことの主張です。

56 第1章 第4節 無効及び取消し・条件及び期限

❷ ❶の契約に基づいて目的物を給付したことの主張です。原状回
復請求の前提として、当該契約等に基づく給付の存在を主張する
必要があります。

❸ ❶の契約の無効原因を主張します。取り消されるべき行為の場
合には、取消原因と取消しの意思表示を主張する必要があります。

3 訴状例について

請求の原因第1項では、原告被告間で工作機の請負契約が成立した
ことを主張しています（要件事実❶）。

請求の原因第2項では、上記請負契約に基づき、請負代金の一部（契
約時の支払分）を支払ったことを主張しています（要件事実❷）。

請求の原因第3項では、上記請負契約に動機の錯誤があったこと及
び動機が表示されていたことを主張しています。錯誤（民95）の要件に
ついても改正されていますが、改正前と同様、このような主張で改正
後の要件も満たすものと考えられます（動機の錯誤に関する要件事実
に関しては【5】参照）。

請求の原因第4項は、錯誤取消しの意思表示です。訴状により意思
表示をする場合にはこのように記載します。訴状が被告に送達された
時に意思表示の効力が生じます。

請求の原因第3項及び第4項が要件事実❸の主張です。

訴 状 例

第1 請求の趣旨
1 被告は，原告に対し，○万円を支払え
2 訴訟費用は被告の負担とする
との判決並びに仮執行の宣言を求める。

第1章　第4節　無効及び取消し・条件及び期限　　57

第2　請求の原因

1　原告は，被告に対し，平成○年○月○日，以下のとおりの約定で，○○型工作機1台（以下「本件工作機」という。）の製作を発注し，被告はこれを受注した（以下「本件請負契約」という。）。

　　(1)　納　　　期：平成○年○月○日

　　(2)　請負代金：契約時○万円、目的物引渡時△万円

2　原告は，被告に対し，本件請負契約時，同契約に基づき代金○万円を支払った。

3　原告は，本件請負契約当時，実際には本件工作機によって○○することは不可能であったにもかかわらず，それが可能であるものと信じていた。原告は，被告に対し，本件請負契約当時，本件工作機により○○するつもりである旨を伝えていた。

4　原告は，被告に対し，本訴状をもって，上記錯誤を理由として本件請負契約を取り消す。

5　よって，原告は，被告に対し，本件請負契約の取消しに基づく原状回復請求として，代金○万円の返還を求める。

58　第1章　第4節　無効及び取消し・条件及び期限

【16】　条件の成就の妨害等（不当利得返還請求）

〔民130②〕

＜要件事実＞

旧	①　相手方が条件が成就することによって利益を受ける当事者であること ②　相手方が故意に条件を成就させたこと ③　条件不成就とみなす旨の意思表示
新	❶　相手方が条件が成就することによって利益を受ける当事者であること ❷　相手方が<u>不正に</u>条件を成就させたことの<u>評価根拠事実</u> ❸　条件不成就とみなす旨の意思表示

ポイント

1　改正内容について

（1）　改正前

　改正前は、条件成就により不利益を受ける当事者が故意に条件成就を妨害したときに相手方は条件が成就したものとみなすことができる旨の規定（旧民130）がありましたが、条件成就により利益を受ける者が故意に条件を成就させた場合に関する規定はありませんでした。ただし、そのような場合にも判例上、旧民法130条が類推適用され、相手方は条件が成就しなかったものとみなすことができるとされていました（最判平6・5・31判時1504・86）。

第1章　第4節　無効及び取消し・条件及び期限　　59

(2)　改正後

改正後は、民法130条に2項が追加され、条件成就により利益を受ける当事者が不正に条件を成就させたときに相手方は条件が成就しなかったものとみなすことができる旨が明記されました。「故意に」ではなく「不正に」とされたのは、本人の正当な努力によって条件を成就させた場合（例えば大学入試に合格したら100万円を贈与するというような場合等）には、条件不成就とみなす必要がないからです。

2　要件事実について

❶　相手方が条件成就によって利益を受ける当事者であることの主張です。

❷　不正に条件を成就させたことの主張です。「不正に」というのは評価的な要件のため、評価根拠事実が要件事実となります。

❸　民法130条2項は、あくまで条件不成就と「みなすことができる」との規定であり、条件不成就とみなす旨の意思表示が必要になります。もっとも、相手方が不正に条件成就させた旨を主張すれば、併せて条件不成就とみなす旨の意思表示もなされていると解される場合が多いでしょう。

3　訴状例について

上記の例で挙げた、大学入試に合格したら100万円を与えるという停止条件付贈与の場合に、被告が不正な手段で合格したことを理由に100万円の返還を求めるという事案です。

請求の原因第1項で具体的な契約内容を摘示することにより、被告が条件成就により利益を受ける者であること（要件事実❶）の主張がなされているものといえます。

請求の原因第2項で上記条件が成就したこと、同第3項で条件成就による贈与の履行（原告の損失と被告の利得）、同第4項で当該条件が不正に成就されたものであることの評価根拠事実（要件事実❷）を主張しています。

請求の原因第5項で条件不成就とみなす旨の意思表示をしています。この意思表示によって条件成就の効果が失われることになるため、被告が受領した100万円は不当利得として返還する必要が生じます。

訴 状 例

第1　請求の趣旨
　1　被告は，原告に対し，100万円を支払え
　2　訴訟費用は被告の負担とする
　との判決並びに仮執行の宣言を求める。
第2　請求の原因
　1　原告は，被告との間で，平成○年○月○日，被告が○○大学の入学試験に合格することを停止条件として，100万円を贈与する旨の合意をした。
　2　被告は，平成○年○月○日，○○大学に合格した。
　3　原告は，被告に対し，平成○年○月○日，第1項記載の贈与契約に基づき，100万円を支払った。
　4　しかしながら，被告は，○○大学の入試問題を同大学の入試問題作成者であったＡより事前に入手した上で入学試験に臨んだものであり，第1項記載の停止条件を不正に成就させたものといえる（民法130条2項）。
　5　原告は，被告に対し，本訴状をもって第1項記載の停止条件が成就しなかったものとみなす。
　6　よって，原告は，被告に対し，不当利得返還請求権に基づき，不当利得金100万円の支払を求める。

第5節　時　効

【17】　消滅時効の援用（抵当権設定登記抹消登記手続請求）

〔民145〕

＜要件事実＞

旧	①　権利を行使することができる時から10年が経過したこと ②　時効の援用の意思表示
新	❶　権利を行使することができる時から10年又は権利を行使することができることを知った時から5年が経過したこと ❷　時効の援用の意思表示

ポイント

1　改正内容について

(1)　改正前

改正前は、債権の消滅時効期間は原則として権利を行使することができる時から10年間とされていました（旧民166・167①）。また、商行為によって生じた債権については5年間という商事消滅時効が（旧商522）、診療債権や工事代金債権等については3年間、弁護士報酬債権や売買代金債権等については2年間、運送代金債権や宿泊料債権等については1年間という各種短期消滅時効が定められていました（旧民170～174）。

また、時効の援用権者については、「当事者」とされていましたが（旧民145）、その具体的な範囲については解釈に委ねられていました。

(2) 改正後

改正後は、権利を行使することができる時から10年間という時効期間を維持した上で（民166①二）、債権者が権利を行使することができることを知った時から5年間という時効期間が新たに追加されたため（民166①一）、契約に基づく債務についての時効期間は通常5年間となります。商事消滅時効や短期消滅時効は廃止されました。

援用権者については、「当事者（消滅時効にあっては、保証人、物上保証人、第三取得者その他の権利の消滅について正当な利益を有する者を含む。）」とされ（民145）、具体的な「当事者」の例示がなされていますが、これらはいずれも改正前にも援用権者と解されていたため、実質的な変更はありません。

2 要件事実について

❶ 時効期間経過の主張です。権利を行使することができる時点（又は権利を行使することができることを知った時点）とそこから起算して一定の時効期間の満了、すなわち起算日（民140）から10年間（又は5年間）の末日が経過したことを主張します。

❷ 時効の援用の主張です。援用したときに確定的に時効の効力が生じるものと解されます。

3 訴状例について

抵当権が付された土地を購入した原告が、当該抵当権の被担保債権が既に時効により消滅しているとして抵当権設定登記の抹消登記手続を求めるという事案です。

本件の訴訟物は、所有権に基づく妨害排除請求権としての抵当権設定登記抹消登記請求権であり、請求原因としては、①原告所有、②登

第1章　第5節　時　効　　　　63

記存在、のみで足ります。請求の原因第1項が①、第2項が②の主張です。

　しかしながら、本件のような事案では被告から登記保持権原の抗弁が出されることが予想されますので、訴状の段階からそれに対する反論（再抗弁）も含めて記載しておくべきでしょう。

　そのため、請求の原因第4項で弁済又は時効消滅による被担保債権の消滅に伴う抵当権の消滅の主張をしています。第4項(2)が要件事実❶の記載であり、弁済期と弁済期から起算して所定の時効期間（本件では5年間でしょう。）の末日が経過したことを主張しています。第4項(3)が要件事実❷の記載です。抵当権の付いた不動産の所有者であること自体から、当該抵当権の被担保債権の時効消滅について正当な利益を有することは明らかでしょう。

　関連事実では、訴訟に至る経緯を示すとともに、原告が民法145条の「当事者」のうち「第三取得者」に当たることを明らかにしています。

訴 状 例

第1　請求の趣旨
　1　被告は，別紙物件目録記載の土地について，別紙登記目録記載の抵当権設定登記の抹消登記手続をせよ
　2　訴訟費用は被告の負担とする
　との判決を求める。
第2　請求の原因
　1　原告は，別紙物件目録記載の土地（以下「本件土地」という。）を所有している。
　2　本件土地について，別紙登記目録記載の抵当権設定登記（以下「本件登記」という。）がある。
　3　よって，原告は，被告に対し，本件土地について本件登記の抹消登記手続をすることを求める。

4 なお，本件登記にかかる抵当権は，以下のとおり被担保債権（以下「本件債権」という。）の消滅に伴い消滅しており，被告には登記を保持すべき権原はない。

(1) 本件債権は，遅くとも平成○年○月には弁済により消滅している。

(2) 仮に弁済が完了していなかったとしても，本件債務の最終の弁済期は平成○年○月○日であるところ，平成△年○月○日は経過した。

(3) 原告は，被告に対し，本訴状をもって上記時効を援用する。

第3 関連事実

原告は，平成○年○月○日，Aより本件土地を購入したが，その際，本件登記についてAに確認したところ，本件登記はすでに10年以上前に完済したものの，その直後に抵当権者である被告が行方不明となってしまったことから抹消されないまま放置していたものであるとの説明を受けた。

今般，原告の調査により被告の所在が判明したため，本件訴訟を提起するに至ったものである。

（別紙）

物件目録

所　　在　　○○県○○市○○町○丁目
地　　番　　○○番○○
地　　目　　宅地
地　　積　　○○．○○㎡

（別紙）

登記目録

○○地方法務局平成○年○月○日受付第○○号抵当権設定

原　　　因　平成○年○月○日金銭消費貸借同日設定

債 権 額　金○万円

利　　　息　年○割○分

損 害 金　年○割

債 務 者　○○県○○市○○町○丁目○番地○
　　　　　　　A

抵当権者　△△市○○区○○町○丁目○番○号
　　　　　　　B

【18】 裁判上の請求による時効の完成猶予（売買代金請求） 〔民147〕

＜要件事実＞

旧	① 権利を行使することができる時から10年が経過する前に、裁判上の請求をしたこと
新	❶ 権利を行使することができることを知った時から5年が経過する前に、裁判上の請求をしたこと

ポイント

1 改正内容について

(1) 改正前

改正前は、時効の完成を妨げるものとして、「中断」、「停止」という制度が設けられていました。「中断」は、中断事由の発生により時効の完成が妨げられるとともに、中断事由が終了した時から新たに時効が進行する（旧民157①）ものであり、「停止」は、停止事由が生じたときは一定期間が経過するまで時効が完成しないとするものでした（旧民158～161）。

裁判上の請求については、中断事由とされており（旧民147一）、裁判が確定した時から新たな時効が進行を始めるものとされていました（旧民157②）。

(2) 改正後

改正後は、時効の完成が妨げられることを「完成猶予」、新たな時効が進行し始めることを「更新」という用語に整理し、裁判上の請求、催告及び差押え等は、完成猶予事由となり（民147①・148①・149・150・

第1章　第5節　時　効　　　67

151)、権利の承認 (民152)、確定判決等による権利の確定 (民147②) 及び強制執行等の終了 (取下げ等による場合を除きます。) (民148②) は、更新事由となりました。

　裁判上の請求については、完成猶予事由となり (民147①一)、確定判決等により権利が確定したときは、時効の更新により裁判上の請求が終了した時から新たな時効が進行しますが (民147②)、取下げ等により終了した場合は、終了から6か月間だけ時効の完成が猶予されます (民147①柱書)。

　また、時効期間については、権利を行使することができる時から10年間 (各種短期消滅時効を除きます。) であったところ (旧民166・167)、それを維持した上で (民166①二)、債権者が権利を行使することができることを知った時から5年間という時効期間が新たに追加されたため (民166①一)、契約に基づく債務についての時効期間は通常5年間となります。短期消滅時効 (旧民170〜174) や商事消滅時効 (旧商522) は廃止されました。

2　要件事実について

❶　裁判上の請求が時効の完成を妨げることは従来と同じですが、時効期間に関する改正によって時効の完成時期が異なるため、いつの時点で裁判上の請求をする必要があるのか注意が必要です。

3　訴状例について

　売買契約から5年以上経過してから提起された売買代金請求訴訟の事案です。

　請求の原因第1項は、売買契約締結の主張です。売買代金債権は契約締結により直ちに発生し、支払期日等の定めは抗弁となるので、請求原因としてはこれだけで足ります。

関連事実には、被告が時効消滅を主張しているとの事情（予想される争点）とそれに対する原告の反論を記載しています。時効期間の経過及び時効の援用は、本来被告において主張すべき抗弁であり、敢えて訴状に記載する必要はありません。しかしながら、被告との事前交渉において時効消滅が主張されているような場合には、答弁書において同様の主張が出されることが予測されるため、あらかじめ反論（再抗弁）まで記載しておくこともあります。

関連事実第2項が、裁判上の請求による時効の完成猶予の主張です。本件では一旦取り下げた上で再度6か月以内に訴訟提起した場合を想定しています。厳密にいえば前訴の提起が再抗弁、前訴の取下げによる終了、時効期間経過及び時効の援用が再々抗弁、取下後時効期間経過前の本訴提起が再々々抗弁となると解されますが、訴状で時効の争点に触れるのであれば全て記載するのが通常でしょう。

訴 状 例

第1　請求の趣旨
　1　被告は，原告に対し，○万円を支払え
　2　訴訟費用は被告の負担とする
　との判決並びに仮執行の宣言を求める。
第2　請求の原因
　1　原告は，被告に対し，平成○年7月1日，○○社製の全自動洗濯乾燥機（型番：○○○○）1台を代金○万円で売った（以下「本件売買契約」という。）。
　2　よって，原告は，被告に対し，本件売買契約に基づき，売買代金○万円の支払を求める。
第3　関連事実
　1　被告は，原告に対し，本件訴訟提起前，本件売買契約締結日の5年後である平成△年7月1日の経過をもって上記売買代金債権が時効消

滅した旨主張していた。

2　しかしながら，原告は，被告に対し，本件売買契約締結の日から5年が経過する前である平成△年6月15日，本件売買契約に基づく売買代金請求訴訟を提起しており（○○簡易裁判所平成○年（ハ）第○○○号），時効の完成は猶予されている（民法147条1項1号）。

3　その後，原告は平成△年6月25日に都合により上記訴訟を取り下げたが，取下日から6か月以内に本件訴訟を提起しており，いまだ消滅時効は完成していない（民法147条1項柱書・同項1号）。

【19】 協議を行う旨の合意による時効の完成猶予（貸金返還請求） 〔民151〕

＜要件事実＞

旧	—
新	❶ 権利についての協議を行う旨の合意がされたこと ❷ ❶の合意は書面（又は電磁的記録）によること

ポイント

1 改正内容について

（1） 改正前

改正前は、時効の完成を妨げるものとして、「中断」、「停止」という制度が設けられていました。「中断」は、中断事由の発生により時効の完成が妨げられるとともに、中断事由が終了した時から新たに時効が進行する（旧民157①）ものであり、「停止」は、停止事由が生じたときは一定期間が経過するまで時効が完成しないとするものでした（旧民158〜161）。

債権者と債務者との間で何らかの協議を行っていたとしても、それが承認（旧民147三・156）に該当しない限り、時効の進行には影響がありませんでした。

（2） 改正後

改正後は、時効の完成が妨げられることを「完成猶予」、新たな時効が進行し始めることを「更新」という用語に整理し、裁判上の請求、催告及び差押え等は、完成猶予事由となり（民147①・148①・149・150・

151)、権利の承認（民152）、確定判決等による権利の確定（民147②）及び強制執行等の終了（取下げ等による場合を除きます。）（民148②）は、更新事由となりました。

　また、当事者間で権利についての協議を行う旨の合意が書面（又は電磁的記録）でされたときは、時効の完成が一定期間猶予されるとの規定が新設されました（民151）。

2　要件事実について

❶　当事者間で権利についての協議を行う旨の合意がなされることが要件です。承認（民152）とは異なり、権利の有無に争いがある場合であっても、協議を行うという合意さえあれば時効の完成が猶予されます。

❷　協議を行う旨の合意は、その存在及び内容を明確にして疑義を残さないように、書面又は電磁的記録による必要があります。電磁的記録によってされた場合には、民法151条4項により書面でされたものとみなされます。

3　訴状例について

　本来の返済期限から5年以上経過してから提起された貸金返還請求の事案です。

　請求の原因第1項は、金銭消費貸借契約締結の主張、同第2項は弁済期の到来の主張です。

　関連事実には、被告が時効消滅を主張しているとの事情（予想される争点）とそれに対する原告の反論を記載しています。時効期間の経過及び時効の援用は、本来被告において主張すべき抗弁であり、敢えて訴状に記載する必要はありません。しかしながら、被告との事前交

渉において時効消滅が主張されているような場合には、答弁書において
て同様の主張が出されることが予測されるため、あらかじめ反論（再
抗弁）まで記載しておくこともあります。

　関連事実第2項が、協議を行う旨の合意による時効の完成猶予の主
張です。この主張に対し、被告側は、①合意から1年の経過（民151①一）、
②協議期間の定めとその期間の経過（民151①二）、③協議続行拒絶通知
（民151①三）を再々抗弁として主張することが考えられます。

訴　状　例

第1　請求の趣旨
　1　被告は、原告に対し、○万円及びこれに対する平成△年7月1日から
　　支払済みまで年△％の割合による金員を支払え
　2　訴訟費用は被告の負担とする
　との判決並びに仮執行の宣言を求める。
第2　請求の原因
　1　原告は、被告に対し、平成○年7月1日、○万円を次の約定で貸し付
　　けた。
　　(1)　弁済期　平成△年6月30日
　　(2)　利　息　年○％（1年365日の日割計算）
　　(3)　損害金　年△％（1年365日の日割計算）
　2　平成△年6月30日は経過した。
　3　よって、原告は、被告に対し、上記消費貸借契約に基づき、元金○
　　万円及びこれに対する平成○年7月1日から平成△年6月30日まで約定
　　の年○％の割合による利息及び平成△年7月1日から支払済みまで約
　　定の年△％の割合による遅延損害金の支払を求める。
第3　関連事実
　1　被告は、原告に対し、本件訴訟提起前、上記貸金の弁済期の5年後
　　である平成□年6月30日の経過をもって上記貸金債権が時効消滅した

第1章　第5節　時　効　　　　73

　旨主張していた。

2　しかしながら，原告は，被告との間で，平成□年5月10日，上記貸
　金債権について協議する旨の合意を書面により行っており，いまだ
　消滅時効は完成していない（民法151条1項）。

【20】 承認による時効の更新（売買代金請求）

〔民152〕

＜要件事実＞

旧	① 権利を行使することができる時から10年が経過する前に、当該債務を承認したこと
新	❶ 権利を行使することができることを知った時から5年が経過する前に、当該債務を承認したこと

ポイント

1 改正内容について

(1) 改正前

改正前は、時効の完成を妨げるものとして、「中断」、「停止」という制度が設けられていました。「中断」は、中断事由の発生により時効の完成が妨げられるとともに、中断事由が終了した時から新たに時効が進行する（旧民157①）ものであり、「停止」は、停止事由が生じたときは一定期間が経過するまで時効が完成しないとするものでした（旧民158～161）。

承認については、中断事由とされていました（旧民147三）。

(2) 改正後

改正後は、時効の完成が妨げられることを「完成猶予」、新たな時効が進行し始めることを「更新」という用語に整理し、裁判上の請求、催告及び差押え等は、完成猶予事由となり（民147①・148①・149・150・151）、権利の承認（民152）、確定判決等による権利の確定（民147②）及び強制執行等の終了（取下げ等による場合を除きます。）（民148②）は、更新事由となりました。

第1章　第5節　時　効　　75

　また、時効期間については、権利を行使することができる時から10年間（各種短期消滅時効を除きます。）であったところ（旧民166・167）、それを維持した上で（民166①二）、債権者が権利を行使することができることを知った時から5年間という時効期間が新たに追加されたため（民166①一）、契約に基づく債務についての時効期間は通常5年間となります。短期消滅時効（旧民170～174）や商事消滅時効（旧商522）は廃止されました。

2　要件事実について

　❶　承認が時効の完成を妨げることは従来と同じですが、時効期間に関する改正によって時効の完成時期が異なるため、いつの時点で承認を得たのかにつき注意が必要です。

3　訴状例について

　売買契約から5年以上経過してから提起された売買代金請求訴訟の事案です。

　請求の原因第1項は、売買契約締結の主張です。売買代金債権は契約締結により直ちに発生し、支払期日等の定めは抗弁となるので、請求原因としてはこれだけで足ります。

　関連事実には、被告が時効消滅を主張しているとの事情（予想される争点）とそれに対する原告の反論を記載しています。時効期間の経過及び時効の援用は、本来被告において主張すべき抗弁であり、敢えて訴状に記載する必要はありません。しかしながら、被告との事前交渉において時効消滅が主張されているような場合には、答弁書において同様の主張が出されることが予測されるため、あらかじめ反論（再抗弁）まで記載しておくこともあります。

　関連事実第2項が、承認による時効の更新の主張です。

訴状例

第1　請求の趣旨
　1　被告は，原告に対し，○万円を支払え
　2　訴訟費用は被告の負担とする
との判決並びに仮執行の宣言を求める。
第2　請求の原因
　1　原告は，被告に対し，平成○年7月1日，○○社製の全自動洗濯乾燥
　　機（型番：○○○○）1台を代金○万円で売った（以下「本件売買契
　　約」という。）。
　2　よって，原告は，被告に対し，本件売買契約に基づき，売買代金○
　　万円の支払を求める。
第3　関連事実
　1　被告は，原告に対し，本件訴訟提起前，本件売買契約締結日の5年
　　後である平成△年7月1日の経過をもって上記売買代金債権が時効消
　　滅した旨主張していた。
　2　しかしながら，被告は，原告に対し，本件売買契約締結の日から5
　　年が経過する前である平成△年6月15日，本件売買契約に基づく代金
　　債務を負っていることを承認しており，時効は更新されている。

第2章　債権総則

78

第2章　第1節　債権の目的　　79

第1節　債権の目的

【21】　特定物の引渡しの場合の注意義務（損害賠償請求）

〔民400〕

＜要件事実＞

旧	①　特定物の引渡しを目的とする債権の発生原因事実 ②　①から引渡しまでの間に、目的物の保存について、善良な管理者の注意を怠ったこと ③　損害の発生及び額 ④　②と③の因果関係
新	❶　特定物の引渡しを目的とする債権の発生原因事実 ❷　❶から引渡しまでの間に、目的物の保存について、<u>❶及び取引上の社会通念に照らして定まる</u>善良な管理者の注意を怠ったこと ❸　損害の発生及び額 ❹　❷と❸の因果関係

ポイント

1　改正内容について

（1）　改正前

改正前は、特定物の引渡しを目的とする債権の債務者は、その引渡しをするまで、「善良な管理者の注意」をもって目的物を保存しなければならないとされていました（旧民400）。この義務は善管注意義務と呼ばれています。

（2）　改正後

改正後は、善管注意義務が「契約その他の債権の発生原因及び取引上の社会通念に照らして定まる」べきものであることが明示されました（民400）。

2　要件事実について

❷　善管注意義務は債権の発生（要件事実❶）から引渡しまでの間の保存について課される義務のため（民400）、その間に義務違反があったことが必要となります。改正により善管注意義務の判断が個別の債権の発生原因や取引上の社会通念に照らして定まることが明確となったため、それらを意識して義務の内容を主張する必要があるでしょう。

3　訴状例について

絵画を購入したところ、売主の保管状態が悪かったところからひび割れが生じ、価値が下落したとして損害賠償を求めたという事例です。

請求の原因第1項では、原告被告間で特定物の引渡しを目的とする契約（売買契約）の成立（要件事実❶）を主張しています。

請求の原因第2項では、善管注意義務の懈怠につき、売買契約の内容を挙げながら主張するとともに損害の発生及び因果関係についても主張しています（要件事実❷❸④）。

請求の原因第3項では、損害の額を主張しています（要件事実❸）。

訴 状 例

第1　請求の趣旨
1　被告は，原告に対し，○万円及び訴状送達の日の翌日から支払済みまで年3％の割合による金員を支払え

第2章　第1節　債権の目的

　　2　訴訟費用は被告の負担とする

　との判決並びに仮執行の宣言を求める。

第2　請求の原因

　1　被告は，原告に対し，平成○年3月1日，○○美術展に出品されていた○○作の油絵1点（タイトル『○○○○』。以下「本件絵画」という。）を以下の約定で売った。

　　（1）　代金：○万円

　　（2）　代金支払期日：平成○年5月末日

　　（3）　納品日：平成○年6月末日

　2　被告は，本件絵画が○万円と高額であり，かつ，約定の納品日まで期間が空いていたことから，その間，善良な管理者の注意をもって本件絵画を保存すべきであった（民法400条）にもかかわらず，保管室の湿度を適切に管理しなかったため，乾燥により本件絵画に多数のひび割れが生じてしまった。

　3　原告は，上記納品日に本件絵画のひび割れを発見し，その日のうちに専門機関に本件絵画の鑑定を依頼したところ，鑑定評価額は○万円であって上記購入額より○万円も下落しており，原告は同額の損害を被った。

　4　よって，原告は，被告に対し，特定物の引渡しの場合の善管注意義務違反に基づき，上記購入額と上記鑑定評価額との差額である○万円の損害賠償金及びこれに対する請求の日である本件訴状送達の日の翌日から支払済みまで民法所定の年3％の割合による遅延損害金の支払を求める。

【22】 法定利率（貸金返還請求）

〔民404〕

＜要件事実＞

旧	① 元本債権の発生原因事実 ② 利息支払の合意をしたこと ③ 〔新設〕 ④ ②の後一定期間が経過したこと
新	❶ 元本債権の発生原因事実 ❷ 利息支払の合意をしたこと ❸ 利息が生じた最初の時点 ❹ ❸の後一定期間が経過したこと

ポイント

1 改正内容について

(1) 改正前

改正前は、「利息を生ずべき債権について別段の意思表示がないときは、その利率は、年5分とする。」(旧民404) とされていましたが、市中金利との乖離が問題とされていました。

(2) 改正後

改正後は、「法定利率は、年3パーセントとする。」(民404②) として法定利率を一旦引き下げ、3年ごとに市中金利の動向に基づき定まる基準割合の変動に応じて1%刻みで変動させることとした上で (民404③～⑤)、「利息を生ずべき債権について別段の意思表示がないときは、その利率は、その利息が生じた最初の時点における法定利率による。」(民

404①）とされました。これにより、法定利率を市中金利の動向に応じて変動させながら、一旦当該債権に適用される法定利率が定まればその後は当該利率によることとして利息計算が簡便な制度となりました。

2　要件事実について

消費貸借契約における利息請求の場合の要件事実です。

❶　利息債権は元本債権に対して付従性を有するため、元本債権の発生原因事実を主張立証する必要があります。

❷　消費貸借契約においては、利息支払の特約がなければ利息を請求できません（民589①）。なお、当事者双方が商人であるときは、利息支払の特約がなくとも法定利息の請求が可能です（商513①）。

❸　当該債権に適用される法定利率を確定させるため、利息が生じた最初の時点を主張する必要があります。「利息が生じた最初の時点」とは、利息計算の基礎となる期間の開始時点のことであり、消費貸借契約においては、特約がない限り金銭交付日となります（民589②）。

❹　利息は、原則として元本使用期間中に発生するので、利息計算期間の最終日の到来を摘示することになります（司法研修所編『改訂　紛争類型別の要件事実－民事訴訟における攻撃防御の構造－』30頁（法曹会、2006））。

3　訴状例について

貸金返還請求の事例です。貸金元本に加えて利息と遅延損害金の請求もしています。

請求の原因第1項は消費貸借契約及び利息契約の成立の主張です（要件事実❶❷）。消費貸借契約成立の要件事実は、①金銭返還合意、②金銭の交付、③返還時期の合意ですが（③を必要とするのはいわゆる貸

借型理論による場合)、この中には金銭交付の主張が含まれており、利息が生じた最初の時点(要件事実❸)の主張にもなります。

　請求の原因第2項については、弁済期までの利息を請求するのであれば、弁済期が「到来した」との主張で足りますが(要件事実❹)、更に遅延損害金まで請求するためには、弁済期が「経過した」ことまで主張する必要があります。

　なお、金銭債務の履行遅滞に基づく遅延損害金については、利率の合意がない場合、「債務者が遅滞の責任を負った最初の時点における法定利率」によるものとされており(民419①)、弁済期の翌日における法定利率が適用されます。そのため、金銭交付日と弁済期の翌日との間に法定利率が変動している可能性もあるので注意が必要です。

訴 状 例

第1　請求の趣旨
　1　被告は,原告に対し,○万円及びこれに対する平成○年3月4日から支払済みまで年○%の割合による金員を支払え
　2　訴訟費用は被告の負担とする
　との判決並びに仮執行の宣言を求める。
第2　請求の原因
　1　原告は,被告に対し,平成○年3月4日,○万円を以下の約定で貸し付けた。
　　(1)　弁済期:平成○年7月31日
　　(2)　利　息:民事法定利率による
　2　平成○年7月31日は経過した。
　3　よって,原告は,被告に対し,上記消費貸借契約に基づき,元金○万円並びにこれに対する平成○年3月4日から同年7月31日まで民法所定の年○%の割合による利息及び同年8月1日から支払済みまで民法所定の年○%の割合による遅延損害金の支払を求める。

第2章 第1節 債権の目的　　85

【23】　不能による選択債権の特定（動産引渡請求）

〔民410〕

＜要件事実＞

旧	①　当該債権の目的を数個の給付の中から選択によって定めるとの合意をしたこと ②　①のうち特定の給付が不能であること ③④　〔新設〕
新	❶　当該債権の目的を数個の給付の中から選択によって定めるとの合意をしたこと ❷　❶のうち特定の給付が契約その他の債務の発生原因及び取引上の社会通念に照らして不能であること ❸　選択権者の過失の評価根拠事実 ❹　❷と❸の因果関係

ポイント

1　改正内容について

(1)　改正前

改正前は、選択債権の目的である給付の中に原始的不能又は後発的不能のものがあるときは、原則として残存するものに特定され（旧民410①）、選択権を有しない当事者の過失によって後発的不能となった場合に限り、例外的に特定が生じないものとされていました（旧民410②）。このため、原始的不能の場合はその理由を問わず、後発的不能の場合は当事者双方の責に帰することのできない事由又は選択権者の責に帰すべき事由によるときは、特定が生じることになります。要件事

実としては、特定が生じたと主張する側においてそれ以外の給付が履行不能であることを主張立証し、特定を争う側において当該履行不能が選択権を有しない当事者の過失による後発的不能であることを主張立証するものと考えられます。

(2) 改正後

改正後は、選択債権の給付の目的の中に不能のものがある場合において、「その不能が選択権を有する者の過失によるものであるとき」にのみ特定が生じるものとし (民410)、それ以外の場合は特定が生じないものとされました。そのため、当事者双方の責に帰することができない不能の場合には、特定は生じないことになりました。なお、改正により原始的不能も後発的不能と同様に扱われることとなったため (民412の2②参照)、原始的不能の場合も選択権者の過失によるか否かで特定が生じるか否かが区分されることとなりました。

2 要件事実について

❶ 選択債権の合意です。

❷ 特定の給付が不能であることの主張です。原始的不能と後発的不能の双方が含まれます。不能であるか否かは、契約その他の債務の発生原因及び取引上の社会通念に照らして判断されることになります (民412の2①)。

❸ 選択権者の過失があることの主張です。過失は規範的要件のため、その評価根拠事実が要件事実となります。なお、過失の場合と故意の場合とを区別する必要はないとして、故意による場合を含める考え方もありますが、選択権者が故意に特定の給付を履行不能とした場合には、残存する給付を選択したと評価することも可能でしょう。

第2章　第1節　債権の目的　　87

❹　選択権者の過失により履行不能となったという因果関係が必要
です。

3　訴状例について

2枚の絵画のうち被告が選択する1枚を購入する契約をしていた原告
が、そのうち1枚が被告の過失により焼失してしまったとして、残り1
枚の引渡しを求めるという事例です。

請求の原因第1項が選択債権に係る売買契約の主張です（要件事実
❶）。選択権者が被告であることも明記していますが、もし選択権者
の合意がなかったとしても法律上は原則として選択権は債務者(売主)
に属します（民406）。

請求の原因第2項が被告の過失により履行不能となったことの主張
です（要件事実❷❸❹）。

```
│ 訴 状 例 │
```

第1　請求の趣旨
　1　被告は，原告に対し，別紙物件目録記載1の動産を引き渡せ
　2　訴訟費用は被告の負担とする
　との判決並びに仮執行の宣言を求める。
第2　請求の原因
　1　売買契約の締結
　　　原告と被告は，平成○年9月3日，別紙物件目録記載1及び2の2枚の
　　絵画のうち，被告が選択するいずれか1枚を原告に代金○万円で売る
　　との合意をした。
　2　別紙物件目録記載2の絵画の引渡義務の履行不能
　　　被告は，別紙物件目録記載1の絵画（以下「絵画1」という。）につ
　　いては○○市所在の貸倉庫に，同目録記載2の絵画（以下「絵画2」と
　　いう。）については被告の自宅で保管していたところ，平成○年9月12

日，被告の煙草の火の不始末が原因で被告の自宅が火事となり，これにより絵画2が焼失してしまった。

したがって，上記売買契約の目的物は，絵画1に特定した（民法410条）。

3　よって，原告は，被告に対し，上記売買契約に基づき，別紙物件目録記載1の動産の引渡しを求める。

（別紙）

物件目録

1　表題『○○○○』
　　A作，油彩・キャンバス，1862年
　　縦600㎜×横730㎜
2　表題『○○○○』
　　B作，油彩・キャンバス，1867年
　　縦540㎜×横650㎜

第2章　第2節　債権の効力　　89

第2節　債権の効力
第1款　債務不履行の責任等
【24】　確定期限と履行遅滞（売買代金請求）

〔民415①〕

＜要件事実＞

旧	〔新〕と同じ
新	❶　当該債務の履行に確定期限があること ❷　❶の期限が経過したこと ❸　反対債務の履行又は履行の提供をしたこと

ポイント

1　改正内容について

（1）　改正前

改正前は、「債務者がその債務の本旨に従った履行をしないとき」及び「債務者の責めに帰すべき事由によって履行をすることができなくなったとき」に債権者は損害の賠償を請求することができるものとされていました（旧民415）。このような条項からは、履行不能のときのみ債務者の帰責事由が必要であり、それ以外の場合には債務者の帰責事由は不要であるとの解釈も可能でした。しかし、判例上は帰責性の不存在が抗弁となることが認められていました（大判大10・11・22民録27・1978）。

（2）　改正後

改正後は、「債務者がその債務の本旨に従った履行をしないとき又は債務の履行が不能であるとき」に債権者は損害の賠償を請求するこ

とができるものとされ（民415①本文）、「その債務の不履行が契約その
他の債務の発生原因及び取引上の社会通念に照らして債務者の責めに
帰することができない事由によるものであるとき」（民415①ただし書）
には免責されること及び当該免責事由の存在は債務者において主張立
証すべきことが明示されました。

2　要件事実について

　上記のとおり、それまでの解釈を明文化した改正であり、要件事実
に変更はありません。ここでは双務契約において確定期限が定められ
ている場合の履行遅滞の要件を挙げています。

3　訴状例について

　売買代金債務の履行遅滞に基づき、売買代金残金とその履行遅滞に
基づく損害賠償を請求する事例です。

　請求の原因第1項が確定期限の約定（要件事実❶）の主張です。確定
期限の経過（要件事実❷）については、既に過去の日が経過したこと
は当然のことであるため、実務上は省略することが多いでしょう。本
件訴状例でも省略しています。

　請求の原因第2項が反対債務の履行（要件事実❸）の主張です。売買
契約においては、民法575条2項により目的物の引渡しがないと遅延損
害金が請求できない（引渡しの提供では足りない）ことに注意が必要
です。本件訴状例では、同項の「利息」について、いわゆる遅延利息
説を前提としています（司法研修所編『10訂　民事判決起案の手引』「事実摘
示記載例集」4頁（法曹会、2006））。

　本件請求が一部請求である理由や、代金が完済されないうちに登記
移転及び引渡しが済んでいる理由などは、要件事実としては不要です
が、請求の原因の記載だけでは実際の状況が判然とせず、やや不自然

第2章 第2節 債権の効力 91

と感じられることから、関連事実において事案の背景として主張して
おくことが適切でしょう。

訴 状 例

第1　請求の趣旨
1　被告は、原告に対し、500万円及びこれに対する平成○年12月1日か
ら支払済みまで年14.6％の割合による金員を支払え
2　訴訟費用は被告の負担とする
との判決並びに仮執行の宣言を求める。

第2　請求の原因
1　原告は、被告に対し、平成○年○月○日、別紙物件目録記載の土地
を以下の約定で売った。
(1)　代　　　金　5000万円
(2)　支払期日　平成○年11月末日
(3)　損 害 金　年14.6％
2　原告は、被告に対し、平成○年11月末日、上記売買契約に基づき、
同土地につき所有権移転登記手続をするとともに、これを引き渡し
た。
3　よって、原告は、被告に対し、上記売買契約に基づき、代金5000万
円のうち500万円及びこれに対する弁済期及び引渡日の翌日である平
成○年12月1日から支払済みまで約定の年14.6％の割合による遅延損
害金の支払を求める。

第3　関連事実
1　被告は、原告に対し、上記支払期日において、「代金5000万円のう
ち4500万円しか用意できなかったが、残金500万円については遅延損
害金を含めて近日中に必ず支払うから同土地の所有権移転登記及び
引渡しを予定どおり行ってほしい。」と懇願した。そのため、原告は、
4500万円の支払と引換えにこれに応じることとした。
2　しかしながら、既に支払期日から3か月以上が経過したにもかかわ

らず，被告は一向に残金を支払おうとしないため，本件提訴に及んだものである。

（別紙）
物件目録

所　　在　○○県○○市○○町○丁目
地　　番　○○番○○
地　　目　宅地
地　　積　○○．○○㎡

第2章　第2節　債権の効力　　93

【25】　不確定期限と履行遅滞（貸金返還請求）

〔民412②〕

＜要件事実＞

旧	①　当該債務の履行に不確定期限があること ②　①の期限が到来したこと ③　債務者が②を知ったこと
新	❶　当該債務の履行に不確定期限があること ❷　❶の期限が到来したこと ❸　❷の後に債務者が履行の請求を受けたこと又は債務者が❷を知ったこと

ポイント

1　改正内容について

（1）　改正前

改正前は、債務の履行について不確定期限がある場合、債務者は、「その期限の到来したことを知った時」から遅滞の責任を負うものとされていました（旧民412②）。

（2）　改正後

改正後は、「債務者は、その期限の到来した後に履行の請求を受けた時又はその期限の到来したことを知った時のいずれか早い時」から遅滞の責任を負うものとされました（民412②）。

2　要件事実について

❶　債務の履行に不確定期限が付されていることの主張です。通常

は当事者間の合意によることが多いでしょうが、遺言による場合なども考えられます。

❷　不確定期限が到来したことの主張です。❸との関係で、いつ到来したのかを明確にしておくべきですが、正確な日時まで不明であれば、「遅くとも……までに」といった特定でも足りるでしょう。

❸　債務者が❷の後に請求を受けたこと又は❷を知ったことのいずれかを主張します。条文上は「いずれか早い時」とされていますが（民412②）、債権者の側でどちらの時期が早いのかを主張立証する必要はなく、任意の時を選択して主張すれば足りるでしょう。遅い時期を主張することは債務者に有利なことであり、債権者において立証の難易等を考慮して適宜の時期を選択することを禁じる理由はないからです。

また、債権者は必ずしも期限の到来自体を知らせる必要はなく、到来後に履行の請求をすれば足りるものとされています。

なお、条文上は「履行の請求を受けた時」又は「期限の到来したことを知った時」から遅滞の責任を負うとされていますが（民412②）、請求を受けた（又は到来を知った）当日に履行すれば遅滞とはならないので、厳密にいえば請求を受けた（又は到来を知った）日の経過が要件となります。

3　訴状例について

原告が元の会社の同僚に対して貸した金員の返還を求める事例です。原告が退社予定であり、退社から3か月後に返済するという不確定期限の合意があるとの設定です。

請求の原因第1項は消費貸借契約の成立及び金銭の交付の主張ですが、弁済期として不確定期限が合意されています（要件事実❶）。

請求の原因第2項が当該不確定期限の到来（要件事実❷）、同第3項が

履行の請求（要件事実❸）の主張です。期限到来後に履行の請求をしていることと、請求の到達時期を明確に主張します。

　関連事実においては、原告と被告との関係やこのような約定がされた背景を記載することで、裁判官に事案の全体像が把握できるようにしています。

訴 状 例

第1　請求の趣旨
　1　被告は，原告に対し，○万円及びこれに対する平成○年7月12日から支払済みまで年○％の割合による金員を支払え
　2　訴訟費用は被告の負担とする
　との判決並びに仮執行の宣言を求める。
第2　請求の原因
　1　原告は，被告に対し，平成△年○月○日，○万円（以下「本件貸金」という。）を以下の約定で貸し付けた。
　　(1)　弁済期：原告が株式会社○○を退社してから3か月後
　　(2)　損害金：年○％
　2　原告は，平成○年3月31日，株式会社○○を退社した。
　3　原告は，被告に対し，平成○年7月10日付けで本件貸金の返還を求める通知書を送付し，同書面は同月11日に被告に到達した。
　4　よって，原告は，被告に対し，上記消費貸借契約に基づき，貸金○万円及びこれに対する履行請求日の翌日である平成○年7月12日から支払済みまで約定の年○％の割合による遅延損害金の支払を求める。
第3　関連事実
　1　原告と被告とは，平成□年○月に株式会社○○に同期で入社した同僚である。
　2　原告は，平成△年○月頃，被告から，母親の入院費用が不足しておりどうしても○万円が必要であるから貸してほしい旨懇願された。
　3　原告は，その当時，独立して起業することを計画しており，被告か

らの依頼に応じることは躊躇したものの，被告が繰り返し懇願することから，「2年以内に退社して起業するつもりなので，自分が退社したら3か月以内に返済して欲しい。」と述べ，その旨及び遅延損害金の利率を記載した覚書を作成した上で被告に対して○万円を貸し付けたものである。

第2章 第2節 債権の効力 97

【26】 履行不能（損害賠償請求）

〔民412の2〕

＜要件事実＞

旧	① 当該債務の履行が不能であること ② ①が後発的不能であること
新	❶ 当該債務の履行が契約その他の債務の発生原因及び取引上の社会通念に照らして不能であること ❷ 〔削除〕

ポイント

1 改正内容について

(1) 改正前

改正前は、履行不能という概念自体は債務不履行の一態様として確立していたものの、民法上に履行不能の一般的な要件・効果に関する明確な規定は存在していませんでした（履行不能に言及している規定として旧民410・543等）。

履行不能となるのは、履行が物理的に不能な場合に限られず、社会通念上、不能と評価できる場合も含まれると解されていました。また、原始的不能（契約締結時に既に不能であった場合）と後発的不能（契約締結後に不能となった場合）とを区別し、原始的不能の場合はそもそも契約が無効であって、いわゆる契約締結上の過失の理論により信頼利益の賠償までしか認められず、後発的不能の場合には通常の債務不履行責任として履行利益の賠償まで認められるものと理解されていました。

(2) 改正後

改正後は、「債務の履行が契約その他の債務の発生原因及び取引上の社会通念に照らして不能であるときは、債権者は、その債務の履行を請求することができない」（民412の2①）として、履行不能の要件及び効果に関する規定が新設されました。

また、原始的不能と後発的不能とを区別せず、契約成立時に履行不能であったとしても、債務不履行による損害賠償請求（民415）が可能である旨が明記されました（民412の2②）。

2 要件事実について

❶ 「債務の発生原因」と「取引上の社会通念」に照らして履行不能であることの主張です。

❷ 後発的不能であること（要件事実②）については、前述のとおり改正によって原始的不能であっても債務不履行の一態様と位置づけられたことから、不要となりました。なお、改正前においても原始的不能と後発的不能とを区別する合理的理由がないとして要件事実②を不要とする学説があり、改正はそのような学説を採用したものといえるでしょう。

3 訴状例について

レンタカー事業者である原告が中古自動車を購入したところ、当該自動車が契約締結前に事故で大破していたことから、当該自動車のレンタルによって得べかりし利益の損害賠償を求めたという事例です。

請求の原因第2項が履行不能の主張です（要件事実❶）。物理的に修理が可能であったとしても、修理代が高額であることやレンタカーとして使用するためには安全性が確保できる必要があることからすれば、社会通念上は履行不能になったということができるでしょう。

第2章　第2節　債権の効力　　99

訴 状 例

第1　請求の趣旨
 1　被告は，原告に対し，○万円及びこれに対する訴状送達の日の翌日
  から支払済みまで年3％の割合による金員を支払え
 2　訴訟費用は被告の負担とする
 との判決並びに仮執行の宣言を求める。
第2　請求の原因
 1　本件売買契約の締結
   　被告は，原告に対し，平成○年○月○日，以下の中古自動車1台（以
  下「本件自動車」という。）を代金○万円で売った（以下「本件売買
  契約」という。）。
   (1)　登録番号　　○○○○
   (2)　車　　名　　○○○○
   (3)　車台番号　　○○○○
   (4)　年　　式　　平成○年○月
   (5)　走行距離　　○○キロメートル
 2　本件自動車の引渡義務の履行不能
   　ところが，本件自動車は，本件売買契約の前日に被告の従業員が運
  転中に自損事故を起こしたことにより，フロント部分が大破して自
  走不可能な状態となっていたことが後に発覚した。修理費用は，上
  記売買代金額の約○倍である○万円との見積りであり，かつ，損傷の
  状態からして修理によって十分な安全性が確保できるとは考えられ
  ない。したがって，本件売買契約に基づく本件自動車の引渡義務は，
  社会通念上，履行不能となった。
 3　損害の発生及び因果関係
   　原告は，○県内においてレンタカー事業を営んでおり，本件自動車
  についてもレンタカーとして貸し出す予定であったところ，被告の
  上記債務不履行により，本件自動車の貸出しにより得べかりし利益
  を失った。
 4　損害額
   (1)　原告は，本件自動車と同一車種の自動車をレンタカーとして

貸し出している実績があり，以下のとおり過去〇年間の平均で月額〇円の利益を得ているため，本件自動車についても同額の利益が見込まれる。

(2)　また，本件自動車の年式と走行距離からして，少なくとも〇年間はレンタカーとして貸出しすることが可能であった。

(3)　……

(4)　……

(5)　以上のとおり，原告は，被告の上記債務不履行により少なくとも〇万円の損害を被った。

5　よって，原告は，被告に対し，本件売買契約の債務不履行に基づく損害賠償請求として，金〇万円及びこれに対する本件訴状送達の日の翌日から支払済みまで民法所定の年3%の割合による遅延損害金の支払を求める。

第2章　第2節　債権の効力　　101

【27】　受領遅滞（増加費用請求）

〔民413②〕

＜要件事実＞

旧	－
新	❶　債務の発生原因事実 ❷　債務者が履行の提供をしたこと ❸　❷に対して債権者が受領を拒絶したこと又は受領不能であること ❹　費用の増加及びその額 ❺　❸と❹に因果関係があること

ポイント

1　改正内容について

（1）　改正前

改正前は、受領遅滞の効果としては、「その債権者は、履行の提供があった時から遅滞の責任を負う。」とのみ定められており（旧民413）、具体的にどのような効果が生じるのかが不明確でした。

（2）　改正後

改正後は、①特定物引渡債務の債務者の保存義務の軽減、②増加費用の債権者負担、が受領遅滞の効果であることが明確になりました（民413）。

具体的には、特定物の引渡債務について受領遅滞があった場合には、「債務者は、履行の提供をした時からその引渡しをするまで、自己の財産に対するのと同一の注意をもって、その物を保存すれば足りる。」

との規定（民413①）及び受領遅滞によって「その履行の費用が増加したときは、その増加額は、債権者の負担とする。」との規定（民413②）が新設されました。

2　要件事実について

民法413条2項に基づき増加費用を請求する場合の要件事実です。

❶　受領遅滞の対象となる債務の発生原因事実を主張します。

❷　債務者が債務の本旨に従った履行の提供（民493）をしたことを主張します。履行の提供には、現実の提供（民493本文）と口頭の提供（民493ただし書）がありますが、後者を主張する場合には、債権者があらかじめ受領を拒絶したことも併せて主張する必要があります。

❸　❷の履行の提供に対して、債権者が受領を拒絶したこと又は受領不能であったことを主張します。なお、債権者があらかじめ受領を拒絶していた場合（民493ただし書）でも、❷の提供（この場合は口頭の提供）に対して改めて拒絶が必要であるものと考えます。民法493条ただし書では、債権者が翻意して受領する可能性を考慮して、事前拒絶の場合にも口頭の提供が必要とされているからです。

❹　費用が増加したことと具体的な金額について主張します。

❺　受領遅滞と費用の増加との間に因果関係があることを主張します。

3　訴状例について

原告が被告に売却した電化製品を運送業者に委託して被告宅に配送したところ、被告が留守でなかなか連絡もつかなかったことから、配送費用及び保管費用が増加したとして民法413条2項に基づき増加費用

第2章　第2節　債権の効力　　103

の請求をするという事案です。

　請求の原因第1項が受領遅滞の対象となる債務の発生原因事実（要件事実❶）の主張です。

　請求の原因第2項において履行の提供（要件事実❷）と被告による受領拒絶（要件事実❸）の主張をしています。

　請求の原因第3項が費用の増加及びその額（要件事実❹）と因果関係（要件事実❺）の主張です。

> ### 訴 状 例
>
> 第1　請求の趣旨
> 1　被告は，原告に対し，○万円を支払え
> 2　訴訟費用は被告の負担とする
> との判決並びに仮執行の宣言を求める。
> 第2　請求の原因
> 1　本件売買契約の締結
> 　　原告は，被告に対し，平成○年3月10日，以下の電化製品（以下「本件動産」という。）を代金合計○万円で売った（以下「本件売買契約」という。）。その際，本件動産の引渡しは，同月12日午後2時から午後4時までの間に被告宅に配送し設置するとの約定であった。
> 　(1)　電気冷蔵庫　　　　1台
> 　(2)　全自動洗濯乾燥機　1台
> 　(3)　エアコン　　　　　3台
> 　(4)　電子レンジ　　　　1台
> 　(5)　液晶テレビ　　　　2台
> 2　被告の受領拒絶
> 　(1)　原告は，本件動産の配送及び設置を○○社に委託し，○○社は，平成○年3月12日午後2時40分頃，被告宅に本件動産を配送した。
> 　(2)　ところが，被告は留守であり，連絡先に電話をしても留守電になるのみで被告が出ることはなかった。○○社担当者は，被告

の留守電に本日午後4時までに再度訪問する旨を伝言した上，同日の午後3時20分及び午後3時55分に被告宅を訪問したものの，やはり留守であった。○○社担当者は，本日配送に伺ったが留守であったこと及び早急に連絡が欲しい旨を連絡先電話番号とともに記載したメモを被告宅の郵便受に投入した上，営業所で待機していたが，被告からの連絡はなかった。

(3)　○○社担当者は，翌日以降も繰り返し電話連絡をしたものの，連絡が付かず，ようやく折り返し連絡があったのは10日以上たった同月24日のことであった。

(4)　被告は，同日の電話で○○社に対し，翌25日の午後2時から午後4時までの間に配送するよう指示したことから，○○社は同日の午後2時30分に被告宅に配送したが，またしても被告は留守であった。

　　　……

3　履行費用の増加及び因果関係

　原告は，被告の上記受領拒絶により，○○社に対し，本来の配送費用以外に以下の金額を増額して支払わざるを得なかった。

(1)　配送費用　○円×○回＝○万円

(2)　保管費用　○円×○日間＝○万円

　　　……

4　よって，原告は，被告に対し，本件売買契約に基づく引渡義務の履行の受領遅滞に基づく民法413条2項の増加費用請求として，○万円の支払を求める。

第2章　第2節　債権の効力　　105

【28】　履行遅滞中の履行不能（損害賠償請求）

〔民413の2①〕

＜要件事実＞

旧	－
新	❶　当該債務に期限が定められていたこと ❷　❶の期限が経過したこと ❸　反対債務の履行又は履行の提供をしたこと ❹　❸以後に、当該債務の履行が契約その他の債務の発生原因及び取引上の社会通念に照らして不能となったこと

ポイント

1　改正内容について

(1)　改正前

改正前は、履行遅滞中に当事者双方の責めに帰することができない事由によって履行不能となった場合の規定はありませんでしたが、判例（大判明39・10・29民録12・1358）及び学説上、履行遅滞後には債務者の責めに帰すべからざる履行不能についても責任を免れないとされていました（旧民415後段）。

(2)　改正後

改正後は、履行遅滞中に「当事者双方の責めに帰することができない事由によってその債務の履行が不能となったときは、その履行の不能は、債務者の責めに帰すべき事由によるものとみなす。」として、履行遅滞中の履行不能は債務者の責めに帰すべき事由によるものとされ

ました（民413の2①）。

その結果、債務者は、債務不履行による損害賠償責任を負うことになり（民415①本文）、債権者は、履行に代わる損害賠償の請求が可能となります（民415②一）。

2 要件事実について

期限の定めのある双務契約の場合の要件事実です。

❶❷　期限の定めがあったこと及びその期限が経過したことを主張します。

❸　債権者が反対債務につき債務の本旨に従った履行の提供（民493）をしたことを主張します。履行の提供には、現実の提供（民493本文）と口頭の提供（民493ただし書）がありますが、後者を主張する場合には、債務者（反対債務の債権者）があらかじめ受領を拒絶したことも併せて主張する必要があります。

❹　履行遅滞中に履行不能となったことの主張です。民法413条の2第1項の条文上は「遅滞の責任を負っている間に」履行不能となったことが要件とされており、双務契約においては期限を経過しただけでは遅滞とはならず、相手方が履行又は履行の提供をしたときに遅滞の責任を負うことになるので、❸以後である必要があるでしょう。

履行不能か否かは、「契約その他の債務の発生原因及び取引上の社会通念に照らして」判断されることになります（民412の2①）。

3 訴状例について

被告から絵画を購入した原告が、被告の履行遅滞中に当該絵画が焼失して履行不能となったとして、被告に対して損害賠償を求める事例です。

第2章　第2節　債権の効力　　107

　本件訴状例では、請求原因として主張すべき要件事実と、再抗弁として主張すべき要件事実とを特段区別せず、時系列に沿って事実関係の摘示をしています。すなわち、請求原因としては、第1項（債務の発生原因事実）、第3項（履行不能）及び第4項（損害の発生及び額並びに因果関係）の主張のみで履行不能に基づく損害賠償請求が成り立ちます。被告から抗弁として免責事由の評価根拠事実（民415①ただし書）（隣家からの延焼による不可抗力であったこと等）が主張された場合に、原告が再抗弁として履行遅滞中の履行不能であること（＝免責事由の評価障害事実）を主張するという流れになります（大江忠『新債権法の要件事実』186頁（司法協会、2016））。しかしながら、本件のような事例では、実務上は時系列で主張する方が多く、内容も理解しやすいと思います。

　履行遅滞中の履行不能の再抗弁の要件事実としては、期限の定め（要件事実❶）は第1項に、期限の経過（要件事実❷）は当然のことのため省略、反対給付の履行（要件事実❸）は第2項に、その後の履行不能（要件事実❹）は第3項に記載しています。

訴 状 例

第1　請求の趣旨
　1　被告は，原告に対し，○万円及びこれに対する訴状送達の日の翌日から支払済みまで年3％の割合による金員を支払え
　2　訴訟費用は被告の負担とする
　との判決並びに仮執行の宣言を求める。
第2　請求の原因
　1　本件売買契約の締結
　　被告は，原告に対し，平成○年11月2日，A作の油絵（タイトル『○○○○』，1988年。以下「本件絵画」という。）を次の約定で売った。
　（1）　代　　金：○万円

(2) 支払期日：平成○年11月20日

(3) 引渡期日：平成○年11月末日

2 原告の代金支払と被告の履行遅滞

原告は，被告に対し，平成○年11月20日，代金○万円を支払ったが，被告は，同月末日を経過しても本件絵画の引渡しをしない。

3 履行不能

本件絵画は，平成○年12月18日午後1時15分頃，隣家からの延焼により発生した被告宅の火災によって焼失してしまった。

これにより，上記売買契約に基づく被告の目的物引渡義務は，被告の履行遅滞中に履行不能となった（民法413条の2第1項）。

4 損　害

原告は，前項の履行不能により，以下のとおり合計○万円の損害を被った。

(1) ……

(2) ……

(3) ……

5 よって，原告は，被告に対し，上記売買契約による目的物引渡義務の履行不能に基づく損害賠償請求として○万円及びこれに対する請求の日である訴状送達の日の翌日から支払済みまで民法所定の年3％の割合による遅延損害金の支払を求める。

第2章　第2節　債権の効力　　109

【29】　受領遅滞中の履行不能（請負報酬請求）

〔民413の2②〕

＜要件事実＞

旧	―
新	❶　債務者が履行の提供をしたこと ❷　❶に対して債権者が受領を拒絶したこと又は受領不能であること ❸　❷以後に、当該債務の履行が契約その他の債務の発生原因及び取引上の社会通念に照らして不能となったこと

ポイント

1　改正内容について

(1)　改正前

改正前は、受領遅滞中に当事者双方の責めに帰することができない事由によって履行不能となった場合の規定はありませんでしたが、学説上及び実務上は、当該危険は債権者が負担することで特段の異論はありませんでした。

(2)　改正後

改正後は、受領遅滞の場合において、「履行の提供があった時以後に当事者双方の責めに帰することができない事由によってその債務の履行が不能となったときは、その履行の不能は、債権者の責めに帰すべき事由によるものとみなす。」として、受領遅滞中の履行不能は債権者の責めに帰すべき事由によるものとされました（民413の2②）。

この結果、債権者は、反対給付の履行を拒むことができず（民536②）、契約の解除をすることもできなくなります（民543）。また、債務者は、履行不能による損害賠償責任を負わないことになります（民415①ただし書）。

2 要件事実について

❶ 債務者が債務の本旨に従った履行の提供（民493）をしたことを主張します。履行の提供には、現実の提供（民493本文）と口頭の提供（民493ただし書）がありますが、後者を主張する場合には、債権者があらかじめ受領を拒絶したことも併せて主張する必要があります。

❷ ❶の履行の提供に対して、債権者が受領を拒絶したこと又は受領不能であったことを主張します。なお、債権者があらかじめ受領を拒絶していた場合（民493ただし書）でも、❶の提供（この場合は口頭の提供）に対して改めて拒絶が必要であるものと考えます。民法493条ただし書では、債権者が翻意して受領する可能性を考慮して、事前拒絶の場合にも口頭の提供が必要とされているからです。

❸ 受領遅滞中に履行不能となったことの主張です。民法413条の2第2項の条文上は「履行の提供があった時以後に」履行不能となったことが要件とされていますが、同項は「債権者が債務の履行を受けることを拒み、又は受けることができない場合において」として受領拒絶の成立を前提としていること、及び、❶の履行提供後、❷の受領拒絶前に履行不能となる場合もあり得ることからすれば、❷以後であることが要件となるでしょう。

　履行不能か否かは、「契約その他の債務の発生原因及び取引上の社会通念に照らして」判断されることになります（民412の2①）。

第2章　第2節　債権の効力　　111

3　訴状例について

　建物の解体工事を請け負った原告が、被告が工事の受入れを拒んでいる間に自然災害により当該建物が全壊してしまったため、工事が履行不能となったとして、被告に対して請負代金の支払を請求するという事案です。

　請求の原因第1項が受領遅滞の対象となる債務の発生原因事実の主張です。受領遅滞中の履行不能を理由として反対給付の履行を求める場合には、当該反対給付の発生原因事実の主張が必要です。

　請求の原因第2項において履行の提供（要件事実❶）と被告による受領拒絶（要件事実❷）の主張をしています。

　請求の原因第3項が受領拒絶後に履行不能となったことの主張です（要件事実❸）。履行不能となった時期が本来の工事期間中であった場合には、受領拒絶しなくても全部又は一部が履行不能となっていた旨の主張（因果関係の不存在の抗弁）が被告からなされる可能性があります。また、原告は、工事義務を免れたことによる利益（当該工事のために支出するはずであった費用等）を被告に償還しなければならず（民536②後段）、被告から当該償還請求権との相殺の抗弁が出される可能性が高いでしょう。

訴 状 例

第1　請求の趣旨
　1　被告は，原告に対し，○万円を支払え
　2　訴訟費用は被告の負担とする
　との判決並びに仮執行の宣言を求める。
第2　請求の原因
　1　本件請負契約の締結
　　　原告は，被告から，平成○年○月○日，別紙物件目録記載の建物（以

下「本件建物」という。）の解体工事を次の約定で請け負った（以下「本件請負契約」という。）。

- (1) 報酬：○万円
- (2) 工期：平成○年8月1日から同月5日まで5日間
- (3) 支払期日　工事着手時：○万円
　　　　　　　　　工事完了時：○万円

2　被告の受領拒絶

　原告は，平成○年8月1日，重機○台，作業員○名態勢で本件建物の所在場所に赴いたが，被告は，本件建物の敷地内に作業員が立ち入ることを許さなかったため，原告は解体作業を開始できなかった。

　原告は，その後も繰り返し解体作業を開始するために被告を説得したものの，被告は一切これに応じようとしなかった。

3　履行不能

　本件建物は，平成○年8月7日午後3時20分頃に発生した落雷が直撃したことにより火災が発生し，同日午後○時頃までの間に全焼・全壊した。

　これにより，本件請負契約に基づく原告の工事義務は，被告の受領遅滞中に履行不能となった（民法413条の2第2項・536条2項）。

4　よって，原告は，被告に対し，本件請負契約に基づく請負報酬○万円の支払を求める。

（別紙）

物件目録

所　　在　　○○県○○市○○町○丁目○番地○

家屋番号　　○番○

種　　類　　居宅

構　　造　　木造瓦葺2階建

床面積　　1階○．○㎡

　　　　　　2階○．○㎡

第2章　第2節　債権の効力　　113

【30】　債務不履行―履行拒絶（損害賠償請求）

〔民415②二〕

＜要件事実＞

旧	―
新	❶　当該債務の発生原因事実 ❷　債務者が履行拒絶の意思を明確に表示したこと ❸　損害の発生及び額 ❹　❷と❸の因果関係

ポイント

1　改正内容について

（1）　改正前

　改正前は、「債務者がその債務の本旨に従った履行をしないとき」及び「債務者の責めに帰すべき事由によって履行をすることができなくなったとき」に債権者は損害の賠償を請求することができるものとされていました（旧民415）。このような条項からは、履行不能のときのみ債務者の帰責事由が必要であり、それ以外の場合には債務者の帰責事由は不要であるとの解釈も可能でした。しかし、判例上は帰責性の不存在が抗弁となることが認められていました（大判大10・11・22民録27・1978）。

　また、債務不履行の場合の賠償請求の内容については、どのような場合に履行に代わる損害賠償（填補賠償）が認められるかについての規定はありませんでした。

(2) 改正後

改正後は、「債務者がその債務の本旨に従った履行をしないとき又は債務の履行が不能であるとき」に債権者は損害の賠償を請求することができるものとされ（民415①本文）、「その債務の不履行が契約その他の債務の発生原因及び取引上の社会通念に照らして債務者の責めに帰することができない事由によるものであるとき」（民415①ただし書）には免責されること及び当該免責事由の存在は債務者において主張立証すべきことが明記されました。

また、①履行不能であるとき、②債務者が履行拒絶の意思を明確に表示したとき、③債務の発生原因たる契約が解除され又は債務不履行による解除権が発生したときに、填補賠償が認められる旨定められました（民415②）。

2 要件事実について

改正により新設された、債務者による履行拒絶（民415②二）を理由とする損害賠償請求の場合の要件事実です。

❶ 債務の発生原因事実を主張します。

❷ 債務者が履行を拒絶したことを主張します。履行拒絶の意思は「明確に表示」されることが必要とされており（民415②二）、もはや債務者が翻意することが期待できず履行不能に準じるようなものである必要があるでしょう。なお、履行期が到来していることは履行拒絶の要件とはされておらず、履行期前であっても拒絶の意思が明確であれば債務不履行による損害賠償請求が可能です。

❸❹ 履行拒絶によって損害が発生したこと及びその額を主張します。

第2章 第2節 債権の効力 115

3 訴状例について

　被告から建物を購入した原告が、被告から一方的に契約破棄を通知されたことから、被告に対して債務不履行（履行拒絶）に基づく損害賠償を請求するという事例です。

　請求の原因第1項が要件事実❶、同第2項が要件事実❷、同第3項が要件事実❸❹の主張です。

訴 状 例

第1　請求の趣旨
　1　被告は，原告に対し，○万円及びこれに対する訴状送達の日の翌日から支払済みまで年3％の割合による金員を支払え
　2　訴訟費用は被告の負担とする
　との判決並びに仮執行の宣言を求める。
第2　請求の原因
　1　被告は，原告に対し，平成○年○月○日，別紙物件目録記載の建物（以下「本件建物」という。）を代金○万円で売った。
　2　ところが，被告は，本件建物を原告に引き渡すことも所有権移転登記に応じることもしないまま，原告に対し，平成○年○月○日付け内容証明郵便により一方的に上記売買契約を破棄する旨を通知した。
　3　被告が履行を拒絶したことにより，原告は，以下のとおりの損害を被った。
　　(1)　……
　　(2)　……
　4　よって，原告は，被告に対し，上記債務不履行に基づく損害賠償として，○万円及びこれに対する訴状送達の日の翌日から支払済みまで民法所定の年3％の割合による遅延損害金の支払を求める。

（別紙）

物件目録

所　　在　○○県○○市○○町○丁目○番地○
家屋番号　○番○
種　　類　居宅
構　　造　木造瓦葺2階建
床 面 積　1階○．○㎡
　　　　　2階○．○㎡

第2章　第2節　債権の効力　　　117

【31】　特別事情による損害（損害賠償請求）

〔民416②〕

＜要件事実＞

旧	①　損害の発生及び額 ②　特別の事情 ③　①と②の因果関係 ④　当事者が②を予見し、又は予見することができたことの評価根拠事実
新	❶　損害の発生及び額 ❷　特別の事情 ❸　❶と❷の因果関係 ❹　当事者が❷を予見すべきであったことの評価根拠事実

ポイント

1　改正内容について

（1）　改正前

改正前は、特別の事情によって生じた損害について、「当事者がその事情を予見し、又は予見することができたとき」には債権者はその賠償を請求することができるものとされていました（旧民416②）。判例においては、「当事者」は債務者、予見の時期は債務不履行時とされていました（大判大7・8・27民録24・1658、最判昭37・11・16判時327・33等）。

（2）　改正後

改正後は、「当事者がその事情を予見すべきであったとき」との表現

に改められ、規範的要件であることが明確となりました（民416②）。

「当事者」との表現は残ったため、債権者の予見すべきであった事情も考慮される余地があります。また、予見の時期についても限定されなかったため、債務不履行時以外の時期と解釈する余地も残されています。

2　要件事実について

❹　損害発生の原因となった特別事情を当事者が予見すべきであったことの主張です。「予見すべき」かどうかは規範的要件なので、その評価根拠事実が要件事実となります。実際に予見していた場合であっても、予見すべきであったとはいえないときは、当該事情により生じた損害の賠償請求が認められないものと考えられます。

3　訴状例について

被告から書を購入した原告が、契約後に発生したブームの到来により当該書の評価が高騰したため、代金を増額してもらえない限り引渡ししないとして履行を拒んだ被告に対して、損害賠償を求める事例です。

請求の原因第1項は、売買契約の締結の主張であり、引渡義務の発生原因事実となります。

請求の原因第2項は、履行拒絶の主張です。履行期の前後を問わないとされているので、必ずしも第1項の契約内容として履行期を主張する必要はありません。

請求の原因第3項は、損害の発生及び額（要件事実❶）の主張並びに履行拒絶と損害との因果関係の主張です。

目的物引渡義務の債務不履行において、契約締結後に目的物の評価

第2章 第2節 債権の効力 119

額が急騰した場合、それが通常損害（民416①）の範囲に含まれるのか問題となりますが、本件訴状例においては請求の原因においては特別損害（民416②）であることを前提とする主張はしていません。原告としては、訴状の段階から積極的に特別損害である旨の主張はせず、訴訟進行に応じて主張を補充していくことが多いかと思います。しかしながら、本件においては2か月弱で2倍近く金額が高騰していることから、関連事実においてある程度事情を説明しており、この点がいずれ特別損害の要件につながっていくことが予想されます。

　関連事実第1項は、特別の事情（要件事実❷）及び当該事情と損害との因果関係（要件事実❸）の主張です。また、テレビで広く報道されたとの事実は、予見すべきであったことの評価根拠事実（要件事実❹）としても機能するでしょう。

　関連事実第2項は、訴訟に至る経緯として事情を明らかにするという趣旨と、被告から帰責性がない旨の抗弁（民415①ただし書）が主張されることを牽制するため、原告側の債務が履行済みであることを明示しておくという趣旨もあります。

訴 状 例

第1　請求の趣旨
　1　被告は，原告に対し，90万円及びこれに対する訴状送達の日の翌日から支払済みまで年3％の割合による金員を支払え
　2　訴訟費用は被告の負担とする
　との判決並びに仮執行の宣言を求める。
第2　請求の原因
　1　売買契約の成立
　　　被告は，原告に対し，平成○年8月5日，著名な書家であるA作の書（『○○○○』，明治○年。以下「本件書」という。）を，代金50万円

で売った（以下「本件売買契約」という。）。

2 被告の履行拒絶

　被告は，原告に対し，平成○年9月末日，契約後にAの評価が高ま
り本件書の現在の評価額は90万円であるから，代金をあと40万円増
額してもらえない限り本件書は渡せないとして明確に引渡しを拒絶
した（民法415条2項2号）。

3 原告の損害

　原告は，被告の上記履行拒絶により，本件書の引渡しを受けること
ができず，本件書の評価額相当である90万円の損害を被った。

4 よって，原告は，被告に対し，上記債務不履行に基づく損害賠償と
して，本件書の引渡期日時点における評価額相当の90万円及びこれ
に対する請求日である訴状送達の日の翌日から支払済みまで民法所
定の年3％の割合による遅延損害金の支払を求める。

第3 関連事実

1 前述のとおり，本件売買契約は平成○年8月5日に締結されたもの
であるが，同年9月3日，○○テレビで放映中の明治の書家シリーズで
Aが取り上げられたことから一気にAブームとなった。本件書の評
価額が短期間に上昇したのは，このような事情によるものである。

2 原告は，被告に対し，本件売買契約において代金支払期日とされた
平成○年9月22日に代金50万円を支払済みである。

3 ところが，被告は，同月末日の引渡期日になり，突如として上記の
とおり引渡しを拒絶してきたため，本件訴訟に至ったものである。

第2章　第2節　債権の効力　　121

【32】　中間利息の控除（損害賠償請求）

〔民417の2〕

＜要件事実＞

旧	－
新	❶　損害の発生及び額 ❷　損害賠償請求権が生じた時点

ポイント

1　改正内容について

（1）　改正前

改正前は、中間利息の控除について定めた条項はありませんでしたが、判例により中間利息は民事法定利率によるものとされていました（最判平17・6・14判時1901・23）。

（2）　改正後

改正後は、「将来において取得すべき利益」（民417の2①）及び「将来において負担すべき費用」（民417の2②）についての損害賠償の額を定める場合において、利益を取得（又は費用を負担）すべき時までの利息相当額を控除するときは、「その損害賠償の請求権が生じた時点における法定利率により、これをする」ものとされました。

2　要件事実について

❶　損害額の計算の際に、中間利息の控除をすることになります。

❷　利率を定める基準時として「損害賠償請求権が生じた時点」を主張する必要があります。どの時点で発生したかによって用いる

べき利率が変動する可能性があるので、今後、損害賠償請求権が
生じた時点に関する判例が集積していくことになるものと考えら
れます。

3　訴状例について

　交通事故による損害賠償請求の訴状です。

　請求の原因第3項が要件事実❶の主張です。交通事故による人身損
害としては、積極損害、消極損害及び慰謝料がありますが、中間利息
の控除が用いられるのは、通常、消極損害のうちの逸失利益（将来得
べかりし利益）の部分です。

　また、交通事故における「損害賠償請求権が生じた時点」は事故日
であると考えられますので、請求の原因第1項において事故日を主張
していることが要件事実❷の主張といえるでしょう。

訴 状 例

第1　請求の趣旨
　1　被告は，原告に対し，○万円及びこれに対する平成○年4月19日か
　　ら支払済みまで年○％の割合による金員を支払え
　2　訴訟費用は被告の負担とする
　との判決並びに仮執行の宣言を求める。
第2　請求の原因
　1　本件事故の発生
　　　原告と被告との間で，次の交通事故（以下「本件事故」という。）
　　が発生した。
　　(1)　日時：平成○年4月19日午後1時46分頃
　　(2)　場所：○○県○○市○○町1丁目2番3号線路上の信号機により
　　　　　　　　交通整理の行われている交差点
　　(3)　車両：原告運転の普通乗用自動車（登録番号○○51あ○○○
　　　　　　　　○）

被告運転の普通乗用自動車（登録番号○○52い○○○○）

(4) 態様：上記交差点を青信号で東から西に直進中の原告車両の左側前部に，赤信号で南から北に直進してきた被告車両の前部が衝突した。

2 被告の過失

被告は，走行中，前方を注視すべき義務があるにもかかわらず，前方不注視により赤信号を見落とし，漫然と時速約○kmで交差点に進入した過失により，本件事故を発生させた。

3 原告の損害

本件事故により，原告は次のとおり合計○万円の損害を被った。

(1) 積極損害 ○万円

ア 治療費

　……

(2) 消極損害 ○万円

ア 休業損害

　……

イ 逸失利益

　……

(3) 慰謝料 ○万円

　……

(4) 弁護士費用 ○万円

4 よって，原告は，被告に対し，不法行為に基づき，損害賠償金○万円及びこれに対する本件事故日である平成○年4月19日から支払済みまで民法所定の年○％の割合による遅延損害金の支払を求める。

【33】 金銭債務の特則（貸金返還請求）

〔民419〕

＜要件事実＞

旧	① 金銭債務の発生原因事実 ② 弁済期の経過 ③ ②の後一定期間が経過したこと
新	❶ 金銭債務の発生原因事実 ❷ 弁済期の経過（遅滞の責任を負った最初の時点） ❸ ❷の後一定期間が経過したこと

ポイント

1 改正内容について

（1） 改正前

改正前は、金銭債務の不履行の損害賠償の額は、「法定利率によって定める。」（旧民419①）とされており、法定利率は年5分でした（旧民404）。

（2） 改正後

改正後は、法定利率が変動制となった（民404②～⑤）ことに応じて、金銭債務の不履行の損害賠償の額は、「債務者が遅滞の責任を負った最初の時点における法定利率によって定める。」（民419①）ものとされました。

2 要件事実について

金銭債務の履行遅滞に基づく損害賠償請求（確定期限あり、損害金利率の定めなし）の場合の要件事実です。

第2章 第2節 債権の効力 　　125

❶ 　不履行の対象である金銭債務の発生原因事実を主張する必要が
あります。

❷ 　弁済期の経過を主張します。単に「到来」だけでは遅延損害金
は発生しないので、「経過」が必要となります。

　　また、当該債権に適用される法定利率を確定させるため、「債務
者が遅滞の責任を負った最初の時点」を主張する必要があります
が、既に弁済期の経過を主張しており、その時点と遅滞の責任を
負った時点とは同じであるため、改めて主張する必要はないもの
と考えます。

❸ 　弁済期経過後、履行までの間に遅延損害金計算の基礎となる一
定の期間が経過したことの主張です。弁済期の経過を主張すれば
一定の期間の経過は明らかになるので、改めて主張せず省略する
ことが通常でしょう（司法研修所編『改訂　紛争類型別の要件事実—民
事訴訟における攻撃防御の構造—』31頁（法曹会、2006））。

3　訴状例について

　貸金返還請求の事例です。貸金元本に加えて利息と遅延損害金の請
求もしています。本件では、利息に適用される法定利率と遅延損害金
に適用される法定利率とが異なる場合を想定しています。法定利率が
変動制となったことにより（民404）、このような形の訴状が出てくるも
のと予測されます。

　請求の原因第1項は、消費貸借契約及び利息契約の成立の主張です
（要件事実❶）。消費貸借契約成立の要件事実は、①金銭返還合意、②
金銭の交付、③返還時期の合意ですが（③を必要とするのはいわゆる
貸借型理論による場合）、この中には金銭交付の主張が含まれており、
利息について適用されるべき法定利率の基準時（民589②・404①）の主
張にもなります。

請求の原因第2項は、弁済期が経過したことの主張であり、遅延損害金発生の要件であると同時に、適用される法定利率の基準時の主張（適用されるのは弁済期が経過した後、すなわち弁済期の翌日における法定利率であると解されます。）も含まれているといえます（要件事実❷）。

　なお、よって書き（請求の原因第3項）において、それぞれの法定利率の後に括弧書きで基準日を記載していますが、このような記載をすることでそれぞれの適用利率の根拠を改めて明示することができるので、分かりやすいのではないかと思います。

訴 状 例

第1　請求の趣旨
　1　被告は，原告に対し，○万円及びこれに対する平成○年9月15日から平成△年9月30日まで年○％，平成△年10月1日から支払済みまで年△％の割合による金員を支払え
　2　訴訟費用は被告の負担とする
　との判決並びに仮執行の宣言を求める。
第2　請求の原因
　1　原告は，被告に対し，平成○年9月15日，○万円を以下の約定で貸し付けた。
　　(1)　弁済期：平成△年9月30日
　　(2)　利　息：民事法定利率による
　2　平成△年9月30日は経過した。
　3　よって，原告は，被告に対し，上記消費貸借契約に基づき，元金○万円並びにこれに対する平成○年9月15日から平成△年9月30日まで民法所定の年○％（平成○年9月15日時点）の割合による利息及び同年10月1日から支払済みまで民法所定の年△％（平成△年10月1日時点）の割合による遅延損害金の支払を求める。

第2章　第2節　債権の効力　　127

【34】　代償請求権（代償請求）

〔民422の2〕

＜要件事実＞

旧	〔新〕と同じ
新	❶　債務の発生原因事実 ❷　❶の債務の履行が契約その他の債務の発生原因及び取引上の社会通念に照らして不能であること ❸　債務者が❷と同一の原因により債務の目的物の代償である権利又は利益を取得したこと ❹　債権者の受けた損害額 （❺　❷につき債務者に帰責事由がないこと）

ポイント

1　改正内容について

（1）　改正前

改正前は、履行不能と同一の原因により債務者が目的物の代償を取得した場合に、債権者がその償還等を請求（代償請求）できる旨の規定はありませんでした。

しかし、判例（最判昭41・12・23判時470・41）によれば、「履行不能を生ぜしめたと同一の原因によって、債務者が履行の目的物の代償と考えられる利益を取得した場合には、公平の観念にもとづき、債権者において債務者に対し、右履行不能により債権者が蒙りたる損害の限度において、その利益の償還を請求する権利を認めるのが相当」であるとして代償請求が認められていました。

（2）　改正後

改正後は、民法422条の2において、「債務者が、その債務の履行が不能となったのと同一の原因により債務の目的物の代償である権利又は利益を取得したときは、債権者は、その受けた損害の額の限度において、債務者に対し、その権利の移転又はその利益の償還を請求することができる。」と定められました。

2　要件事実について

❶　本来の債務の発生原因事実を主張します。

❷　❶の債務が履行不能であることの主張です（民412の2①）。

❸　❷の履行不能と同一の原因により目的物の代償となる権利又は利益を取得したことの主張です。

❹　権利の移転又は利益の償還は、債権者が受けた損害を限度とするため（民422の2）、債権者が受けた損害額を主張する必要があります。

❺　債務者に帰責事由がないことが要件事実として必要かどうかは争いがあります。履行不能による損害賠償請求権が認められない場合にのみ代償請求が認められるべきとの立場からは必要、損害賠償請求権と代償請求権との併存を認める立場からは不要であることになるでしょう。

　①履行不能の場合に損害賠償請求をするか代償請求をするかは債権者の選択に委ねれば足りること、②債権者において債務者に帰責事由がないことを主張立証しなければ代償請求が認められないというのは妥当ではないこと、③前掲昭和41年最高裁判決においても、原判決が「履行不能につき債務者の責に帰すべき事由の存しない限り」と限定していたのに対してそのような限定をせず

第2章　第2節　債権の効力　　129

に代償請求を認めていることから、不要説が妥当と考えます。

3　訴状例について

　被告から購入した建物が引渡前に焼失して履行不能となったため、被告が受領した火災保険金の償還を請求する場合の訴状です。

　請求の原因第1項から第4項までがそれぞれ要件事実❶から❹までに対応した主張です。要件事実❺については不要説に立っています。

訴 状 例

第1　請求の趣旨
　1　被告は，原告に対し，○万円を支払え
　2　訴訟費用は被告の負担とする
　との判決並びに仮執行の宣言を求める。
第2　請求の原因
　1　被告は，原告に対し，平成○年○月○日，別紙物件目録記載の建物
　　（以下「本件建物」という。）を代金△万円で売った（以下「本件売
　　買契約」という。）。
　2　本件建物は，平成○年○月○日，火災により焼失し，これにより本
　　件売買契約に基づく被告の原告に対する本件建物の引渡義務は履行
　　不能となった。
　3　被告は，上記火災により，火災保険金○万円を受領した。
　4　本件建物の焼失時点の時価は□万円であり，原告は，上記履行不能
　　により同額の損害を被った。
　　　上記損害額は上記保険金額より多額であるから，原告が被告に償
　　還を請求できる額は上記保険金額と同額の○万円である（民法422条
　　の2）。
　5　よって，原告は，被告に対し，履行不能に基づく代償請求として，
　　○万円の支払を求める。

（別紙）

物件目録

所　　在　○○県○○市○○町○番地

家屋番号　○番○

種　　類　居宅

構　　造　木造瓦葺2階建

床　面　積　1階　○．○㎡

　　　　　　2階　○．○㎡

第2章　第2節　債権の効力　　131

第2款　債権者代位権

【35】　債権者代位権の要件（貸金返還請求）

〔民423〕

＜要件事実＞

旧	〔新〕と同じ
新	❶　被保全権利の発生原因事実 ❷　債務者の無資力 ❸　被代位権利の発生原因事実

ポイント

1　改正内容について

(1)　改正前

　改正前は、債権者代位権に関する規定は旧民法423条のみであり、具体的な要件や効果については判例の積み重ねによって形成されてきました。

(2)　改正後

　改正後は、旧民法423条を改正するとともに、423条の2から423条の7までが新設され、債権者代位権の要件や効果について詳細に規定されました。基本的にはそれまでの判例等による取扱いを条文化したものですが、①裁判上の代位（旧民423②本文）を廃止した点（民423②本文）、②改正前は、債権者が被代位権利を行使して債務者がその通知を受けるかそれを了知したときは、債務者は被代位権利の取立て等の処分権限を失うものとされていたところ（大判昭14・5・16民集18・557）、改正後は、債権者による被代位権利の行使後においても債務者が被代位権利

の債務者（第三債務者）に取立て等を行うことや第三債務者が債務者に対して履行をすることを妨げられないものとされた点（民423の5）、③債権者が被代位権利の行使に係る訴えを提起したときに債務者に対する訴訟告知が必要的とされた点（民423の6）については、実質的な改正がなされていることに注意が必要です。

2　要件事実について

　実質的な改正点は上記のとおりのため、改正の前後で要件事実には変更がありません。

❶　被保全権利（債権者（原告）の債務者に対する権利）の発生原因事実の主張です。被保全権利は、強制執行により実現することができるものでなければならず（民423③）、保全行為の場合を除き期限の到来が必要です（民423②）。なお、法律行為の付款である期限の定めについては、期限の定めのあることが抗弁、期限の到来が再抗弁と解されます。

❷　債務者の財産管理権に債権者（原告）が干渉することを許容するためには、干渉の必要性がなければならず、いわゆる無資力要件が必要となります（最判昭40・10・12判時428・56）。

❸　被代位権利（債務者の第三債務者（被告）に対する権利）の発生原因事実の主張です。債務者の一身専属権及び差押禁止の権利については被代位権利となり得ません（民423①ただし書）。被代位権利の目的が可分であるときは被保全権利の額の限度においてのみ被代位権利を行使することができます（民423の2）。

3　訴状例について

　Aに対して貸金債権を有している原告が、Aの被告に対する貸金債権を債権者代位により請求するという事案です。

被代位権利が金銭債権という可分債権のため、請求の趣旨において原告の債権額の限度で請求する旨を明示する必要があります（民423の2）。

請求の原因第1項及び第2項が要件事実❶の主張、同第3項が要件事実❷の主張、同第4項及び第5項が要件事実❸の主張です。

請求の原因第3項のＡの無資力については、第2文のような記載があれば最低限の主張として足りると考えられますが（司法研修所編『10訂民事判決起案の手引』「事実摘示記載例集」17頁（法曹会、2006））、もう少し具体的な事実関係を摘示することが可能であれば、無資力を推認させる間接事実（無資力を評価的要件と考えれば無資力の評価根拠事実）として主張しておくべきでしょう。

訴 状 例

第1　請求の趣旨
　1　被告は，原告に対し，120万円及びこれに対する平成○年11月1日から支払済みまで年□％の割合による金員を，原告のＡに対する100万円及びこれに対する平成○年8月1日から支払済みまで年△％の割合による金員の限度で支払え
　2　訴訟費用は被告の負担とする
　との判決並びに仮執行の宣言を求める。
第2　請求の原因
　1　原告は，Ａに対し，平成○年○月○日，100万円を次の約定で貸し付けた。
　　（1）　弁済期　平成○年7月31日
　　（2）　損害金　年△％
　2　平成○年7月31日は経過した。
　3　Ａは，前項記載の期日経過後も，何ら具体的な返済案を示さないまま繰り返し返済の猶予を求めるばかりで，一向に原告に対して返済

を行わない。Aには，次項記載の被告に対する貸金債権以外に原告の貸金債権を満足させるに足りる財産はない。

4　Aは，被告に対し，平成○年○月○日，120万円を次の約定で貸し付けた。

  (1)　弁済期　平成○年10月31日

  (2)　損害金　年□%

5　平成○年10月31日は経過した。

6　よって，原告は，被告に対し，Aに代位して，第4項記載のA被告間の消費貸借契約に基づき，元金120万円及びこれに対する平成○年11月1日から支払済みまで約定の年□%の割合による遅延損害金を，第1項記載の原告A間の消費貸借契約に基づく元金100万円及びこれに対する平成○年8月1日から支払済みまで約定の年△%の割合による遅延損害金の限度で支払うことを求める。

第2章　第2節　債権の効力　　135

【36】　登記又は登録の請求権を保全するための債権者代位権（所有権移転登記手続請求）

〔民423の7〕

＜要件事実＞

旧	①　被保全権利の発生原因事実 ②　被代位権利の発生原因事実
新	❶　被保全権利の発生原因事実（登記（登録）をしなければ権利の得喪及び変更を第三者に対抗することができない財産を譲り受けたこと） ❷　被代位権利の発生原因事実（譲渡人の第三者に対する登記（登録）手続をすべきことを請求する権利の発生原因事実）

ポイント

1　改正内容について

（1）　改正前

　改正前は、債権者代位権に関する規定は旧民法423条のみであり、具体的な要件や効果については判例の積み重ねによって形成されてきました。

　その中で、債務者の責任財産を保全して金銭債権に基づく強制執行の準備をするという本来型の債権者代位と異なり、一定の場合に非金銭債権を被保全権利とする転用型債権者代位権も認められてきました。

　①不動産が甲→乙→丙と売買されたにもかかわらず、登記が依然と

して甲名義のままの場合に、丙が乙に対する所有権移転登記請求権を保全するために乙の甲に対する所有権移転登記請求権を代位行使する事例（大判明43・7・6民録16・537）、②債権が甲→乙→丙と譲渡されたにもかかわらず、一切譲渡通知がなされていない場合に、丙が乙に対する債権譲渡通知請求権を保全するために乙の甲に対する債権譲渡通知請求権を代位行使する事例（大判大8・6・26民録25・1178）、③所有者甲から乙に賃貸された不動産を丙が不法占拠している場合に、乙が当該不動産の賃借権を保全するために甲の丙に対する明渡請求権を代位行使する事例（大判昭4・12・16民集8・944）などがあります。

（2）　改正後

改正後は、民法423条の7において、「登記又は登録をしなければ権利の得喪及び変更を第三者に対抗することができない財産を譲り受けた者は、その譲渡人が第三者に対して有する登記手続又は登録手続をすべきことを請求する権利を行使しないときは、その権利を行使することができる。」（民423の7前段）とされ、上記(1)①の転用型が明文化されました。

この改正は、従前認められていた上記(1)①以外の転用型を否定するものではないと解されています。

2　要件事実について

実質的な変更はないものの、明文化されたことによって要件が具体的になりました。なお、本来型で要求される無資力要件については、転用型では従来より不要とされていました。

❶　被保全権利の発生原因事実は、登記・登録が対抗要件となる財産を譲り受けたことに限定されています。これ以外の転用型を否定する趣旨でないことは前述のとおりです。

❷　譲渡人の第三者（登記・登録の名義人）に対する登記（登録）

請求権の発生原因事実を主張します。なお、条文上、「その譲渡人が（中略）権利を行使しないときは」とされていますが（民423の7）、本来型の場合と同様、債権者において譲渡人の権利不行使を主張する必要はなく、譲渡人による権利行使が抗弁となるものと解します。

3 訴状例について

被告→A→原告と不動産が順次売買されたにもかかわらず、被告がAに対する所有権移転の登記手続を行わないため、原告が、Aの被告に対する登記請求権を代位行使するという事案です。

請求の原因第1項が要件事実❷、同第2項が要件事実❶の主張です。要件事実❶は訴訟要件でもあるため、先に記載すべきとの考え方もあると思いますが、ここでは時系列に沿った記載としています。

訴 状 例

第1　請求の趣旨
1　被告は、Aに対し、別紙物件目録記載の土地につき、平成○年○月○日売買を原因とする所有権移転登記手続をせよ
2　訴訟費用は被告の負担とする
との判決を求める。
第2　請求の原因
1　被告は、Aに対し、平成○年○月○日、別紙物件目録記載の土地（以下「本件土地」という。）を○万円で売った。
2　Aは、原告に対し、平成○年△月△日、本件土地を△万円で売った。
3　よって、原告は、被告に対し、Aに代位して、第1項記載のA被告間の売買契約に基づき、本件土地につき同売買を原因とするAに対する所有権移転登記手続をすることを求める。

（別紙）

物件目録

所　　在　○○県○○市○○町○丁目
地　　番　○○番○○
地　　目　宅地
地　　積　○○．○○㎡

第2章　第2節　債権の効力　　139

第3款　詐害行為取消権

【37】　詐害行為取消権－原則型（詐害行為取消請求）

〔民424，424の6～424の9，425〕

＜要件事実＞

旧	①　被保全権利の発生原因事実 ②　債務者が①の被保全権利の発生後に債務者の財産権を目的とする法律行為をしたこと ③　②が債権者を害することの評価根拠事実 ④　債務者が③を知っていたこと
新	❶　被保全権利の発生原因事実 ❷　債務者が❶の被保全権利の発生原因後に債務者の財産権を目的とする行為をしたこと ❸　❷が債権者を害することの評価根拠事実 ❹　債務者が❸を知っていたこと

ポイント

1　改正内容について

（1）　改正前

改正前は、詐害行為取消権に関する規定は旧民法424条から426条までの3か条のみであり、具体的な要件や効果については判例の積み重ねによって形成されてきました。

詐害行為取消しの効果については、条文上、「すべての債権者の利益のためにその効力を生ずる」（旧民425）と定められており、債務者には及ばない（相対的取消し）とされていました（大判明44・3・24民録17・117）。

（2）　改正後

改正後は、民法424条から426条まで14か条が整備され、詐害行為取消権の要件や効果について詳細に規定されました。それまでの判例等による取扱いを条文化したほか、平成16年に改正されていた破産法の否認権の規定と平仄を合わせる改正がなされました。

詐害行為取消しの効果については、「債務者及びその全ての債権者に対してもその効力を有する」（民425）ものとされ、債務者にも及ぶことになりました。ただし、当該訴訟の被告となっていない受益者や転得者には及ばないことに注意が必要です。詐害行為取消訴訟の被告とならない債務者に対しても効果が及ぶことから、債権者には債務者に対する訴訟告知が義務付けられました（民424の7②）。

2　要件事実について

実質的な改正とまではいえませんが、今回の改正によって明確に条文化された点を変更点として挙げています。

❷　従来、詐害行為は被保全債権の発生後になされたものであることが必要とされていましたが（最判昭33・2・21民集12・2・341）、詐害行為前に発生した債権について詐害行為後に発生する遅延損害金債権についても被保全債権となるとの判例（最判昭35・4・26判時223・2、最判平8・2・8判時1563・112）からすれば「被保全債権が詐害行為前の原因に基づいて生じたこと」（＝被保全債権の発生原因が生じた後の詐害行為であること）で足りるというべきですので、その旨が明らかにされました。

また、旧民法424条では、債務者が債権者を害することを知ってした「法律行為」の取消しを請求できるとされていましたが、弁済等、厳密には法律行為ではないものも詐害行為の対象となると解されていましたので、単なる「行為」に改められました（民424①）。

なお、民法424条2項では、「前項の規定は、財産権を目的としない行為については、適用しない。」とされており、条文の体裁上は「財産権を目的としない行為であること」が債務者側の抗弁のようにも読めますが、詐害行為として主張する以上、財産権を目的とする行為が前提となり、「財産権を目的とする行為であること」を請求原因として主張すべきものと解します。

3　訴状例について

Aに対して500万円の売買代金債権を有している原告が、Aの被告に対する700万円の贈与を詐害行為として取り消し、原告に対して返還することを請求するという事案です。この場合、受益者を被告として（民424の7①一）、贈与の取消しと贈与された金員の返還を求めることができますが（民424の6①）、取消しを求められる範囲は、金銭の贈与のように目的が可分であるときは、自己の債権の額が限度とされています（民424の8①）。また、Aに対する返還ではなく、原告に対して支払うよう請求することが可能です（民424の9）。

請求の原因第1項から第4項までがそれぞれ要件事実❶から要件事実❹までの主張です。

請求の原因第3項の詐害性については、同項のような記載があれば最低限の主張として足りると考えられますが（司法研修所編『10訂　民事判決起案の手引』「事実摘示記載例集」18頁（法曹会、2006））、もう少し具体的な事実関係を摘示することが可能であれば、詐害性の評価根拠事実として主張しておくべきでしょう。

訴 状 例

第1　請求の趣旨
1　Aと被告とが平成○年2月24日にした700万円の金員の贈与契約を

500万円の限度で取り消す

2　被告は，原告に対し，500万円及びこれに対する前項の判決確定の日の翌日から支払済みまで年3％の割合による金員を支払え

3　訴訟費用は被告の負担とする

との判決を求める。

第2　請求の原因

1　原告は，Aに対し，平成○年1月20日，○○○を代金500万円で売った。

2　Aは，被告に対し，平成○年2月24日，700万円を贈与した。

3　Aには，平成○年2月24日当時，上記700万円以外にみるべき資産がなかった。

4　Aは，上記贈与の際，これによって原告を害することを知っていた。

5　よって，原告は，被告に対し，詐害行為取消権に基づき，原告の債権額である500万円を限度とする上記700万円の贈与契約の取消し並びに上記取消しによる返還金500万円及びこれに対する取消判決の確定日の翌日から支払済みまで民法所定の年3％の割合による遅延損害金の支払を求める。

第2章　第2節　債権の効力　143

【38】　詐害行為取消権－相当対価型（詐害行為取消請求）　〔民424の2〕

＜要件事実＞

旧	①　被保全権利の発生原因事実 ②　債務者が①の被保全権利の発生後に債務者の財産権を目的とする法律行為をしたこと ③　②が債権者を害することの評価根拠事実 ④　債務者が③を知っていたこと ⑤　〔新設〕
新	❶　被保全権利の発生原因事実 ❷　債務者が❶の被保全権利の発生原因後に債務者の有する財産を（相当の対価で）処分する行為をしたこと ❸　❷が当該処分による財産の種類の変更により、債務者において隠匿、無償の供与その他の債権者を害することとなる処分をするおそれを現に生じさせるものであることの評価根拠事実 ❹　債務者が❷の当時、対価として取得した財産について、隠匿等の処分をする意思を有していたこと ❺　受益者が❷の当時、❹を知っていたこと

ポイント

1　改正内容について

(1)　改正前

改正前は、相当価格による不動産売却について、価格が相当か否か

にかかわらず不動産から金銭という費消・隠匿しやすい財産に替えることは原則として詐害行為となるものと解されており（大判明39・2・5民録12・133）、例外的に、相当価格であり、かつ、債務者が売却代金を有用の資に充てた場合には詐害性を有しないものとされていました（大判大6・6・7民録23・932）。

（2）　改正後

改正後は、民法424条の2に相当の対価を得てした財産の処分行為の特則が設けられ、破産法の否認権の規定（破161①）と同様の要件が定められました。

2　要件事実について

❷　民法424条の2が適用されるのは、債務者が「その有する財産を処分する行為」であり、かつ、「受益者から相当の対価を取得している」場合です。

なお、相当の対価を取得していることについては、詐害性を減殺する債務者側に有利な事実であるため、債権者に主張立証責任を負わせるべきものではないとの考え方もあり得るでしょう。改正の趣旨からすれば、相当対価による処分行為は原則として詐害行為とはならず、詐害行為（原則型）の請求原因に対しては相当対価の抗弁が成り立つ余地があります。本条は、相当対価を取得している場合に原則型の詐害行為の要件を加重した規定とも解することができ、本条による請求原因は、詐害行為（原則型）の請求原因と相当対価の抗弁とを前提とした予備的請求原因であるとの整理も可能なように思われます。

❸　詐害性の評価根拠事実について、相当対価による場合の具体的な要件が挙げられています。

❹　通常の場合のように単に詐害性の認識だけでは足りず、「隠匿

第2章　第2節　債権の効力　　　145

等の処分をする意思」というより積極的な主観的要素を要求する
ものです。

❺　債務者の主観的要件❹に加えて、さらに受益者の側でも❹を知
っていたことを要求し、詐害行為が成立する場合を限定していま
す。

3　訴状例について

Aに対して売買代金債権を有している原告が、Aの被告に対する不
動産の売却を詐害行為として取り消し、Aに対して登記名義を戻すこ
とを請求するという事案です。

請求の原因第1項は要件事実❶の、同第2項及び第3項が要件事実❷
の主張です。同第4項については、抹消登記手続を求める前提として
主張する必要があります。

同第5項は要件事実❸の、同第6項は要件事実❹の、同第7項は要件事
実❺の主張です。

訴　状　例

第1　請求の趣旨
　1　被告が平成○年2月24日にAとの間でした別紙物件目録記載の土地
　　についての売買契約を取り消す
　2　被告は，別紙物件目録記載の土地について，○○地方法務局平成○
　　○年○月○日受付第○号所有権移転登記の抹消登記手続をせよ
　3　訴訟費用は被告の負担とする
　との判決を求める。
第2　請求の原因
　1　原告は，Aに対し，平成○年1月20日，○○○を代金1000万円で売
　　った。

2　Aは，平成○年2月24日当時，別紙物件目録記載の土地を所有して
いた。

3　Aは，被告に対し，同日，同土地を1200万円で売った。

4　Aは，被告に対し，平成○年○月○日，同土地につき，上記売買に
基づき，所有権移転登記手続をした。

5　Aには，平成○年2月24日当時，同土地以外にみるべき資産がなく，
同土地を売却して現金化することにより，Aにおいて隠匿等の原告
を害する処分をするおそれが生じた。

6　Aは，上記売買の際，対価として取得した金銭について隠匿する意
思を有していた。実際に，Aは，上記売買の翌日，代金全額を現金で
引き出した上，新たに自宅から離れた金融機関の支店○か所に口座
を開設して○○万円ずつ分散させて預金するとともに，残金○○万
円については現金で自宅金庫など複数の場所に分散して保管するな
どして，容易に発見できない状態にして隠匿した。

7　被告は，Aの妻であり，上記売買の際，前項のAの意思を知ってい
た。

8　よって，原告は，被告に対し，詐害行為取消権に基づき，同土地に
つき，上記売買の取消しと上記所有権移転登記の抹消登記手続を求
める。

（別紙）

物件目録

所　　在　○○県○○市○○町○丁目

地　　番　○○番○○

地　　目　宅地

地　　積　○○．○○㎡

第2章　第2節　債権の効力　　147

【39】　詐害行為取消権－担保供与型（詐害行為取消請求）
〔民424の3〕

＜要件事実＞

旧	①　被保全権利の発生原因事実 ②　債務者が①の被保全権利の発生後に債務者の財産権を目的とする法律行為をしたこと ③　②が債権者を害することの評価根拠事実 ④　債務者が③を知っていたこと
新	❶　被保全権利の発生原因事実 ❷　債務者が❶の被保全権利の発生原因後に既存の債務についての担保の供与又は債務の消滅に関する行為をしたこと ❸　❷が行われたのが支払不能時であること 又は ❸′　❷が行われたのが支払不能前30日以内であること及び❷が非義務行為であること ❹　❷が債務者と受益者とが通謀して他の債権者を害する意図をもって行われたこと

ポイント

1　改正内容について

（1）　改正前

改正前は、既存債務についての担保供与又は債務消滅行為に関して特に定めた条文はなく、旧民法424条に該当するか否かで判断されていました。

判例（最判昭32・11・1判時132・12）では、債務者が一部の債権者のために担保を設定することは、当該債権者に優先弁済を受けさせる反面、他の債権者の共同担保を減少させる行為であるから詐害行為となり得るとされていました。

また、既存債務の弁済は、債務者が一債権者と通謀し、他の債権者を害する意思をもって弁済したような場合にのみ詐害行為となるものとされていました（大判大6・6・7民録23・932、最判昭33・9・26民集12・13・3022）。

(2)　改正後

改正後は、民法424条の3に特定の債権者に対する担保の供与等の特則が設けられました。

これにより、既存債務についての担保供与又は債務消滅行為は、支払不能時（当該行為自体又はその時期が債務者の義務に属しない行為の場合は支払不能前30日以内）に行われたものであり、かつ、債務者と受益者が通謀して他の債権者を害する意図をもっていた場合に限り詐害行為となるものとされました（民424の3）。

なお、破産法162条の否認権の規定も類似の規定ですが、破産法162条では債権者（本条の受益者に相当）が支払不能の事実等を知っていた場合であれば足り、債務者との通謀や詐害意図までは要求されていませんので、民法424条の3の方が要件が厳格になっています。

2　要件事実について

❷　民法424条の3によって詐害行為となるのは、「既存の債務についての担保の供与又は債務の消滅に関する行為」です。

❸❸′　❷の行為が行われた時期により詐害行為に該当するか否かを区別しています。弁済期が到来している債務の弁済等、債務者の義務に基づく行為の場合には支払不能時、特約によらない担保供

第2章　第2節　債権の効力　　149

　与や期限前弁済のように債務者の義務に基づかない行為の場合には支払不能前30日以内の行為が対象となります。

　支払不能とは、「債務者が、支払能力を欠くために、その債務のうち弁済期にあるものにつき、一般的かつ継続的に弁済することができない状態」をいいます（民424の3①一）。

❹　単に債務者の詐害性の認識だけでは足りず、債務者と受益者との通謀及び詐害意図が要求されています。

3　訴状例について

　Aに対して売買代金債権を有している原告が、A所有の不動産について被告を債権者としてなされた抵当権設定契約を取り消し、抵当権設定登記の抹消を請求するという事案です。

　請求の原因第1項は要件事実❶、同第2項から第5項までが要件事実❷、同第6項及び第7項が要件事実❸′、同第8項が要件事実❹の主張です。

訴 状 例

第1　請求の趣旨
　1　Aと被告とが平成○年6月15日に別紙物件目録記載の土地についてした抵当権設定契約を取り消す
　2　被告は，上記土地について，○○地方法務局平成○年6月16日受付第○号抵当権設定登記の抹消登記手続をせよ
　3　訴訟費用は被告の負担とする
　との判決を求める。
第2　請求の原因
　1　原告は，Aに対し，平成○年4月20日，○○○を代金1000万円で売った。
　2　被告は，Aに対し，平成○年5月15日，○○○を代金1500万円で売った。

3 Aは，平成○年6月15日当時，別紙物件目録記載の土地を所有して
いた。
4 Aは，被告との間で，同日，第2項記載の売買契約に基づくAの売
買代金債務を担保するため，同土地に抵当権を設定する旨合意した。
5 Aは，被告に対し，平成○年6月16日，同土地につき，上記抵当権
設定契約に基づき，抵当権設定登記手続をした。
6 第2項の被告A間の売買契約の際に作成された売買契約書には，A
の担保提供義務等は定められておらず，第4項の抵当権設定契約は，
Aの義務に属しない行為である。
7 Aは，平成○年6月30日，全債権者に対して代理人弁護士の受任通
知をファクシミリ送信しており，その中に「本日を支払期日とする買
掛金等の弁済資金が調達できず」，「破産申立てを委任するに至った」
旨の記載があり，遅くとも同日時点でAが支払不能に陥っていたこ
とは明らかである。
8 Aと被告とは，代表者こそ異なるものの，両社の取締役は同じ3名
が務めており，Aの代表取締役Bが被告の平取締役，被告の代表取締
役CがAの取締役であり，かつ，両社の株式もB及びCが半数ずつ保
有している。これらの事実に照らせば，Aと被告とが通謀し，他の債
権者を害する意図をもって上記抵当権設定契約を締結したことは明
らかである。
9 よって，原告は，被告に対し，詐害行為取消権（民法424条の3第2
項）に基づき，本件土地につき，上記抵当権設定契約の取消しと上記
抵当権設定登記の抹消登記手続を求める。

（別紙）

物件目録

所　　在　○○県○○市○○町○丁目
地　　番　○○番○○
地　　目　宅地
地　　積　○○．○○㎡

第2章　第2節　債権の効力　　151

【40】　詐害行為取消権―過大代物弁済型（詐害行為取消請求）　〔民424の4〕

＜要件事実＞

旧	①　被保全権利の発生原因事実 ②　債務者が①の被保全権利の<u>発生後</u>に<u>債務者の財産権を目的とする法律行為</u>をしたこと ③　②が債権者を害することの評価根拠事実 ④　債務者が③を知っていたこと ⑤　〔新設〕
新	❶　被保全権利の発生原因事実 ❷　債務者が❶の被保全権利の<u>発生原因後</u>に<u>債務の消滅に関する行為</u>をしたこと ❸　❷が債権者を害することの評価根拠事実 ❹　債務者が❸を知っていたこと ❺　<u>❷により受益者が受けた給付の価額が消滅した債務の額より過大であること及びその部分</u>

ポイント

1　改正内容について

（1）　改正前

　改正前は、債務額を超える価額の財産によって代物弁済が行われた場合に、取消可能な範囲を規定する条文はなく、その取扱いが不明確でした。

（2） 改正後

改正後は、民法424条の4（過大な代物弁済等の特則）が新設され、消滅した債務額を超える部分について詐害行為取消請求の対象となることが明らかとなりました。破産法160条2項と同趣旨の規定です。

なお、民法424条の3（特定の債権者に対する担保の供与等の特則）に該当する場合には、過大か否かにかかわらず代物弁済全体を取り消すこともできます。

2 要件事実について

民法424条の4は、取消しの範囲に関する条項のため、基本的には民法424条による詐害行為取消請求（原則型）の場合と同様です。

❷ 民法424条の4の対象は、「債務の消滅に関する行為」です。

❺ 受益者の受けた給付の価額と消滅した債務の額とを比較して前者が過大であることが必要です。また、取消対象とする過大部分を特定する必要があります。

3 訴状例について

Aに対して売買代金債権を有している原告が、Aの被告に対する債務の不動産による代物弁済のうち過大な部分を詐害行為として取り消し、過大部分に相当する500万円の価額償還を請求するという事案です。この場合、受益者を被告として（民424の7①一）、代物弁済の取消しと取消部分の返還を求めることができます。しかしながら、対象となる土地の一部のみを返還することは通常困難なため、価額償還を求めることになるでしょう（民424の6①後段）。この場合、Aに対する償還ではなく、直接原告に対して支払うよう請求することが可能です（民424の9②）。

請求の原因第1項が要件事実❶の、同第2項から第5項までが要件事

実❷の、同第6項が要件事実❸の、同第7項が要件事実❹の、同第8項が要件事実❺の主張です。

訴状例

第1　請求の趣旨
1　Aと被告とが平成○年6月15日にした代物弁済契約を500万円の限度で取り消す
2　被告は，原告に対し，500万円を支払え
3　訴訟費用は被告の負担とする
との判決を求める。

第2　請求の原因
1　原告は，Aに対し，平成○年4月20日，○○○を代金1000万円で売った。
2　被告は，Aに対し，平成○年5月15日，○○○を代金1500万円で売った。
3　Aは，平成○年6月15日当時，別紙物件目録記載の土地を所有していた。
4　Aは，被告との間で，同日，第2項の売買代金の弁済に代えて，同土地の所有権を移転するとの合意をした。
5　Aは，被告に対し，同日，上記合意に基づき，同土地につき所有権移転登記手続をした。
6　Aには，第4項の当時，同土地以外にみるべき資産がなかった。
7　Aは，上記代物弁済の際，これによって債権者を害することを知っていた。
8　上記代物弁済時点の同土地の評価額は2000万円であり，これによって消滅した債務額1500万円に相当する部分以外の部分（500万円相当）が過大であった。
9　よって，原告は，被告に対し，詐害行為取消権に基づき，上記代物弁済契約を500万円の限度で取り消すとともに，取消部分に相当する500万円の価額償還を求める。

（別紙）

物件目録

所　　在　○○県○○市○○町○丁目

地　　番　○○番○○

地　　目　宅地

地　　積　○○．○○㎡

第2章　第2節　債権の効力　　155

【41】　転得者に対する詐害行為取消請求（詐害行為取消請求）　　〔民424の5〕

＜要件事実＞

旧	①　被保全権利の発生原因事実 ②　債務者が①の被保全権利の<u>発生後</u>に債務者の財産権を目的とする<u>法律行為</u>をしたこと ③　②が債権者を害することの評価根拠事実 ④　債務者が③を知っていたこと ⑤　転得者が②の目的物を転得したこと ⑥　〔新設〕
新	❶　被保全権利の発生原因事実 ❷　債務者が❶の被保全権利の<u>発生原因後</u>に債務者の財産権を目的とする<u>行為</u>をしたこと ❸　❷が債権者を害することの評価根拠事実 ❹　債務者が❸を知っていたこと ❺　転得者が❷の目的物を転得したこと ❻　<u>転得者（及びその前の全ての転得者）が転得の当時</u>❸を知っていたこと

ポイント

1　改正内容について

（1）　改正前

　改正前は、転得者については、旧民法424条1項ただし書において、「ただし、その行為によって利益を受けた者又は転得者がその行為又

は転得の時において債権者を害すべき事実を知らなかったときは、この限りでない」として、転得者においてその善意の立証責任を負うものとされていました（最判昭37・3・6判時298・19）。また、転得者が悪意であるときは、受益者が善意であっても詐害行為取消しの対象になるものとされていました（最判昭49・12・12裁判集民113・523）。

　これに対し、破産法上の否認権においては、「転得者が転得の当時、それぞれその前者に対する否認の原因のあることを知っていたとき」が要件とされていました（旧破170①一）。倒産時と平常時とでは倒産時の方がより広く財産処分行為等に対する介入が認められてしかるべきところ、否認権よりも詐害行為取消権の方が認められる範囲が広くなってしまうという逆転現象が問題視されていました。また、否認権の要件自体についても、前者が悪意であることを知っている必要があるという、いわゆる「二重の悪意」を要求する点に批判がありました。

　(2)　改正後

　改正後は、転得者の取引の安全を確保するとともに否認権との整合性を図るため、民法424条の5において、転得者に対する詐害行為取消請求の要件が定められ、受益者からの転得者の場合には当該転得者が、他の転得者からの転得者の場合には以前の全ての転得者が、それぞれ転得の当時に債務者の行為の詐害性を知っていたことが要件とされました。転得者の悪意については、改正の趣旨及び条文の体裁から、債権者において立証責任を負うものと解されます。これに対し、受益者の悪意については債権者に立証責任はなく、転得者において受益者の善意の立証責任を負うものと解します（伊藤滋夫編著『新民法（債権関係）の要件事実Ⅰ改正条文と関係条文の徹底解説』179頁（青林書院、2017））。

　①条文上、「受益者に対して詐害行為取消請求をすることができる場合」（民424の5）とは、受益者に対する詐害行為取消請求の請求原因事実が存在する場合であり、抗弁事実の不存在までは前提としていない

第2章　第2節　債権の効力　　157

と解されること、②原則型（民424）の場合には、受益者の善意は受益者
が立証責任を負うべき抗弁であると解されていること、③受益者に対
する請求（原則型）と転得者に対する請求とで、同じ要件について立
証責任を転換するまでの必然性は認められないこと、がその理由です。

　なお、破産法の否認権についても、本条と同様に二重の悪意を要求
しない内容に改正されています（破170①一）。

2　要件事実について

❷　変更点については、【37】と同様です。

❻　全ての転得者の悪意が要件となりました。そのため、途中に善
　　意者がいればその後の転得者が悪意であっても詐害行為取消権は
　　成立しません。悪意の対象は、債務者の行為の詐害性であり、旧
　　破産法170条1項のように前者の悪意は含まれていません。

3　訴状例について

　Aに対して売買代金債権を有している原告が、A→B→被告と順次
贈与された土地について、AB間の贈与契約を詐害行為として取り消
し、転得者である被告からAに対する真正な登記名義の回復を原因と
する所有権移転登記手続を請求する事案です。

　請求の原因第1項から第6項までがそれぞれ要件事実❶から要件事実
❻の主張です。前述のとおり、受益者であるBがAの行為の詐害性を
知らなかったことについては、被告において主張立証すべき抗弁であ
るとの見解に基づく請求原因です。

訴 状 例

第1　請求の趣旨
　1　AとBとが平成○年8月20日に別紙物件目録記載の土地についてし

た贈与契約を取り消す

　2　被告は，Aに対し，上記土地について，真正な登記名義の回復を原因とする所有権移転登記手続をせよ

　3　訴訟費用は被告の負担とする

との判決を求める。

第2　請求の原因

　1　原告は，Aに対し，平成○年7月31日，○○○を代金1000万円で売った。

　2　Aは，Bに対し，平成○年8月20日，別紙物件目録記載の土地を贈与した。

　3　Aには，平成○年8月20日当時，上記土地以外にみるべき資産がなかった。

　4　Aは，上記贈与の際，これによって債権者を害することを知っていた。

　5　Bは，被告に対し，平成○年11月19日，上記土地を贈与した。

　6　被告は，平成○年11月19日当時，第2項記載の贈与が債権者を害することを知っていた。

　7　よって，原告は，被告に対し，詐害行為取消権に基づき，第2項記載のAB間の上記土地の贈与契約の取消し及び上記土地につき真正な登記名義の回復を原因とするAへの所有権移転登記手続をすることを求める。

（別紙）

物件目録

　所　　在　○○県○○市○○町○丁目

　地　　番　○○番○○

　地　　目　宅地

　地　　積　○○．○○㎡

第2章　第2節　債権の効力　　159

【42】　債務者の受けた反対給付に関する受益者の権利
（反対給付返還請求）　　〔民425の2〕

＜要件事実＞

旧	―
新	❶　債務者がした債務の消滅に関する行為を除く財産の処分に関する行為について、受益者に対する詐害行為取消請求を認容する判決が確定したこと ❷　受益者が債務者に対し❶により取り消された処分行為の対象財産を取得するために反対給付をしたこと

ポイント

1　改正内容について

(1)　改正前

　改正前は、詐害行為取消しの効果は債権者と受益者との間で生じ、債務者には及ばない（相対的取消し）とされていました（大判明44・3・24民録17・117）。そうなると、受益者が取消対象行為によって得た財産権を返還したとしても、債務者に対して反対給付の返還を求めることはできないという不合理な結論になりそうですが、その点について明確な定めはありませんでした。

(2)　改正後

　改正後は、民法425条において債務者に対しても取消しの効力が及ぶものとされたことに加え、「債務者がした財産の処分に関する行為（債務の消滅に関する行為を除く。）が取り消されたときは、受益者は、債務者に対し、その財産を取得するためにした反対給付の返還を請求

することができる」(民425の2前段) ものとされ、債務者に対する返還請求権があることが明文化されました。債務者が反対給付の返還が困難であるときは、受益者は価額償還の請求が可能です (民425の2後段)。

また、「債務者がした債務の消滅に関する行為が取り消された場合（中略）において、受益者が債務者から受けた給付を返還し、又はその価額を償還したときは、受益者の債務者に対する債権は、これによって原状に復する。」(民425の3) として、債務消滅行為の取消しの場合に消滅していた債権が復活することも明文化されました（過大な代物弁済等の特則 (民424の4) による取消しの場合は過大な部分のみが取り消されるため本条の対象外です。）。

2 要件事実について

民法425条の2に基づき、反対給付の返還を請求する場合の要件事実です。

❶ 「取り消された」というためには、詐害行為取消請求訴訟が提起されたのみでは足りず、詐害行為取消請求を認容する判決が確定したことが必要と解されます。

❷ 返還請求の前提として、受益者が反対給付を行っていたことの主張が必要と解されます。

さらに、❶の判決により受益者が返還等を命じられた財産の返還を履行したことまで必要であるとの説もありますが、民法425条の3と異なり、民法425条の2の文言上、先履行である旨は明示されていないため、解釈としてはやや無理があるでしょう。受益者の返還義務を先履行とする説は、同時履行とした場合、債務者から反対給付の返還を受けるまで受領した財産を返還しないとの抗弁を受益者に許すことになり不当であるとの問題意識があるものと考えられますが、通常、❶において既に受益者に対して（引換

第2章　第2節　債権の効力　　161

給付でない）単純給付を命じる判決が確定しているはずであり、
詐害行為の取消しのみを請求し、返還を請求しなかったという特
殊な場合を除き、問題となることは少ないものと考えます。

3　訴状例について

　被告から土地を購入して代金を支払ったものの、当該売買契約が詐
害行為として取り消されたため、被告に対して代金の返還を求めると
いう事案です。

　請求の原因第1項及び第3項が要件事実❶の、請求の原因第2項が要
件事実❷の主張です。時系列に沿って記載しています。

訴状例

第1　請求の趣旨
1　被告は，原告に対し，1200万円を支払え
2　訴訟費用は被告の負担とする
との判決を求める。
第2　請求の原因
1　被告は，原告に対し，平成○年2月24日，○○県○○市○○町○丁
目所在の土地（地番：○○番○○）を1200万円で売った。
2　原告は，上記売買契約に基づき，平成○年○月○日，被告に対して
売買代金1200万円を支払った。
3　上記売買は，○○地方裁判所平成○年（ワ）第○○号詐害行為取消
請求事件において平成○年○月○日言い渡された判決により取り消
され，同判決は同年○月○日，確定した。
4　よって，原告は，被告に対し，民法425条の2所定の反対給付返還請
求権に基づき，1200万円の支払を求める。

【43】 詐害行為取消請求を受けた転得者の権利（売買代金請求）　〔民425の4〕

＜要件事実＞

旧	一
新	＜債務消滅行為以外の財産処分行為の取消し＞ ❶　債務者がした財産処分行為について、転得者に対する詐害行為取消請求を認容する判決が確定したこと ❷　❶により取り消された処分行為の対象財産を取得するために受益者が債務者に対し反対給付をしたこと及びその額 ❸　転得者がその前者から対象財産を取得するためにした反対給付の価額又はその前者から対象財産を取得することによって消滅した債権の価額
新	＜債務消滅行為の取消し＞ ❶　債務者がした債務消滅行為について、転得者に対する詐害行為取消請求を認容する判決が確定したこと ❷　❶により取り消された債務消滅行為により受益者の債務者に対する債権が消滅したこと及びその額 ❸　転得者がその前者から対象財産を取得するためにした反対給付の価額又はその前者から対象財産を取得することによって消滅した債権の価額 ❹　転得者が債務者に対し自己の前者から受けた給付を返還し、又はその価額を償還したこと

第2章　第2節　債権の効力　　163

ポイント

1　改正内容について

(1)　改正前

　改正前は、転得者に対する詐害行為取消請求の効果は債権者と転得者との間で生じ、債務者、受益者及び当該転得者の前者である転得者には及ばない（相対的取消し）とされていました。

(2)　改正後

　改正後は、民法425条において債務者に対しても取消しの効力が及ぶものとされました（なお、改正後も受益者や当該転得者の前者である転得者に対しては取消しの効力が及ばないことに注意が必要です。）。

　そして、債務者がした行為が転得者に対する詐害行為取消請求によって取り消されたときは、その行為が受益者に対する詐害行為取消請求によって取り消されたとすれば受益者が債務者に対して行使できることとなる債権を、転得者が代わって行使できるようになりました（民425の4柱書本文）。

　すなわち、①債務消滅行為を除く財産処分行為の取消しの場合は、民法425条の2の規定により生ずべき受益者の債務者に対する反対給付の返還請求権又はその価額の償還請求権（民425の4一）を、②債務消滅行為の取消しの場合（過大な代物弁済等の特則による場合を除きます。）は、民法425条の3の規定により生ずべき受益者の債務者に対する債権（民425の4二）を、それぞれ転得者が行使できます。

　ただし、行使できるのは、「その転得者がその前者から財産を取得するためにした反対給付又はその前者から財産を取得することによって消滅した債権の価額」が限度となります（民425の4柱書ただし書）。

2 要件事実について

(1) 債務消滅行為以外の財産処分行為の取消し

❶ 「取り消された」というためには、詐害行為取消請求訴訟が提起されたのみでは足りず、詐害行為取消請求を認容する判決が確定したことが必要と解されます。

❷ 返還請求の前提として、受益者が反対給付を行っていたことの主張が必要と解されます。

❸ 民法425条の4の体裁からすれば、ただし書の事実は債務者側で主張すべき要件事実であるとの見解も成り立ち得ます。しかしながら、同条ただし書の事実は、むしろ転得者側の事情であり、転得者側で主張立証するのが容易であることから、転得者側で主張すべき要件であると考えます。

(2) 債務消滅行為の取消し

❶ (1)❶と同様です。

❷ 回復する債権の内容を特定して主張する必要があります。

❸ (1)❸と同様です。

❹ ❶の判決により転得者が返還等を命じられた財産の返還等を履行したことが必要と解されます。民法425条の4第2号では、「前条の規定により回復すべき受益者の債務者に対する債権」を転得者が行使できるものとされていますが、民法425条の3において債権が回復するのは「受益者が債務者から受けた給付を返還し、又はその価額を償還したとき」であるところ、転得者がいる場合には当該給付は転得者のもとに移転しており、少なくとも返還は転得者にしかできないこと及び転得者の有無によって債務者の立場を大きく変動させる合理性はないことから、転得者による返還等が必要であると解します。

3 訴状例について

　債務者である被告から受益者であるＡに土地が代物弁済され、さら
にＡから転得者である原告に当該土地が売買された後、被告・Ａ間の
代物弁済行為が詐害行為として取り消された場合（取消訴訟の被告は
転得者）において、民法425条の4第2号に基づき、転得者が債務者に対
して代物弁済により消滅したＡの債権を行使するという事案です。上
記２(2)「債務消滅行為の取消し」の要件事実を主張することになりま
す。

　請求の原因第1項が要件事実❷、同第2項が要件事実❸、同第3項が要
件事実❶、同第4項が要件事実❹の主張です。時系列に沿って記載し
ています。

　なお、上記の事例で、被告からＡへの土地の所有権の移転が代物弁
済ではなく売買によるものであり、当該売買契約が詐害行為として取
り消された場合には、民法425条の4第1号に基づき上記２(1)「債務消
滅行為以外の財産処分行為の取消し」の要件事実を主張して原告がＡ
に支払った売買代金の限度でＡが被告に支払った売買代金の返還請求
をすることになります。

訴 状 例

第1　請求の趣旨
　1　被告は，原告に対し，800万円を支払え
　2　訴訟費用は被告の負担とする
　との判決を求める。
第2　請求の原因
　1　被告Ａ間の代物弁済
　　(1)　Ａは，被告に対し，平成○年△月△日，○○○を代金800万円
　　　　で売った。
　　(2)　被告は，平成○年○月○日当時，○○県○○市○○町○丁目所

在の土地（地番：○○番○○）（以下「本件土地」という。）を所有していた。

(3)　被告は，Aとの間で，同日，上記(1)の売買代金800万円の弁済に代えて，本件土地の所有権を移転するとの合意をした。

(4)　被告は，Aに対し，同日，上記合意に基づき，本件土地につき所有権移転登記手続をした。

2　A原告間の売買契約

(1)　Aは，原告に対し，平成○年○月○日，本件土地を1000万円で売った。

(2)　原告は，Aに対し，平成○年○月○日，上記(1)の売買契約に基づき売買代金1000万円を支払った。

(3)　Aは，原告に対し，平成○年○月○日，上記(1)の売買契約に基づき本件土地につき所有権移転登記手続をした。

3　第1項記載の代物弁済は，○○地方裁判所平成○年（ワ）第○○号詐害行為取消請求事件において平成○年○月○日言い渡された判決により取り消され，同判決は同年○月○日，確定した。

4　平成○年○月○日，上記確定判決に基づき，原告から被告に対する真正な登記名義の回復を原因とする所有権移転登記手続がされた。

5　よって，原告は，被告に対し，民法425条の4第2号所定の詐害行為取消請求を受けた転得者の権利として，第1項(1)記載のA被告間の売買契約に基づき，売買代金800万円の支払を求める。

第2章　第3節　多数当事者の債権及び債務　　167

第3節　多数当事者の債権及び債務
第1款　債権者が複数の場合（連帯債権・不可分債権）

【44】　連帯債権（貸金返還請求）

〔民432〕

＜要件事実＞

旧	―
新	❶　債権の発生原因事実 ❷　❶に基づく債権の目的が性質上可分であること ❸　連帯を定めた法令の規定が適用される前提事実 　　又は ❸′　当事者による連帯の意思表示

ポイント

1　改正内容について

（1）　改正前

改正前は、連帯債権に関する規定は存在していませんでしたが、連帯債務（旧民432）との対比から、複数の債権者が各自債務者に対して債権全部の履行を請求でき、一人の債権者が履行を受ければ全ての債権者について債権が消滅するという債権が想定されており、連帯債権と呼ばれていました。

（2）　改正後

改正後は、民法432条から435条の2まで連帯債権に関する条項が新設されました。民法432条は、連帯債権を「債権の目的がその性質上可

分である場合において、法令の規定又は当事者の意思表示によって数人が連帯して債権を有する」場合の債権と定義しています。連帯債権者の一人の行為又は一人について生じた事由は、原則として相対的効力とされましたが（民435の2）、絶対的効力が生じる場合が比較的広く認められています（民432〜435）。

2 要件事実について

複数の債権者が連帯して債務者に対して連帯債権を請求する場合の要件事実です。

❶ 債権の発生原因事実を主張します。

❷ 債権の目的が性質上可分である必要があります。性質上不可分であれば不可分債権（民428）となります。性質上可分か不可分かは、❶の債権の発生原因事実を主張することで通常は明らかとなるでしょう。

❸❸′ 性質上可分な債権は原則として分割債権となります（民427）。そのため、各債権者が同時に債権全部を請求するためには連帯の合意を主張する必要があります。債権者が単独で請求する場合には連帯債権であることの主張（❸❸′）は不要です。なお、現状では見当たりませんが、法令に連帯債権の定めがある場合には、法令の存在自体は要件事実とはならず、その規定が適用される前提となる事実が要件事実となります。

3 訴状例について

複数の債権者が連帯して債務者に対して貸付けを行い、その返還を求めるという事案です。

請求の原因第1項が要件事実❶❷❸′の主張です。請求の原因第2項は貸金返還請求における返還時期の到来の主張です。

第2章 第3節 多数当事者の債権及び債務　　169

訴 状 例

第1　請求の趣旨
　1　被告は，原告ら各自に対し，○万円及びこれに対する平成△年7月
　　1日から支払済みまで年○％の割合による金員を支払え
　2　訴訟費用は被告の負担とする
　との判決並びに仮執行の宣言を求める。
第2　請求の原因
　1　原告らは，連帯して，被告に対し，平成○年7月1日，○万円を次の
　　約定で貸し付けた。
　　　(1)　弁済期　平成△年6月30日
　　　(2)　損害金　年○％
　2　平成△年6月30日は経過した。
　3　よって，原告らは，被告に対し，上記消費貸借契約に基づき，元金
　　○万円及びこれに対する平成△年7月1日から支払済みまで約定の年
　　○％の割合による遅延損害金を原告ら各自に支払うことを求める。

170 第2章 第3節 多数当事者の債権及び債務

【45】 不可分債権（動産引渡請求）

〔民428〕

＜要件事実＞

旧	① 債権の発生原因事実 ② ①の債権の目的が性質上又は当事者の意思表示によって不可分であること
新	❶ 債権の発生原因事実 ❷ ❶の債権の目的が性質上不可分であること

ポイント

1 改正内容について

(1) 改正前

改正前は、「債権の目的がその性質上又は当事者の意思表示によって不可分である場合において、数人の債権者があるときは、各債権者はすべての債権者のために履行を請求し、債務者はすべての債権者のために各債権者に対して履行をすることができる。」（旧民428）とされており、①性質上不可分な場合、②当事者の意思表示により不可分とされた場合、に不可分債権となるものとされていました。

(2) 改正後

改正後は、不可分債権は、「債権の目的がその性質上不可分である場合において、数人の債権者があるとき」（民428）に生じるものとされ、当事者の意思表示によって不可分債権が生じることはなくなりました。また、不可分債権には、更改又は免除の場合（民433）及び混同の場合（民435）を除いて連帯債権の規定が準用されることとなりました（民428）。

第2章　第3節　多数当事者の債権及び債務　　171

2　要件事実について

　複数の債権者が同時に債務者に対して不可分債権を請求する場合の要件事実です。

❶　債権の発生原因事実を主張します。

❷　債権の目的が性質上不可分である必要があります。債権者が単独で請求する場合には不可分債権であることの主張は不要ですが、複数の債権者が同時に請求する場合には、不可分債権であることの主張が必要であるものと考えます。ただし、通常、性質上可分か不可分かは、❶の債権の発生原因事実を主張することで自ずと明らかとなるでしょう。

3　訴状例について

　動産の売買契約の買主が複数であった場合の目的物引渡請求の訴状です。

　請求の原因第1項が要件事実❶❷の主張です。

訴 状 例

第1　請求の趣旨
　1　被告は，原告ら各自に対し，別紙物件目録記載の動産を引き渡せ
　2　訴訟費用は被告の負担とする
　との判決並びに仮執行の宣言を求める。
第2　請求の原因
　1　本件売買契約の締結
　　　被告は，原告らに対し，平成○年○月○日，代金○万円で別紙物件目録記載の動産を売った。
　2　よって，原告らは，被告に対し，上記売買契約に基づき，別紙物件目録記載の動産を原告ら各自に引き渡すことを求める。

（別紙）

物件目録

品　　名　壺

形　　状　高さ○cm，直径○．○cm

材　　質　陶器

制　作　年　○年

制　作　者　○○

第2章　第3節　多数当事者の債権及び債務　　173

第2款　債務者が複数の場合（連帯債務・不可分債務）

【46】　連帯債務（貸金返還請求）

〔民436〕

＜要件事実＞

旧	―
新	❶　債務の発生原因事実 ❷　❶に基づく債務の目的が性質上可分であること ❸　連帯を定めた法令の規定が適用される前提事実 　　又は ❸′　当事者による連帯の意思表示

ポイント

1　改正内容について

（1）　改正前

改正前は、「数人が連帯債務を負担するときは、債権者は、その連帯債務者の一人に対し、又は同時に若しくは順次にすべての連帯債務者に対し、全部又は一部の履行を請求することができる。」（旧民432）として、連帯債務の効果が定められるとともに、共同不法行為者の連帯責任（民719）や日常家事債務の連帯責任（民761）といった、具体的な連帯責任が生じる場合の規定は存在していましたが、連帯債務となる一般的要件については定められていませんでした。

（2）　改正後

改正後は、民法436条において、「債務の目的がその性質上可分である場合において、法令の規定又は当事者の意思表示によって数人が連

帯して債務を負担するとき」に連帯債務となるものと定められました。連帯債務者の一人について生じた事由は、更改（民438）、相殺（民439）及び混同（民440）を除き相対的効力とされました（民441）。なお、弁済及び代物弁済のように債権の満足を得させる行為については、改正の前後を通じて、解釈上、絶対的効力を生じるものとされています。

2　要件事実について

　債権者が複数の債務者に対して同時に連帯債務の履行を請求する場合の要件事実です。

- ❶　債務の発生原因事実を主張します。
- ❷　債務の目的が性質上可分である必要があります。性質上不可分であれば不可分債務（民430）となります。性質上可分か不可分かは、❶の債権の発生原因事実を主張することで通常は明らかとなるでしょう。
- ❸❸′　性質上可分な債務は原則として分割債務となります（民427）。そのため、債権者が各債務者に対して同時に債権全部を請求するためには連帯の合意を主張する必要があります。債務者のうちの1名に対してのみ請求する場合には連帯債務であることの主張（❸❸′）は不要です。なお、法令に連帯債務の定めがある場合には、法令の存在自体は要件事実とはなりませんが、その規定が適用される前提となる事実が要件事実となります。

3　訴状例について

　債権者が複数の債務者の連帯債務である貸金債務及び遅延損害金債務の履行を求める事案です。

　請求の原因第1項が要件事実❶❷❸′の主張です。請求の原因第2項は貸金返還請求における弁済期の経過の主張です。

第2章　第3節　多数当事者の債権及び債務　　175

訴 状 例

第1　請求の趣旨
1　被告らは，原告に対し，連帯して○万円及びこれに対する平成△年7月1日から支払済みまで年○％の割合による金員を支払え
2　訴訟費用は被告らの負担とする
との判決並びに仮執行の宣言を求める。
第2　請求の原因
1　原告は，被告らに対し，平成○年7月1日，○万円を次の約定で貸し付けた。
　(1)　弁　済　期　平成△年6月30日
　(2)　損　害　金　年○％
　(3)　連帯債務　被告らは，上記貸金につき連帯して返済義務を負う
2　平成△年6月30日は経過した。
3　よって，原告は，被告らに対し，上記消費貸借契約に基づき，連帯して元金○万円及びこれに対する弁済期の翌日である平成△年7月1日から支払済みまで約定の年○％の割合による遅延損害金を支払うことを求める。

【47】 不可分債務（動産引渡請求）

〔民430〕

＜要件事実＞

旧	①	債務の発生原因事実
	②	①の債務の目的が性質上又は当事者の意思表示によって不可分であること
新	❶	債務の発生原因事実
	❷	❶の債務の目的が性質上不可分であること

ポイント

1 改正内容について

（1） 改正前

改正前は、数人が不可分債務を負担する場合について不可分債権の規定（旧民429）や連帯債務の規定の一部を準用する旨の規定はありましたが（旧民430）、不可分債務の定義に関する条文としては、旧民法428条の「債権の目的がその性質上又は当事者の意思表示によって不可分である場合」に生じる不可分債権を債務者側から見たものという以外にはありませんでした。

（2） 改正後

改正後は、不可分債務は、「債務の目的がその性質上不可分である場合において、数人の債務者があるとき」（民430）に生じるものとされ、当事者の意思表示によって不可分債務が生じることはなくなりました。また、不可分債務には、混同の場合（民440）を除いて連帯債務の規定が準用されることとなりました。

第2章　第3節　多数当事者の債権及び債務　　177

2　要件事実について

　債権者が複数の債務者に対して不可分債務を請求する場合の要件事実です。

❶　債務の発生原因事実を主張します。

❷　債務の目的が性質上不可分である必要があります。債務者のうち1名のみに請求する場合には不可分債務であることの主張は不要ですが、複数の債務者に対して同時に請求する場合には、不可分債務であることの主張が必要であるものと考えます。ただし、通常、性質上可分か不可分かは、❶の債務の発生原因事実を主張することで自ずと明らかとなるでしょう。

3　訴状例について

　動産の売買契約の売主が複数であった場合の目的物引渡請求の訴状です。

　請求の原因第1項が要件事実❶❷の主張です。

訴　状　例

```
第1　請求の趣旨
 1　被告らは，原告に対し，各自別紙物件目録記載の動産を引き渡せ
 2　訴訟費用は被告らの負担とする
との判決並びに仮執行の宣言を求める。
第2　請求の原因
 1　本件売買契約の締結
　　被告らは，原告に対し，平成○年○月○日，代金○万円で別紙物件
　目録記載の動産を売った。
 2　よって，原告は，被告らに対し，上記売買契約に基づき，各自別紙
　物件目録記載の動産を引き渡すことを求める。
```

（別紙）

物件目録

品　　名　壺

形　　状　高さ○cm，直径○．○cm

材　　質　陶器

制 作 年　○年

制 作 者　○○

第2章　第3節　多数当事者の債権及び債務　　179

【48】　連帯債務者の一人に対する履行の請求（貸金返還請求）　〔民441〕

＜要件事実＞

旧	①　連帯債務の発生原因事実 ②　連帯債務者の一人に対して履行の請求をしたこと ③　〔新設〕
新	❶　連帯債務の発生原因事実 ❷　連帯債務者の一人に対して履行の請求をしたこと ❸　❷以外の連帯債務者との間で、履行の請求につき絶対的効力を有する旨の合意をしたこと

ポイント

1　改正内容について

(1)　改正前

改正前は、旧民法432条において、連帯債務者の一人に対する履行の請求は絶対的効力を生じるものとされていました。そのため、履行の請求を受けなかった債務者についても、知らないうちに遅滞となったり時効が中断されたりすることが問題とされていました。

(2)　改正後

改正後は、旧民法432条が削除され、履行の請求は原則どおり相対的効力（民441）しか有しないものとされました。民法441条は、更改（民438）、相殺（民439①）及び混同（民440）の場合を除き、「連帯債務者の一人について生じた事由は、他の連帯債務者に対してその効力を生じな

い。」とした上で、「ただし、債権者及び他の連帯債務者の一人が別段の意思を表示したときは、当該他の連帯債務者に対する効力は、その意思に従う。」としており、債権者と連帯債務者との合意によって絶対的効力を有する事項を定めることができることが明らかになりました。

2　要件事実について

債権者が連帯債務者のうちの一人に対する催告により他の連帯債務者に対してもその効力を及ぼすために必要な要件事実です。

❶　連帯債務の発生原因事実を主張します。

❷　連帯債務者のうちの一人に対して履行の請求をしたことを主張します。

❸　履行の請求は原則どおり相対的効力であるため（民441）、実際に請求を受けた連帯債務者以外の他の連帯債務者に対しても当該請求の効果を及ぼそうとする場合には、当該他の連帯債務者との間で履行の請求を絶対的効力とする旨の合意をしたことを主張する必要があります。

3　訴状例について

債権者が複数の債務者の連帯債務である貸金債務の返還を求める事案です。返還時期を定めずに（又は返還時期を催告時と定めて）貸し付けた場合に、連帯債務者の一人に対する履行の請求（催告）に絶対的効力を持たせる特約を入れていた事案です。

請求の原因第1項が要件事実❶❸の主張、請求の原因第2項が要件事実❷の主張です。

第2章 第3節 多数当事者の債権及び債務　　181

訴状例

第1　請求の趣旨
1　被告らは，原告に対し，連帯して○万円及びこれに対する平成△年
7月1日から支払済みまで年○％の割合による金員を支払え
2　訴訟費用は被告らの負担とする
との判決並びに仮執行の宣言を求める。
第2　請求の原因
1　原告は，被告らに対し，平成○年3月17日，○万円を次の約定で貸
し付けた。
　　(1)　損害金　年○％
　　(2)　被告らは，上記貸金につき連帯して返済義務を負う
　　(3)　被告Aに対する履行の請求は被告ら全員に対して効力を生じ
　　　る
2　原告は，被告Aに対し，平成△年3月末日，上記貸金につき同年6月
末日に返済するよう催告した。
3　平成△年6月末日は経過した。
4　よって，原告は，被告らに対し，上記消費貸借契約に基づき，連帯
して元金○万円及びこれに対する弁済期の翌日である平成△年7月1
日から支払済みまで約定の年○％の割合による遅延損害金を支払う
ことを求める。

【49】 連帯債務者間の求償権（求償請求）

〔民442〕

＜要件事実＞

旧	① 連帯債務の発生原因事実 ② 連帯債務者の一人が自己の財産をもって共同の免責を得たこと ③ 求償先の連帯債務者の負担部分 （④ ②が自己の負担部分を超えていること）
新	❶ 連帯債務の発生原因事実 ❷ 連帯債務者の一人が自己の財産をもって共同の免責を得たこと ❸ 求償先の連帯債務者の負担部分 ❹ 〔削除〕

ポイント

1 改正内容について

(1) 改正前

改正前は、「連帯債務者の一人が弁済をし、その他自己の財産をもって共同の免責を得たときは、その連帯債務者は、他の連帯債務者に対し、各自の負担部分について求償権を有する。」(旧民442①) とされており、自己の負担部分を超える弁済等をした場合に限って求償が認められるのか (不真正連帯債務につき最判昭63・7・1判時1287・59)、負担部分を超えて出捐しなくても出捐者の負担部分に応じた求償が認められるのか (真正連帯債務につき大判大6・5・3民録23・863) について、解釈が分かれていました。

第2章　第3節　多数当事者の債権及び債務　　183

(2)　改正後

改正後は、「その免責を得た額が自己の負担部分を超えるかどうかにかかわらず」、「その免責を得るために支出した財産の額（その財産の額が共同の免責を得た額を超える場合にあっては、その免責を得た額）のうち各自の負担部分に応じた額の求償権を有する」（民442①）ものとされ、負担部分を超える出捐をしなくても求償権が認められることが明確になりました。改正後は、不真正連帯債務の場合であっても、負担部分を超える出捐をしなくても求償権が認められるものと解されます。

2　要件事実について

連帯債務者のうち1名が弁済等をしたことを理由として他の連帯債務者に対して求償権を行使する場合の要件事実です。

❶　連帯債務の発生原因事実を主張します。詳しくは【46】を参照してください。

❷　弁済等、自己の財産をもって共同の免責を得たことが必要です。弁済、代物弁済等の債権を満足させる行為は、解釈上、絶対的効力を有するものとされており、「共同の免責」を得ることができます。

❸　相手方の負担部分に応じた額を請求することになるので、負担部分を明らかにする必要がありますが、特段の合意等がなければ原則として均等割合となるので（大判大5・6・3民録22・1132）、連帯債務者の人数を主張すれば足ります。

3　訴状例について

売買代金の連帯債務者2名のうちの1名が弁済をしたことを理由にもう一方の連帯債務者に対して求償を求める事案です。

請求の原因第1項が要件事実❶❸の主張です。請求の原因第2項が要件事実❷の主張です。なお、民法442条2項により、弁済者は弁済日当日から法定利息の請求が可能です。

訴　状　例

第1　請求の趣旨
　1　被告は，原告に対し，△万円及びこれに対する平成○年9月30日から支払済みまで年3％の割合による金員を支払え
　2　訴訟費用は被告の負担とする
　との判決並びに仮執行の宣言を求める。
第2　請求の原因
　1　Aは，原告及び被告に対し，平成○年4月5日，以下の約定で，○○○を代金○万円で売った。
　　(1)　代金支払期日　平成○年9月30日
　　(2)　連帯債務　原告及び被告は，上記代金債務につき連帯債務を負う
　2　原告は，平成○年9月30日，Aに対し，上記代金を支払った。
　3　よって，原告は，被告に対し，上記売買代金の連帯債務の弁済に基づく求償権として，上記弁済額の2分の1である△万円及びこれに対する弁済日である平成○年9月30日から支払済みまで民法所定の年3％の割合による利息の支払を求める。

第2章 第3節 多数当事者の債権及び債務　　185

【50】　償還をする資力のない者の負担部分の分担（分担請求）　　〔民444〕

＜要件事実＞

旧	①　連帯債務の発生原因事実 ②　連帯債務者の一人が自己の財産をもって共同の免責を得たこと ③　各連帯債務者の負担部分 ④　求償先の連帯債務者のうち一部の者の無資力 （⑤　②が自己の負担部分を超えていること）
新	❶　連帯債務の発生原因事実 ❷　連帯債務者の一人が自己の財産をもって共同の免責を得たこと ❸　各連帯債務者の負担部分 ❹　求償先の連帯債務者のうち一部の者の無資力 ❺　〔削除〕

ポイント

1　改正内容について

(1)　改正前

　改正前は、旧民法444条に「連帯債務者の中に償還をする資力のない者があるときは、その償還をすることができない部分は、求償者及び他の資力のある者の間で、各自の負担部分に応じて分割して負担する。ただし、求償者に過失があるときは、他の連帯債務者に対して分担を請求することができない。」と定められていました。また、負担部分の

ある者が全員無資力であった場合は、負担部分のない者同士で平等に負担する旨の判例がありました（大判大3・10・13民録20・751）。

（2）　改正後

改正後は、旧民法444条本文が民法444条1項に、旧民法444条ただし書が民法444条3項になりました。旧民法444条ただし書の「過失」は、「償還を受けることができないことについて」の過失であることが明記されました（民444③）。また、上記大正3年大審院判決の内容が民法444条2項に取り入れられました。

2　要件事実について

連帯債務者のうち1名が弁済等をしたが、連帯債務者の中に無資力者がいることを理由として資力のある連帯債務者に対して求償権及び分担請求権を行使する場合の要件事実です。

❶　連帯債務の発生原因事実を主張します。詳しくは【46】を参照してください。

❷　弁済等、自己の財産をもって共同の免責を得たことが必要です。弁済、代物弁済等の債権を満足させる行為は、解釈上、絶対的効力を有するものとされており、「共同の免責」を得ることができます。

❸　相手方の負担部分に応じた額を請求することになるので、負担部分を明らかにする必要がありますが、特段の合意等がなければ原則として均等割合となるので（大判大5・6・3民録22・1132）、連帯債務者の人数を主張すれば足ります。

❹　連帯債務者の中に無資力の者がいることを主張します。

3　訴状例について

売買代金の連帯債務者5名のうちの1名が弁済をしたところ、残り4

第2章　第3節　多数当事者の債権及び債務　　187

名のうち2名が無資力であることを理由に資力のある2名に求償及び分
担を求める事案です。

　請求の原因第1項から第3項までがそれぞれ要件事実❶から要件事実
❸までの主張、請求の原因第4項及び第5項が要件事実❹の主張です。
本件では負担部分があるのはD及びEですが、いずれも無資力であり、
かつ、求償者である原告並びに資力のある被告B及び被告Cがいずれ
も負担部分を有しないことから、原告、被告B及び被告Cが等しい割
合で弁済額600万円を分割し、200万円ずつ負担することになります。
なお、民法442条2項により、弁済者は弁済日当日から法定利息の請求
が可能です。

訴 状 例

第1　請求の趣旨
　1　被告Bは，原告に対し，200万円及びこれに対する平成○年9月30日
　　から支払済みまで年3％の割合による金員を支払え
　2　被告Cは，原告に対し，200万円及びこれに対する平成○年9月30日
　　から支払済みまで年3％の割合による金員を支払え
　3　訴訟費用は被告らの負担とする
　との判決並びに仮執行の宣言を求める。
第2　請求の原因
　1　Aは，原告，被告B，被告C，D及びEに対し，平成○年4月5日，
　　以下の約定で，○○○を代金600万円で売った。
　　(1)　代金支払期日　平成○年9月30日
　　(2)　原告及び被告らは，上記代金債務につき連帯債務を負う
　2　原告は，平成○年9月30日，Aに対し，上記代金全額を支払った。
　3　上記売買の際，原告，被告B，被告C，D及びEは，負担部分につ
　　き次のとおり合意していた。
　　・原告，被告B及び被告C：負担部分なし

・D及びE：各2分の1

4　Dは，以下のとおり，無資力であることが明らかである。

　　(1)　……

　　(2)　……

5　Eは，以下のとおり，無資力であることが明らかである。

　　(1)　……

　　(2)　……

6　よって，原告は，被告B及びCに対し，上記売買代金の連帯債務の弁済に基づくD及びEの負担部分の分担請求権（民法444条2項）として，それぞれ上記弁済額の3分の1である200万円及びこれに対する弁済日である平成○年9月30日から支払済みまで民法所定の年3％の割合による利息の支払を求める。

第2章　第3節　多数当事者の債権及び債務　　189

第3款　保証債務
【51】　主たる債務者が期限の利益を喪失した場合における情報の提供義務（保証債務履行請求）

〔民458の3〕

＜要件事実＞

旧	―
新	❶　保証人が法人でないこと ❷　主債務者が期限の利益を喪失したこと ❸　債権者が❷を知ったこと及びその時期 ❹　❸から2か月が経過したこと ❺　❷以降に生じた遅延損害金の額

ポイント

1　改正内容について
（1）　改正前
　改正前は、債権者の保証人に対する情報提供義務を定めた条文はありませんでした。
（2）　改正後
　改正後は、債権者の義務として、主たる債務の履行状況に関する情報の提供義務（民458の2）及び主たる債務者が期限の利益を喪失した場合における情報の提供義務（民458の3）という2種類の情報提供義務が定められました。
　債権者が期限の利益喪失時の情報提供義務に違反し、期限の利益喪失を知った時から2か月以内にその旨を保証人（法人を除きます。）に通知しなかった場合、債権者は、保証人に対して、期限の利益喪失時

から通知までに生じた遅延損害金にかかる保証債務の履行を請求することができなくなります（民458の3）。ただし、期限の利益を喪失しなかったとしても生ずべき遅延損害金にかかる保証債務については履行請求が可能です（民458の3②括弧書）。

2　要件事実について

　債権者からの保証債務履行請求に対して、抗弁として情報提供義務の違反を主張して期限の利益喪失時以降の遅延損害金の支払を拒むときの要件事実です。

❶　期限の利益喪失時の情報提供義務は、保証人が法人である場合には適用されないので（民458の3③）、法人でないことを主張する必要があります。請求原因の段階で法人でないことが明らかとなることが通常であり、改めて主張が必要になることは通常はないでしょう。

❷　主債務者が期限の利益を喪失したことを主張します。この点も通常は請求原因の段階で主張される場合が多いでしょう。

❸❹　期限の利益喪失を知った時から2か月以内に債権者が保証人に「通知をしなかったとき」に情報提供義務違反となるとされていますが（民458の3②）、通知がなかったことの主張立証責任を保証人に負わせるのは妥当ではないので、保証人としては債権者が期限の利益喪失を知ってから2か月が経過したことのみを主張すれば足り、通知をしたことが債権者の再抗弁となるものと考えます（伊藤滋夫編著『新民法（債権関係）の要件事実Ⅰ改正条文と関係条文の徹底解説』222頁（青林書院、2017））。

❺　期限の利益喪失以降に発生した遅延損害金の額を主張します。ただし、前述のとおり、期限の利益を喪失していなくても発生し

第2章　第3節　多数当事者の債権及び債務　　　191

ていた遅延損害金については保証債務履行請求を免れません。

3　訴状例について

　法人ではない保証人に対する保証債務履行請求において、債権者が期限の利益喪失の通知を行わないまま2か月が経過したことから、訴状においてその通知を行うという事案です。

　このような場合、残金全額（及びこれに対する遅延損害金）を請求するためには期限の利益を喪失したこと（要件事実❷）を主張する必要があり、かつ、本件のように分割金の不払が喪失事由の場合には債権者も支払期日の経過により期限の利益喪失を知ったことが明らかといえるでしょう（要件事実❸）。保証人が法人でないこと（要件事実❶）は、訴状の当事者の表示から明らかとなり、損害金の利率が主張されていれば期限の利益喪失後に生じた遅延損害金の額（要件事実❺）も明らかといえます。もし訴訟提起時点で不払のあった支払期日から2か月以上過ぎている場合には（要件事実❹）、抗弁事実が全て明らかとなるため、「通知をしたこと」という再抗弁事実をせり上げて主張する必要が生じるでしょう。

　本件では、訴状により期限の利益喪失の通知を行うため、残金全額（450万円）に対する遅延損害金相当額は訴状送達の日の翌日からしか請求できないことになります。ただし、本件では平成○年4月末日の不払で期限の利益が喪失していますが、そこから2か月以上経過した同年7月に訴訟提起するという前提であり、同年4月から6月までの各末日に支払期日が到来している各50万円に対する遅延損害金については、期限の利益を喪失しなかったとしても生ずべきものといえるので、これらについては遅延損害金相当額の請求が可能ということになります（民458の3②）。

訴状例

第1　請求の趣旨

　1　被告は，原告に対し，450万円並びにうち50万円に対する平成○年
　5月1日から同月末日まで，うち100万円に対する同年6月1日から同月
　末日まで，うち150万円に対する同年7月1日から訴状送達の日まで及
　びうち450万円に対する訴状送達の日の翌日から支払済みまで年10%
　の割合による金員を支払え

　2　訴訟費用は被告の負担とする

　との判決並びに仮執行の宣言を求める。

第2　請求の原因

　1　原告は，Aに対し，平成△年○月○日，600万円を次の約定で貸し
　付けた。

　　(1)　遅延損害金：年10%

　　(2)　返済期日：平成○年1月から12月まで毎月末日限り50万円

　　(3)　期限の利益喪失：Aが1回でも上記支払を怠ったときは，当然
　　　に期限の利益を失う

　2　被告は，原告との間で，前同日，被告が上記消費貸借契約に基づく
　　Aの債務を保証する旨，書面により合意した。

　3　Aは，上記消費貸借契約に基づき平成○年4月末日に支払うべき50
　　万円を支払わず，期限の利益を喪失した。

　4　原告は，本訴状をもって，被告に対し，前項記載のとおり，Aが期
　　限の利益を喪失したことを通知する。

　5　よって，原告は，被告に対し，上記保証契約に基づき，残元金相当
　　額450万円並びに平成○年4月分から6月分までの各50万円に対する各
　　支払期日の翌日から期限の利益喪失の通知日である訴状送達の日ま
　　で及び450万円に対する訴状送達の日の翌日から支払済みまで約定の
　　年10%の割合による遅延損害金相当額の金員の支払を求める。

第2章　第3節　多数当事者の債権及び債務　　193

【52】　委託を受けた保証人の求償権（事後求償請求）

〔民459〕

＜要件事実＞

旧	①　主債務の発生原因事実 ②　主債務者が保証人に対して①の債務の保証を委託したこと ③　債権者と保証人との間で保証人が主債務者の①の債務を保証する旨の合意をしたこと ④　③の意思表示は書面等によること ⑤　保証人が自己の財産をもって主債務を消滅させたこと及びその額
新	❶　主債務の発生原因事実 ❷　主債務者が保証人に対して❶の債務の保証を委託したこと ❸　債権者と保証人との間で保証人が主債務者の❶の債務を保証する旨の合意をしたこと ❹　❸の意思表示は書面等によること ❺　保証人が自己の財産をもって主債務を消滅させたこと及びそのために支出した財産の額（その額が消滅した主債務の額を超える場合は消滅した額）

ポイント

1　改正内容について

（1）　改正前

改正前は、委託を受けた保証人が弁済等をしたときは、「債務者に対

して求償権を有する」（旧民459①）とされていましたが、求償権の内容
について特段の定めはありませんでした。

(2) 改正後

改正後は、委託を受けた保証人が主債務者に代わって弁済その他自
己の財産をもって債務を消滅させる行為をしたときは、「そのために
支出した財産の額（その財産の額がその債務の消滅行為によって消滅
した主たる債務の額を超える場合にあっては、その消滅した額）の求
償権を有する」（民459①）とされ、代物弁済等において保証人が支出し
た額と消滅した債務額のいずれか少ない方の額が求償権の額となるこ
とが明示されました。

2 要件事実について

❶ 主債務の発生原因事実を主張します。

❷ 保証委託契約の締結の主張です。委託を受けた保証人の求償権
の法的性質は委任契約に基づく費用償還請求権（民650）と解され
ているため、委任契約の締結が要件事実となります。

❸❹ 保証契約の締結の主張です。保証契約の成立には書面又は電
磁的記録によってなされることが必要です（民446②③）。

❺ 保証人が自己の財産をもって債務を消滅させたことが必要であ
り、弁済のほか、代物弁済、供託、更改、相殺、混同などが該当
します。支出額と消滅額の差が問題となるのは主に代物弁済の場
合でしょう。

3 訴状例について

保証人が代物弁済により保証債務を履行したとして債務者に対して
事後求償を求める事案です。

請求の原因第1項が要件事実❶、請求の原因第2項が要件事実❷、請

第2章　第3節　多数当事者の債権及び債務　　195

求の原因第3項が要件事実❸❹、請求の原因第4項及び第5項が要件事
実❺の主張です。債務が消滅するためには代物弁済の合意だけでは足
りず、実際に履行して対抗要件を備えることまで必要とされています
（最判昭39・11・26判時397・32）。本件では代物弁済に供した財産の額が
消滅した主債務額を超えていたという前提です。

訴 状 例

第1　請求の趣旨
　1　被告は，原告に対し，○万円を支払え
　2　訴訟費用は被告の負担とする
　との判決並びに仮執行の宣言を求める。
第2　請求の原因
　1　Aは，被告に対し，平成○年○月○日，○○○○を○万円で売った。
　2　被告は，原告に対し，平成○年○月○日，上記売買契約に基づく被
　　告の代金債務につき保証の委託をした。
　3　原告は，Aとの間で，平成○年○月○日，原告が被告の上記債務を
　　保証する旨，同日付け保証契約書により合意した。
　4　原告は，Aとの間で，平成○年○月○日，上記保証債務の履行に代
　　えて，原告所有の○○○○の所有権を移転するとの合意をした。
　5　原告は，Aに対し，同日，上記合意に基づき，○○○○（同日時点
　　の時価○万円相当）を引き渡した。
　6　よって，原告は，被告に対し，上記保証委託契約に基づく事後求償
　　として，消滅した主債務額相当の○万円の支払を求める。

196　第2章　第3節　多数当事者の債権及び債務

【53】　委託を受けた保証人が弁済期前に弁済等をした場合の求償権（事後求償請求）

〔民459の2〕

＜要件事実＞

旧	―
新	❶　主債務の発生原因事実 ❷　主債務者が保証人に対して❶の債務の保証を委託したこと ❸　債権者と保証人との間で保証人が主債務者の❶の債務を保証する旨の合意をしたこと ❹　❸の意思表示は書面等によること ❺　保証人が主債務の弁済期前に自己の財産をもって主債務を消滅させたこと及びそのために支出した財産の額（その額が消滅した主債務の額を超える場合は消滅した額） ❻　❺の当時、主債務者が受けた利益の額 ❼　主債務の弁済期が到来したこと

ポイント

1　改正内容について

(1)　改正前

　改正前は、委託を受けた保証人が主債務の弁済期前に弁済等をした場合に関する規定は存在していませんでしたが、そのような場合、判例（大判大3・6・15民録20・476）によれば、事後求償権を行使するためには主債務の期限が到来していることが必要であるとされていました。

第2章　第3節　多数当事者の債権及び債務　　197

(2)　改正後

　改正後は、委託を受けた保証人が主債務の弁済期前に弁済等をした場合、「主たる債務者がその当時利益を受けた限度において求償権を有する」ものとされました（民459の2①前段）。また、上記判例を条文化し、主たる債務の弁済期以後でなければ求償権を行使できないとされています（民459の2③）。事後求償権の範囲としては、「主たる債務の弁済期以後の法定利息及びその弁済期以後に債務の消滅行為をしたとしても避けることができなかった費用その他の損害の賠償を包含する」ものとされています（民459の2②）。

　なお、主債務者が債権者に対して相殺可能な反対債権を有していたことを主張する場合には、保証人は債権者に対して当該反対債権を行使することができます（民459の2①後段）。

2　要件事実について

❶～❹　通常の事後求償の要件と同様です。【52】を参照してください。

❺　主債務の弁済期前に債務消滅行為を行ったことの主張です。

❻　債務消滅行為の当時に、債務消滅行為によって主債務者が受けた利益の額を主張します。弁済期前の弁済という例外的な行為をしている以上、求償しようとする保証人の側で主張すべきものであると考えます。

❼　求償請求のためには主債務の弁済期が到来していることが必要です（民459の2③）。

3　訴状例について

　弁済期前に保証債務の履行をした保証人が事後求償を求める事案です。

　請求の原因第1項が要件事実❶、請求の原因第2項が要件事実❷、請

求の原因第3項が要件事実❸❹、請求の原因第4項が要件事実❺の主張
です。請求の原因第5項は要件事実❻の主張です。主債務者が反対債
権を有しているか否か等、保証人には不明であることも多いため、実
際上はこのように消滅した債務額をそのまま主債務者の得た利益とし
て主張することが多いものと思われます。請求の原因第6項が要件事
実❼の主張ですが、これは客観的に明らかな事実のため、省略される
場合も多いでしょう。

訴 状 例

第1　請求の趣旨
　1　被告は，原告に対し，○万円を支払え
　2　訴訟費用は被告の負担とする
　との判決並びに仮執行の宣言を求める。
第2　請求の原因
　1　Aは，被告に対し，平成○年○月○日，○○○を次の約定で売った。
　　(1)　売買代金：○万円
　　(2)　支払期日：平成○年4月30日
　2　被告は，原告に対し，平成○年○月○日，上記売買契約に基づく被
　　告の代金債務につき保証の委託をした。
　3　原告は，Aとの間で，平成○年○月○日，原告が被告の上記債務を
　　保証する旨，同日付け保証契約書により合意した。
　4　原告は，Aに対し，平成○年3月31日，上記保証債務の履行として
　　○万円を支払った。
　5　被告は，これにより消滅した主債務相当額である○万円の利益を
　　受けた。
　6　平成○年4月30日は到来した。
　7　よって，原告は，被告に対し，上記保証委託契約に基づく事後求償
　　として，消滅した主債務相当額の○万円の支払を求める。

第2章　第3節　多数当事者の債権及び債務　　199

【54】　個人根保証契約の保証人の責任等（保証債務履行請求）　〔民465の2〕

＜要件事実＞

旧	―
新	❶　根保証契約の成立 ❷　❶が書面等によること ❸　主債務の発生原因事実 ❹　❶に極度額の定めがあること ❺　❹が書面等によること

ポイント

1　改正内容について

（1）　改正前

　改正前は、個人の根保証契約（一定の範囲に属する不特定の債務を主たる債務とする保証契約）のうち、主債務の範囲に「金銭の貸渡し又は手形の割引を受けることによって負担する債務」が含まれるものを対象とする「貸金等根保証契約」に関する規定（旧民465の2）がありましたが、個人の根保証契約全体に共通する規定はありませんでした。

（2）　改正後

　改正後は、改正前の貸金等根保証契約に関する規制をそれ以外の個人の根保証契約にまで拡大しました（民465の2）。そのため、個人の根保証契約においては、極度額（主たる債務の元本、主たる債務に関する利息、違約金、損害賠償その他その債務に従たる全てのもの及びその保証債務について約定された違約金又は損害賠償の額について、そ

の全部に係るもの）を定めなければ効力を生じないものとされました（民465の2②①）。

2 要件事実について

債権者から個人の保証人に対して保証債務履行請求をする場合の要件事実です。

❶ 保証契約の締結を主張します。

❷ 個人根保証契約に限らず、保証契約は書面又は電磁的記録によってする必要があります（民446②③）。

❸ 主債務の発生原因事実を主張します。

❹ 本来であれば、請求原因として❶から❸までを主張すれば保証債務履行請求の要件事実は満たされるので、保証人側が抗弁として保証人が法人でないこと（民465の2①）を主張することになります。しかしながら、契約の成立の主張には契約当事者の特定が必要であるため、❶の主張によって保証人が法人でないこともおのずと明らかになります。その場合、極度額の定めを主張しないと効力を生じないので（民465の2②）、極度額の定めをせり上げて主張する必要があります。

❺ 極度額の定めも書面等によってする必要があります（民465の2③・446②③）。

3 訴状例について

請求の原因第1項が要件事実❶❷❹❺の主張です。当事者の表示において被告が法人でないことが明らかとなるため、被告が保証人であることを主張することにより、保証人が法人でないことが明らかとなります。

第2章　第3節　多数当事者の債権及び債務　　201

請求の原因第2項及び第3項が要件事実❸の主張です。

訴 状 例

第1　請求の趣旨
1　被告は，原告に対し，300万円の限度で，280万円及びこれに対する
　平成○年11月1日から支払済みまで年10％の割合による金員を支払え
2　訴訟費用は被告の負担とする
との判決並びに仮執行の宣言を求める。
第2　請求の原因
1　原告は，被告との間で，平成○年○月○日，原告がAに対して貸し
　付ける貸金債務を次の約定で被告が保証する旨を書面により合意し
　た。
　(1)　保証期間：平成○年4月1日から同年10月31日まで
　(2)　極度額：300万円
2　原告は，Aに対し，平成○年4月18日に100万円，同年7月25日に100
　万円及び同年9月15日に80万円を，いずれも次の約定で貸し付けた。
　(1)　遅延損害金：年10％
　(2)　返済期日：平成○年10月31日
3　平成○年10月31日は経過した。
4　よって，原告は，被告に対し，上記保証契約に基づき，極度額300
　万円の限度で，残元金相当額280万円及びこれに対する平成○年11月
　1日から支払済みまで約定の年10％の割合による遅延損害金相当額の
　金員の支払を求める。

【55】 保証人が法人である根保証契約の求償権（保証債務履行請求）　〔民465の5〕

＜要件事実＞

旧	―
新	❶　根保証契約の成立 ❷　❶が書面等によること ❸　主債務の発生原因事実 ❹　主債務者が根保証人に対して❸の債務の根保証を委託したこと ❺　根保証人が自己の財産をもって主債務を消滅させたこと及びそのために支出した財産の額（その額が消滅した主債務の額を超える場合は消滅した額） ❻　❺による主債務者の根保証人に対する求償債務につき保証契約の成立 ❼　❻が書面等によること ❽　❶に極度額の定めがあること ❾　❽が書面等によること

ポイント

1　改正内容について

（1）　改正前

　改正前は、貸金等債務を主債務者の範囲に含む根保証の保証人が法人であり、当該保証人の主債務者に対する求償権を個人が保証する場合に、保証債務の範囲が不相当に拡大してしまうのを防止し、個人の

第2章　第3節　多数当事者の債権及び債務　　203

保証人を保護するための規定（旧民465の5）がありました。

　(2)　改正後

　改正後は、貸金等根保証契約に関する規制がそれ以外の個人の根保証契約にまで拡大されたこと（民465の2）に伴い、保証人が法人である根保証契約において、当該保証人の主債務者に対する求償権を個人が保証する場合に、元の保証契約に極度額の定めを必要とする規定が新設されました（民465の5①）。

2　要件事実について

　根保証人（X：法人）が、主債務者（A）のXに対する求償債務について保証した保証人（Y：個人）に対して、保証債務履行請求をする場合の要件事実です。主債務の範囲に貸金等債務が含まれていないことを前提としています。

❶　債権者とXとの間の根保証契約の締結を主張します。

❷　保証契約（根保証契約を含みます。）は書面又は電磁的記録によってする必要があります（民446②③）。

❸　主債務の発生原因事実を主張します。

❹　AがXに対して根保証を委託したことを主張します（民459）。委託の有無によって求償権の範囲が異なります（民459①・462①・459の2①）。

❺　Xが債務消滅行為（根保証債務の履行）をしたこと及び支出額の主張です。これによりXのAに対する求償権が発生します。委託を受けていない場合には、さらに主債務者が受けた利益の額も主張が必要です（民462①・459の2①）。

❻　❺によるAのXに対する求償債務についてYが保証したことを主張します。ここでは民法465条の4の文言上、根保証契約は含まれていないと解されます。

204 第2章 第3節 多数当事者の債権及び債務

❼ 保証契約は書面又は電磁的記録によってする必要があります（民446②③）。

❽ 本来であれば、請求原因として❶から❼までを主張すれば、求償権にかかる保証債務の履行請求の要件事実は満たされるので、抗弁としてＸが法人であり、Ｙが法人でないこと（民465の5①③）をＹにおいて主張することになります。しかしながら、契約の成立の主張には契約当事者の特定が必要であるため、❶の主張によりＸが法人であることが、❻の主張によりＹが法人でないことが明らかになります。その場合、極度額の定めがないと保証契約の効力が生じないので（民465の5①）、極度額の定めをせり上げて主張する必要があります。

❾ 極度額の定めも書面等によってする必要があります（民465の5①・465の2①③・446②③）。

3 訴状例について

原告（根保証人：法人）が、主債務者（Ａ）の原告に対する求償債務について保証した被告（保証人：個人）に対して、保証債務履行請求をする事案です。

請求の原因第1項が要件事実❶❷❽❾、同第2項が要件事実❸、同第3項が要件事実❹、同第4項が要件事実❻❼、同第5項が要件事実❺の主張です。

訴 状 例

第1 請求の趣旨
1 被告は，原告に対し，300万円及びこれに対する平成△年5月9日から支払済みまで年3%の割合による金員を支払え

第2章　第3節　多数当事者の債権及び債務　　205

　2　訴訟費用は被告の負担とする
との判決並びに仮執行の宣言を求める。
第2　請求の原因
　1　原告は，Bとの間で，平成○年3月28日，ＢＡ間の平成○年○月○
　　日付け継続的売買基本契約に基づきＢがＡに対して売り渡す商品の
　　代金債務を次の約定で原告が保証する旨を書面により合意した。
　　　(1)　保証期間：平成○年4月1日から平成△年3月31日まで
　　　(2)　極度額：300万円
　2　Ｂは，Ａに対し，別紙取引目録記載のとおり，平成○年4月1日から
　　1年間に合計317万円分の商品を売った。
　3　Ａは，原告に対し，平成○年3月28日，上記売買契約に基づくＡの
　　代金債務につき保証の委託をした。
　4　原告は，被告との間で，平成○年3月29日，被告が第1項の根保証契
　　約に基づくＡの原告に対する求償債務を保証する旨を書面により合
　　意した。
　5　原告は，Ｂに対し，平成△年5月9日，第1項記載の根保証契約に基
　　づく根保証債務の履行として，300万円を支払った。
　6　よって，原告は，被告に対し，第4項記載の保証契約に基づき，求
　　償金300万円及びこれに対する弁済日である平成△年5月9日から支払
　　済みまで民法所定の年3％の割合による利息の支払を求める。

　（別紙）
　　　　　　　　　　　　　取引目録

　　　　（省略）

【56】 事業に係る債務についての保証債務の特則（保証債務履行請求） 〔民465の6〜465の9〕

＜要件事実＞

旧	一
新	❶ 主債務の発生原因事実 ❷ 保証契約の成立 ❸ ❷が書面等によること ❹ ❶の弁済期の到来 ❺ 保証人が法人でないこと ❻ ❶は事業のために負担した貸金等債務であること ❼ ❷の1か月前から❷までの間に作成された公正証書により保証人が保証債務履行の意思を表示したこと ❽ ❼の公正証書が所定の方式を満たしていること

ポイント

1 改正内容について

（1） 改正前

改正前は、事業のために負担する債務を主債務とする保証契約に関して特別の規定はありませんでした。

（2） 改正後

改正後は、①事業のために負担した貸金等債務を主債務とする保証契約、②主債務の範囲に事業のために負担する貸金等債務が含まれる根保証契約、③事業のために負担した貸金等債務を主債務とする保証契約（又は主債務の範囲に事業のために負担する貸金等債務が含まれ

第2章　第3節　多数当事者の債権及び債務　　207

る根保証契約）の保証人の主債務者に対する求償権に係る債務を主債務とする保証契約、④主債務の範囲に事業のために負担した貸金等債務を主債務とする保証契約（又は主債務の範囲に事業のために負担する貸金等債務が含まれる根保証契約）の保証人の主債務者に対する求償権に係る債務が含まれる根保証契約、については、一定の方式に従った公正証書の作成が必要となりました（民465の6・465の8）。ただし、主債務者が株式会社である場合の取締役等、主債務者と一定の強い関係を有する者が保証人となる場合には公正証書の作成は不要です（民465の9）。

2　要件事実について

❶　主債務の発生原因事実を主張します。

❷　保証契約の締結を主張します。

❸　保証契約は書面又は電磁的記録によってする必要があります（民446②③）。

❹　主債務の弁済期が到来していることが必要です。

❺❻　本来であれば、請求原因として❶から❹までを主張すれば保証債務履行請求の要件事実は満たされるので、保証人側が抗弁として保証人が法人でないこと（民465の6③）及び主債務が事業のために負担した貸金等債務であること（民465の6①）を主張することになりますが、通常、❷の主張により❺が、❶の主張により❻が明らかになります。

❼　❺❻が明らかな場合、保証契約の締結に先立って締結日の前1か月以内に作成された公正証書で保証人が保証債務履行の意思を表示していなければ保証契約の効力が生じないので（民465の6①）、その点をせり上げて主張する必要があります。

❽　❼の公正証書は、民法465条の6第2項の1号から4号まで、又は民

208 第2章 第3節 多数当事者の債権及び債務

法465条の7第1項から第3項までの方式を満たしている必要があり
ます。

3 訴状例について

原告（債権者）が、主債務者（株式会社）の事業のために負担した
貸金等債務を保証した被告（保証人：個人）に対して保証債務履行を
請求する事案です。

請求の原因第1項が要件事実❶❻の主張です。要件事実❻について
は、主債務者は株式会社であり、株式会社の行為はその目的の範囲内
において行われるものであるため、その借入債務は事業のために負担
した貸金等債務であることが明らかであるといえます。

請求の原因第2項が要件事実❷❸❺の主張です。同第3項は要件事実
❹の主張といえるでしょう。なお、主債務者が支払をしないことは請
求原因の要件事実ではありませんが、実務上は記載することが多いで
しょう。同第4項は要件事実❼❽の主張です。訴状例では書証の引用
をしていませんが、実際には要件事実❽の方式を満たしていることを
明らかにするため、書証として提出し、訴状にも引用することが不可
欠です。

訴 状 例

第1　請求の趣旨
　1　被告は，原告に対し，230万円及びこれに対する平成○年11月1日か
　　ら支払済みまで年7％の割合による金員を支払え
　2　訴訟費用は被告の負担とする
　との判決並びに仮執行の宣言を求める。
第2　請求の原因
　1　原告は，株式会社Aに対し，平成○年7月20日，以下の約定で300万

第2章　第3節　多数当事者の債権及び債務　　209

　円を貸し付けた。
　　(1)　利　息：年2％
　　(2)　損害金：年7％
　　(3)　弁済期：平成○年10月31日
2　原告は，被告との間で，前同日，上記貸金債務を被告が保証する旨
　を書面により合意した。
3　被告は，第1項(3)の弁済期において，利息全額及び元金のうち70万
　円を返済したものの，残元金の返済をしない。
4　被告は，民法465条の6第2項所定の方式を満たした公証人B作成の
　平成○年7月12日付け公正証書により，上記保証債務履行の意思を表
　示した。
5　よって，原告は，被告に対し，上記保証契約に基づき，残元金相当
　額230万円及びこれに対する弁済期の翌日である平成○年11月1日か
　ら支払済みまで約定の年7％の割合による遅延損害金相当額の金員の
　支払を求める。

第4節　債権譲渡・債務引受

【57】　譲渡制限特約につき悪意重過失の譲受人からの請求（譲受債権請求）　〔民466〕

＜要件事実＞

旧	―
新	❶　譲渡対象債権につき履行遅滞となっていること （確定期限がある場合）期限の経過 （双務契約に基づく場合）反対債務の履行又はその提供 ❷　❶の後、譲受人が債務者に対して譲渡人への履行の催告をしたこと ❸　❷から相当期間が経過したこと

ポイント

1　改正内容について

（1）改正前

改正前は、譲渡制限特約（譲渡禁止特約）は、債権の譲渡性を物権的に奪うものであり、当該特約違反の債権譲渡は無効（物権的効果説）と解されていました（旧民466②本文、最判昭52・3・17判時849・73等）。ただし、当該特約は善意（無重過失）の第三者には対抗することができないため（旧民466②ただし書、最判昭48・7・19判時715・47）、善意無重過失の第三者に対する譲渡は有効と解されていました。

（2）改正後

改正後は、「当事者が債権の譲渡を禁止し、又は制限する旨の意思表示（中略）をしたときであっても、債権の譲渡は、その効力を妨げら

れない」（民466②）として、譲渡制限特約の存在につき悪意重過失の第三者に対する債権譲渡も有効であるとされました。その上で、悪意重過失の譲受人その他の第三者に対しては、「債務者は、その債務の履行を拒むことができ、かつ、譲渡人に対する弁済その他の債務を消滅させる事由をもってその第三者に対抗することができる」（民466③）として、履行拒絶権等を新たに設けました。

さらに、債務者が、譲渡人に対しては譲渡済みであることを理由として、譲受人に対しては譲渡制限特約の悪意重過失を理由として、いずれも履行を拒むといった状況を打開するため、民法466条4項として、「前項の規定は、債務者が債務を履行しない場合において、同項に規定する第三者が相当の期間を定めて譲渡人への履行の催告をし、その期間内に履行がないときは、その債務者については、適用しない。」との規定が設けられました。

2 要件事実について

譲渡制限特約の存在につき悪意又は重過失の譲受人が、債務者に対して請求する場合に、債務者の履行拒絶権等を失わせるための要件事実です。通常は、譲受債権を請求する請求原因に対して履行拒絶等の抗弁が出された場合に、当該抗弁に対する再抗弁として機能します。

❶ 民法466条4項にいう「債務者が債務を履行しない場合」とは、履行すべき状態であるのに履行しない場合、すなわち遅滞に陥っていることを指すので、履行遅滞の要件事実の主張が必要です。確定期限がある場合には当該期限の経過、双務契約に基づく場合には同時履行の抗弁権の存在効果を消滅させるために反対債務の履行（の提供）を主張する必要があります。

❷ 民法466条4項の文言から、催告前に履行遅滞に陥っていることが必要と解されます。譲受人に対する履行ではなく譲渡人に対す

る履行を催告することが必要です。相当の期間を定めなかったと
しても、催告後客観的に相当期間が経過すれば要件を満たすもの
と解されます。

❸　相当期間が経過したことの主張です。相当期間経過前に履行し
たことは、公平の観点から債務者に主張立証責任があるものと解
します。

3　訴状例について

譲渡制限特約につき悪意の債権譲受人が債務者に対して譲受債権を
請求する事例です。

本来は、請求の原因として第1項から第4項までの主張があれば譲受
債権請求としては成り立ちます。なお、債務者対抗要件の具備（第3項）
については、被告から対抗要件の抗弁が主張された後に再抗弁として
主張することも可能ですが、実務上は訴状段階で対抗要件具備まで主
張するのが通常でしょう。

関連事実第2項の(1)から(3)までが、要件事実❶から要件事実❸の
主張です。訴訟前に被告に対して請求した結果、履行拒絶されたよう
な場合、訴状においてこれらの記載をすることが考えられます。(1)
や(3)は確定期日の経過の主張なので、実務上は省略される場合も多
いでしょう。(3)の催告後の相当期間がどのくらいかについては、貸
金額や当事者の属性等によって変わってくるでしょう。

訴 状 例

第1　請求の趣旨
　1　被告は，原告に対し，○万円を支払え
　2　訴訟費用は被告の負担とする

第2章 第4節 債権譲渡・債務引受 213

との判決並びに仮執行の宣言を求める。

第2 請求の原因

1 Aは，被告に対し，平成○年2月1日，○万円を，弁済期を平成○年4月30日と定めて貸し渡した（以下「本件消費貸借契約」という。）。

2 Aは，原告に対し，平成○年3月15日，本件消費貸借契約に基づく貸金債権を贈与した（以下「本件債権譲渡」という。）。

3 Aは，被告に対し，平成○年3月17日，内容証明郵便によって本件債権譲渡を通知した。

4 平成○年4月30日は到来した。

5 よって，原告は，被告に対し，本件消費貸借契約に基づき，貸金○万円の支払を求める。

第3 関連事実

1 被告は，本件消費貸借契約には第三者への債権譲渡を禁止する旨の特約があり，原告が本件債権譲渡当時，当該特約を知っていたと主張し，原告に対する履行を拒んでいるが，原告は当該特約を知らず，かつ，知らなかったことについて重大な過失もない。

2 仮に原告が当該特約を知らなかったことにつき重大な過失があるとしても，以下の事実から，被告は原告に対する履行を拒絶できない（民法466条4項）。

(1) 平成○年4月30日は経過した。

(2) 原告は，被告に対し，平成○年5月15日，Aに対して上記貸金の返済をするよう催告した。

(3) 平成○年○月○日は経過した。

【58】 債務者・引受人間の併存的債務引受（売買代金請求）

〔民470③〕

＜要件事実＞

旧	① 引受対象債務の発生原因事実 ② 債務者・引受人間の債務引受の合意 ③ ②の利益を享受する旨の債権者の意思表示
新	❶ 引受対象債務の発生原因事実 ❷ 債務者・引受人間の併存的債務引受の合意 ❸ ❷について債権者の引受人に対する承諾

ポイント

1 改正内容について

(1) 改正前

　改正前は、債務引受の要件や効果を定めた条文は民法上存在しなかったのですが、契約自由の原則により、債務引受の合意が有効であることや、併存的（重畳的）債務引受と免責的債務引受という二種類の態様があることについては、判例・学説上、異論がありませんでした。

　債務者・引受人間で債務引受の合意をした場合、第三者（債権者）のためにする契約（旧民537）の一種と解されており、債権者による受益の意思表示が必要とされていました（最判平23・9・30判時2131・57）。

(2) 改正後

　改正後は、併存的債務引受及び免責的債務引受の要件や効果が民法上明記されました（民470～472の4）。

　債務者・引受人間で併存的債務引受の合意をすることが可能である

ことが明記され（民470③前段）、その場合には債権者の承諾により効力が発生するものとされました（民470③後段）。

なお、条文上、「併存的債務引受」の用語が採用されたことから、今後は「重畳的債務引受」という用語は使用されなくなるでしょう。

2　要件事実について

❷　大審院昭和10年3月6日判決（新聞3844・9）は、重畳的債務引受と免責的債務引受とは同一類型であり、当事者が一方の主張しかしていないときに他方を認定することも許される旨判示しています。この考え方からすると、重畳的（併存的）なのか免責的なのかは債務引受の本質的な要素ではなく、要件事実としては不要と解されます。

しかしながら、改正後については、併存的債務引受（民470・471）と免責的債務引受（民472～472の4）とが別々の条文で定められ、それぞれの要件も異なるため、併存的なのか免責的なのかを含めて要件事実として主張する必要があります。

❸　上記のとおり、債務者・引受人間の債務引受は、従前は第三者のためにする契約として債権者による受益の意思表示が要件とされていましたが、民法470条3項後段により、債権者の「承諾」が効力要件とされました。

3　訴状例について

請求の原因第1項では、債務引受の対象となるべき債務の発生原因事実（要件事実❶）を主張します。本件では引受対象が売買代金債務ですので、売買契約の成立を主張します。

請求の原因第2項は、民法470条3項前段に基づき、引受人（被告）と債務者（訴外A）との間で併存的債務引受の合意をした旨の主張です（要件事実❷）。

216 第2章 第4節 債権譲渡・債務引受

　請求の原因第3項は、併存的債務引受について債権者（原告）が民法470条3項後段の承諾をしたことの主張です（要件事実❸）。このような記載がなかったとしても、被告に対して併存的債務引受を根拠として訴訟提起すること自体が承諾の意思表示と解される余地はありますが、条文上要求されている要件を具備していることは明確に主張しておくべきでしょう。

　請求の原因第4項は、いわゆる「よって書き」です。譲受債権請求訴訟においては、債権譲渡が「債権の同一性を変えることなく帰属主体を変更することを内容とする」ことから、譲受債権の発生原因事実に基づく請求権自体が訴訟物であると解されており（司法研修所編『改訂 紛争類型別の要件事実—民事訴訟における攻撃防御の構造—』124頁（法曹会、2006））、よって書きにおいては、「A・被告間の上記売買契約に基づき」とのみ記載すれば足りるものとされています（司法研修所編『10訂　民事判決起案の手引』「事実摘示記載例集」7頁（法曹会、2006））。

　債務引受の場合も同様に考えれば、請求の原因第4項は「上記売買契約に基づき」との記載で足り、「及び上記併存的債務引受」の部分は不要となるでしょう。しかしながら、特に併存的債務引受の場合には、「債務の同一性を変えることなく帰属主体を変更することを内容とする」ものと捉えることは困難であり、むしろ、保証人が保証契約に基づいて保証債務を負担するのと類似した構造といえます。そのような考慮から、下記訴状例においては、併存的債務引受の記載も加えています。

訴 状 例

第1　請求の趣旨
　1　被告は，原告に対し，○万円を支払え

第2章　第4節　債権譲渡・債務引受　　217

　2　訴訟費用は被告の負担とする
との判決並びに仮執行の宣言を求める。
第2　請求の原因
　1　原告は，訴外Aに対し，平成○年○月○日，○○1台を代金○万円
　　で売った。
　2　被告は，訴外Aとの間で，平成○年○月○日，上記売買契約に基づ
　　く訴外Aの原告に対する代金債務について，被告が併存的に引き受
　　けるとの合意をした。
　3　原告は，被告に対し，平成○年○月○日，上記併存的債務引受につ
　　き承諾した。
　4　よって，原告は，被告に対し，上記売買契約及び上記併存的債務引
　　受に基づき，代金○万円の支払を求める。

【59】 債権者・引受人間の免責的債務引受（売買代金請求） 〔民472②〕

＜要件事実＞

旧	①	引受対象債務の発生原因事実
	②	債権者・引受人間の<u>債務引受</u>の合意
	③	〔新設〕
新	❶	引受対象債務の発生原因事実
	❷	債権者・引受人間の<u>免責的債務引受</u>の合意
	❸	<u>❷について債権者から債務者への通知</u>

ポイント

1 改正内容について

（1） 改正前

改正前は、債務引受の要件や効果を定めた条文は民法上存在しなかったのですが、契約自由の原則により、債務引受の合意が有効であることや、併存的（重畳的）債務引受と免責的債務引受という二種類の態様があることについては、判例・学説上、異論がありませんでした。

債権者・引受人間で免責的債務引受の合意をしても、債務者の意思に反する場合は成立しないものとされていました（大判大10・5・9民録27・899）。

（2） 改正後

改正後は、併存的債務引受及び免責的債務引受の要件や効果が民法上明記されました（民470～472の4）。

債権者・引受人間で契約をするとともに債権者が債務者に対して契約をした旨を通知することにより免責的債務引受の効力が生じるもの

第2章　第4節　債権譲渡・債務引受　　　219

と明記されました（民472②）。そのため、債務者の意思に反する場合に
も通知をすることによって効力が発生することになります。

2　要件事実について

❷　大審院昭和10年3月6日判決（新聞3844・9）は、重畳的債務引受と
免責的債務引受とは同一類型であり、当事者が一方の主張しかし
ていないときに他方を認定することも許される旨判示していま
す。この考え方からすると、重畳的（併存的）なのか免責的なの
かは債務引受の本質的な要素ではなく、要件事実としては不要と
解されます。

しかしながら、改正後については、併存的債務引受（民470・471）
と免責的債務引受（民472〜472の4）とが別々の条文で定められ、そ
れぞれの要件も異なるため、併存的なのか免責的なのかを含めて
要件事実として主張する必要があります。

❸　上記のとおり、改正前は債務者に対する通知は不要でしたが、
改正によって債務者への通知が免責的債務引受の効力を生じさせ
るための要件事実となります。

3　訴状例について

請求の原因第1項では、債務引受の対象となるべき債務の発生原因
事実（要件事実❶）を主張します。本件では引受対象が売買代金債務
ですので、売買契約の成立を主張します。

請求の原因第2項は、民法472条2項に基づき、債権者（原告）と引受
人（被告）との間で免責的債務引受の合意をした旨の主張です（要件
事実❷）。

請求の原因第3項は、免責的債務引受について債権者（原告）が債務
者（訴外A）に対して民法472条2項の通知をしたことの主張です（要
件事実❸）。

220　　　第2章　第4節　債権譲渡・債務引受

　請求の原因第4項は、いわゆる「よって書き」です。譲受債権請求訴訟においては、債権譲渡が「債権の同一性を変えることなく帰属主体を変更することを内容とする」ことから、譲受債権の発生原因事実に基づく請求権自体が訴訟物であると解されており（司法研修所編『改訂紛争類型別の要件事実―民事訴訟における攻撃防御の構造―』124頁（法曹会、2006））、よって書きにおいては、「A・被告間の上記売買契約に基づき」とのみ記載すれば足りるものとされています（司法研修所編『10訂　民事判決起案の手引』「事実摘示記載例集」7頁（法曹会、2006））。

　免責的債務引受の場合も、「債務の同一性を変えることなく帰属主体を変更することを内容とする」ものといえるため、請求の原因第4項は「上記売買契約に基づき」との記載にとどめ、免責的債務引受については記載していません。

訴 状 例

第1　請求の趣旨
　1　被告は，原告に対し，○万円を支払え
　2　訴訟費用は被告の負担とする
　との判決並びに仮執行の宣言を求める。
第2　請求の原因
　1　原告は，訴外Aに対し，平成○年○月○日，○○1台を代金○万円で売った。
　2　原告は，被告との間で，平成○年○月○日，上記売買契約に基づく訴外Aの原告に対する代金債務について，被告がこれを引き受けるとともに訴外Aがこれを免れるとの合意をした。
　3　原告は，訴外Aに対し，平成○年○月○日，上記免責的債務引受の合意をした旨を通知した。
　4　よって，原告は，被告に対し，上記売買契約に基づき，代金○万円の支払を求める。

第2章　第4節　債権譲渡・債務引受　　221

【60】　債務者・引受人間の免責的債務引受（売買代金請求）　〔民472③〕

＜要件事実＞

旧	①　引受対象債務の発生原因事実 ②　債務者・引受人間の債務引受の合意 ③　②の利益を享受する旨の債権者の意思表示
新	❶　引受対象債務の発生原因事実 ❷　債務者・引受人間の免責的債務引受の合意 ❸　❷について債権者の引受人に対する承諾

ポイント

1　改正内容について

（1）　改正前

改正前は、債務引受の要件や効果を定めた条文は民法上存在しなかったのですが、契約自由の原則により、債務引受の合意が有効であることや、併存的（重畳的）債務引受と免責的債務引受という二種類の態様があることについては、判例・学説上、異論がありませんでした。

債務者・引受人間で債務引受の合意をした場合、第三者（債権者）のためにする契約（旧民537）の一種と解されており、債権者による受益の意思表示が必要とされていました（最判平23・9・30判時2131・57）。

（2）　改正後

改正後は、併存的債務引受及び免責的債務引受の要件や効果が民法上明記されました（民470～472の4）。

債務者・引受人間で契約をするとともに債権者が引受人に対して承

諾をすることにより免責的債務引受が成立するものと明記されました（民472③）。

2　要件事実について

❷　大審院昭和10年3月6日判決（新聞3844・9）は、重畳的債務引受と免責的債務引受とは同一類型であり、当事者が一方の主張しかしていないときに他方を認定することも許される旨判示しています。この考え方からすると、重畳的（併存的）なのか免責的なのかは債務引受の本質的な要素ではなく、要件事実としては不要と解されます。

しかしながら、改正後については、併存的債務引受（民470・471）と免責的債務引受（民472〜472の4）とが別々の条文で定められ、それぞれの要件も異なるため、併存的なのか免責的なのかを含めて要件事実として主張する必要があります。

❸　上記のとおり、債務者・引受人間の債務引受は、従前は第三者のためにする契約として債権者による受益の意思表示が要件とされていましたが、民法472条3項により、債権者の承諾が成立要件とされました。

3　訴状例について

請求の原因第1項では、債務引受の対象となるべき債務の発生原因事実（要件事実❶）を主張します。本件では引受対象が売買代金債務ですので、売買契約の成立を主張します。

請求の原因第2項は、民法472条3項に基づき、引受人（被告）と債務者（訴外Ａ）との間で免責的債務引受の合意をした旨の主張です（要件事実❷）。

請求の原因第3項は、免責的債務引受について債権者（原告）が民法

472条3項の承諾をしたことの主張です（要件事実❸）。このような記載がなかったとしても、被告に対して免責的債務引受を根拠として訴訟提起すること自体が承諾の意思表示と解される余地はありますが、条文上要求されている要件を具備していることは明確に主張しておくべきでしょう。

　請求の原因第4項は、いわゆる「よって書き」です。譲受債権請求訴訟においては、債権譲渡が「債権の同一性を変えることなく帰属主体を変更することを内容とする」ことから、譲受債権の発生原因事実に基づく請求権自体が訴訟物であると解されており（司法研修所編『改訂 紛争類型別の要件事実－民事訴訟における攻撃防御の構造－』124頁（法曹会、2006））、よって書きにおいては、「A・被告間の上記売買契約に基づき」とのみ記載すれば足りるものとされています（司法研修所編『10訂　民事判決起案の手引』「事実摘示記載例集」7頁（法曹会、2006））。

　免責的債務引受の場合も、「債務の同一性を変えることなく帰属主体を変更することを内容とする」ものといえるため、請求の原因第4項は「上記売買契約に基づき」との記載にとどめ、免責的債務引受については記載していません。

訴 状 例

第1　請求の趣旨
1　被告は，原告に対し，○万円を支払え
2　訴訟費用は被告の負担とする
との判決並びに仮執行の宣言を求める。
第2　請求の原因
1　原告は，訴外Aに対し，平成○年○月○日，○○1台を代金○万円
　　で売った。

2 被告は，訴外Aとの間で，平成○年○月○日，上記売買契約に基づく訴外Aの原告に対する代金債務について，被告がこれを引き受けるとともに訴外Aがこれを免れるとの合意をした。

3 原告は，被告に対し，平成○年○月○日，上記免責的債務引受につき承諾した。

4 よって，原告は，被告に対し，上記売買契約に基づき，代金○万円の支払を求める。

第2章　第5節　債権の消滅　　225

第5節　債権の消滅

第1款　弁　済

【61】　弁済（債務不存在確認請求）

〔民473〕

＜要件事実＞

旧	〔新〕と同じ
新	❶　債務者が債権者に対し債務の本旨に従った給付をしたこと ❷　❶の給付がその債権についてされたこと

ポイント

1　改正内容について

（1）　改正前

　改正前は、債務が弁済によって消滅するという最も基本的な法的効果に関する条文が存在していませんでしたが、弁済によって債務が消滅するということは当然の前提とされていました。

（2）　改正後

　改正後は、民法473条に「債務者が債権者に対して債務の弁済をしたときは、その債権は、消滅する。」と定められました。「債務」ではなく「債権」が消滅するとされていますが、債権者と債務者のどちらの立場から表現するかの違いであって、実質的な差異はありません。

2 要件事実について

当然の前提とされていたことを条文化したものに過ぎないので、それによって弁済の要件事実が影響を受けることはないと解されます。

❶ 債務の履行は債務の本旨に従ったものである必要があるので（履行の前段階である履行の提供につき民493参照）、本旨に従った給付をしたことを主張します。

❷ 給付と債権との関連性が要件になるか否かは争いがありますが、例えば金銭債務を負っているときに単に金銭の交付のみを主張したのでは、当該債務の履行なのか別の理由による交付なのかが必ずしも明らかとはいえないため、債権との関連性も主張することが必要でしょう（最判昭30・7・15判時57・6、司法研修所編『改訂 紛争類型別の要件事実－民事訴訟における攻撃防御の構造－』9頁（法曹会、2006）、司法研修所編『新問題研究要件事実』49頁（法曹会、2011））。

3 訴状例について

借入金債務が弁済によって消滅しており、現在は被告に対して債務を負っていないことを確認する債務不存在確認の事案です。

債務不存在確認の請求原因事実としては、確認の利益を基礎づける事実として、被告が原告に対する債権を有している旨主張していること（原告被告間で債権の存否に争いがあること）のみで足り、被告側において抗弁として当該債権の存在を主張立証する必要があります。

しかしながら、紛争の本質を裁判官に伝えるためには、訴状の段階から原告が債務不存在と主張する実質的な根拠を含めて記載しておくことが適切でしょう。

請求の原因第1項は、確認の利益を基礎づける主張です。

請求の原因第2項は、必ずしも記載する必要はなく、第1項の記載と本件訴訟を提起している事実自体により確認の利益は認められると考え

第2章　第5節　債権の消滅　　　227

られますが、文章の流れとしてはこのような記載があった方が読みやすいでしょう。この中で弁済の主張をする方法も考えられます。

　関連事実第1項は、本来は被告において主張すべき債権の発生原因事実ですが、後に弁済の再抗弁を主張する前提として先行して主張しています。

　関連事実第2項が、弁済の要件事実です（要件事実❶❷）。通常はこのように要件事実❶と❷とを分けずに1文で記載することが多いでしょう。

訴 状 例

第1　請求の趣旨
　1　原告被告間の平成○年○月○日付け消費貸借契約に基づく原告の被告に対する貸金元金○万円及びこれに対する平成○年○月○日から支払済みまで年○％の割合による利息金の債務が存在しないことを確認する
　2　訴訟費用は被告の負担とする
　との判決を求める。
第2　請求の原因
　1　被告は、原告に対し、原告被告間の平成○年○月○日付け消費貸借契約に基づき貸金元金○万円及びこれに対する平成○年○月○日から支払済みまで年○％の割合による利息金の債権を有していると主張している。
　2　しかしながら、前項記載の原告の債務（以下「本件債務」という。）は既に消滅しており存在していない。
　3　よって、原告は、被告に対し、本件債務が存在しないことの確認を求める。
第3　関連事実
　1　被告は、原告との間で、平成○年○月○日、貸主を被告、借主を原

告として，以下のとおり，消費貸借契約を締結し，同日，原告に対し，○万円を貸し付けた。

  (1) 貸金元金：○万円

  (2) 利　　息：年利○%

  (3) 返済期日及び方法：平成○年○月○日に元利金一括返済

2　原告は，前項の約定に従い，平成○年○月○日，被告に対し，本件債務の履行として，元利金合計○万円を支払った。

3　ところが，被告は，前項の支払を受けていないとして，その後も繰り返し返済を求めているため，原告は本件訴訟に及んだものである。

第2章　第5節　債権の消滅　　　229

【62】　預貯金口座に対する払込みによる弁済（債務不存在確認請求）　　〔民477〕

＜要件事実＞

旧	―
新	❶　債務者が債権者名義の預貯金口座に対して債務の本旨に従った払込みをしたこと ❷　❶の払込みがその債権についてされたこと ❸　債権者が❶の預貯金口座の金融機関に対して払戻請求権を取得したこと

ポイント

1　改正内容について

（1）　改正前

　改正前は、預貯金口座への払込みによる弁済の効力について定めた条文が存在していませんでしたが、金銭債務について預貯金口座への払込みにより弁済することは一般的に行われており、少なくとも債権者が指定した口座への払込みが弁済として有効であることは争いがありませんでした。

（2）　改正後

　改正後は、民法477条により、預貯金口座への払込みによる弁済は、「債権者がその預金又は貯金に係る債権の債務者に対してその払込みに係る金額の払戻しを請求する権利を取得した時に、その効力を生ずる。」と定められ、弁済の効力発生時期が明確になりました。したがって、債務者が振込送金の手続をしたとしても、何らかの原因により債

権者の口座に着金しなかったときは、弁済の効力は生じないことになります。

2 要件事実について

❶❷ 通常の弁済と同様の要件であり、「給付」の内容について「債権者口座への払込み」と具体的になっただけです。

❸ 通常の弁済にはなかった要件です。口座からの払戻請求権を取得するのは、通常は口座への着金時と解されますので、債務者はいつ債権者の口座に着金したかについて主張する必要があります。

3 訴状例について

借入金債務が弁済によって消滅しており、現在は被告に対して債務を負っていないことを確認する債務不存在確認の事案です。

詳しい解説については、【61】の訴状例の解説に記載していますので、併せてご覧ください。

関連事実第2項が、預貯金口座への払込みによる弁済の要件事実であり、債務の履行として分割弁済を行い、遅くとも支払期日までには被告口座に着金している旨の主張です（要件事実❶❷❸）。

訴状例

第1 請求の趣旨
　1 原告被告間の平成○年○月○日付け消費貸借契約に基づく原告の被告に対する貸金元金○万円及びこれに対する平成○年○月○日から支払済みまで年△％の割合による遅延損害金の債務が存在しないことを確認する

第2章　第5節　債権の消滅　　　231

　　2　訴訟費用は被告の負担とする

　との判決を求める。

第2　請求の原因

　1　被告は，原告に対し，原告被告間の平成○年○月○日付け消費貸借

　　契約（以下「本件消費貸借契約」という。）に基づき残元金○万円及

　　びこれに対する平成○年○月○日から支払済みまで年△％の割合に

　　よる遅延損害金の債権を有していると主張している。

　2　しかしながら，原告は，後述するとおり，本件消費貸借契約に基づ

　　く債務を全額約定どおりに弁済しており，前項記載の原告の債権（以

　　下「本件債務」という。）は存在しない。

　3　よって，原告は，被告に対し，本件債務が存在しないことの確認を

　　求める。

第3　関連事実

　1　被告は，原告との間で，平成○年○月○日，貸主を被告，借主を原

　　告として，以下のとおり，消費貸借契約を締結し，同日，原告に対し，

　　○万円を貸し付けた。

　　（1）　貸金元金：○万円

　　（2）　利　息：年利○％

　　（3）　遅延損害金：年利△％

　　（4）　返済期日：別紙返済一覧表記載のとおり

　　（5）　返済方法：被告名義の○○銀行○○支店当座預金口座（口座番

　　　　号○○○）に振込送金

　　（6）　期限の利益の喪失：(5)記載の支払を1回でも怠ったときは，当

　　　　然に期限の利益を喪失し，残元金及びこれに対する期限の利益

　　　　喪失日から支払済みまで(3)記載の利率による遅延損害金を一括

　　　　で支払う。

　2　原告は，前項の約定に従い，別紙返済一覧表記載の各支払期日の前

　　日又は前々日に前項(5)記載の口座へ同表記載の各返済金の振込送金

　　手続を行い，各返済金は，遅くとも同表記載の各支払期日に同口座に

　　着金した。

　3　ところが，被告は，平成○年○月○日以降の返済金の支払がないと

して期限の利益の喪失を主張し，原告に対し，請求の原因第1項記載のとおりの請求をしているため，原告は本件訴訟に及んだものである。

（別紙）

返済一覧表

（省略）

第2章　第5節　債権の消滅　　　233

【63】　受領権者としての外観を有する者に対する弁済（債務不存在確認請求）

〔民478〕

＜要件事実＞

旧	①　受領者が債権の準占有者であること ②　受領者につき受領権限を有すると信じたこと ③　②につき無過失の評価根拠事実 ④　受領者に対して当該債務の本旨に従った給付をしたこと ⑤　④の給付が当該債権についてされたこと
新	❶　受領者が取引上の社会通念に照らして受領権者としての外観を有すること ❷　受領者につき受領権限を有すると信じたこと ❸　❷につき無過失の評価根拠事実 ❹　受領者に対して当該債務の本旨に従った給付をしたこと ❺　❹の給付が当該債権についてされたこと

ポイント

1　改正内容について

（1）　改正前

　改正前は、「債権の準占有者」（旧民478）に対する弁済として規定されていました。また、それとは別に「受取証書の持参人」（旧民480）については、「弁済を受領する権限があるものとみなす」との規定もありました。

(2) 改正後

改正後は、「受領権者以外の者であって取引上の社会通念に照らして受領権者としての外観を有するもの」との表現に変更されましたが、これまで「債権の準占有者」に該当すると考えられていた者はいずれもこれに含まれるものと解されます。また、旧民法480条が削除されましたが、「受取証書の持参人」についても、受領権者としての外観を有する者に含まれると解されます。

なお、受領権者とは、「債権者及び法令の規定又は当事者の意思表示によって弁済を受領する権限を付与された第三者」(民478) をいい、債権者の代理人などが含まれます。

2 要件事実について

債権の準占有者と受領権者としての外観を有する者とは実質的には差異がないものと考えられ、この点の表現を除き要件事実も同様になると解されます。

❶ 受領権者としての外観を有するか否かは「取引上の社会通念に照らして」判断するものとされています。

❷ 債権の準占有者に関して、判例は、「善意」の意味を「弁済者において弁済請求者が真正の受領権者であると信じたことをいうものと解すべき」としており (最判昭61・4・11判時1200・61)、これは受領権者としての外観を有する者についても同様と解されます。

3 訴状例について

売買代金債務が受領権者としての外観を有する者に対する弁済によって消滅しており、現在は被告に対して債務を負っていないことを確認する債務不存在確認の事案です。

債務不存在確認の請求原因事実としては、確認の利益を基礎づける

第2章　第5節　債権の消滅　　235

事実として、被告が原告に対する債権を有している旨主張していること（原告被告間で債権の存否に争いがあること）のみで足り、被告側において抗弁として当該債権の存在を主張立証する必要があります。

しかしながら、紛争の本質を裁判官に伝えるためには、訴状の段階から原告が債務不存在と主張する実質的な根拠を含めて記載しておくことが適切でしょう。

請求の原因第1項は、確認の利益を基礎づける主張です。

請求の原因第2項は、必ずしも記載する必要はなく、第1項の記載と本件訴訟を提起している事実自体により確認の利益は認められると考えられますが、文章の流れとしてはこのような記載があった方が読みやすいでしょう。

関連事実第1項は、本来は被告において主張すべき債権の発生原因事実ですが、後に受領権者としての外観を有する者に対する弁済の再抗弁を主張する前提として先行して主張しています。

関連事実第2項（要件事実❹❺）及び第3項（要件事実❶❷❸）が、受領権者としての外観を有する者に対する弁済の要件事実です。

訴 状 例

第1　請求の趣旨
　1　原告被告間の平成○年○月○日付け売買契約に基づく原告の被告に対する売買代金○万円の債務が存在しないことを確認する
　2　訴訟費用は被告の負担とする
　との判決を求める。
第2　請求の原因
　1　被告は，原告に対し，原告被告間の平成○年○月○日付け売買契約に基づき売買代金○万円の債権を有していると主張している。

2 しかしながら，前項記載の原告の債務（以下「本件債務」という。）は既に消滅しており存在していない。

3 よって，原告は，被告に対して，本件債務が存在しないことの確認を求める。

第3 関連事実

1 被告は，原告に対し，平成○年○月○日，○○1台を代金○万円で売った。

2 原告は，被告の代理人と称するAに対し，平成○年○月○日，本件債務の履行として，○万円を支払った。

3 前項の支払の際，Aは，以下のとおり，上記売買契約にかかる売買代金債権の受領権者としての外観を有しており，原告は，Aが受領権限を有すると過失なく信じたものであるから，原告の弁済は有効であり（民法478条），これにより本件債務は消滅した。

   (1) Aは，被告と同居する被告の兄であり，原告とも面識があった。

   (2) Aは，被告の署名押印のある領収証を持参し，原告に対して上記売買代金の支払を求めた。

   (3) ……

   (4) ……

第2章　第5節　債権の消滅　　　237

【64】　代物弁済（所有権移転登記手続請求）

〔民482〕

＜要件事実＞

旧	① 本来の債務の発生原因事実 ② 債務者と債権者との間で①の債務の弁済に代えて他の給付をすることの合意をしたこと ③ ②の当時、債務者が②の他の給付の目的物の所有権を有していたこと
新	❶ 本来の債務の発生原因事実 ❷ 弁済者と債権者との間で❶の債務の弁済に代えて他の給付をすることの合意をしたこと ❸ ❷の当時、弁済者が❷の他の給付の目的物の所有権を有していたこと

ポイント

1　改正内容について

（1）　改正前

　改正前は、「債務者が、債権者の承諾を得て、その負担した給付に代えて他の給付をしたときは、その給付は、弁済と同一の効力を有する。」（旧民482）と規定され、代物弁済による債務消滅の効力が生じるには他の給付を現実に実行することを要するとの判例（最判昭39・11・26判時397・32）及び代物弁済の合意後も本来の弁済が可能であるとの判例（最判昭43・12・24判時546・60）がある一方で、代物弁済の目的物の所有権は代物弁済の合意のみで移転するとの判例（最判昭40・3・11判タ175・110）

もあり、代物弁済の法的性質が要物契約なのか諾成契約なのか争いがありました。

（2）　改正後

改正後は、代物弁済の主体について、債務者に限られず第三者弁済（民474）も可能と解されていたことから、「弁済をすることができる者（弁済者）」とされました。そして、弁済者が、「債権者との間で、債務者の負担した給付に代えて他の給付をすることにより債務を消滅させる旨の契約をした場合において、その弁済者が当該他の給付をしたときは、その給付は、弁済と同一の効力を有する。」として（民482）、代物弁済の法的性質は諾成契約であるものと位置づけられました。

2　要件事実について

代物弁済による所有権取得を主張する場合の要件事実です。

❶　代物弁済の合意の前提として、本来の債務が発生していることが必要です。

❷　改正後においても、前掲昭和40年最高裁判決のとおり、所有権移転の効果は代物弁済の合意のみで生じ、代物の給付までは不要であると解されます。

❸　債権者が代物の所有権を取得するためには弁済者が代物弁済の合意時点で代物の所有権を有していたことが必要です。

3　訴状例について

原告が被告から代物弁済により土地の所有権を取得したことを理由として、土地の所有権移転登記手続を請求する事例です。

請求の原因第1項から第3項までがそれぞれ要件事実❶から要件事実❸までの主張です。

第2章 第5節 債権の消滅 239

訴 状 例

第1 請求の趣旨
 1 被告は，原告に対し，別紙物件目録記載の土地について，平成○年
  ○月○日代物弁済を原因とする所有権移転登記手続をせよ
 2 訴訟費用は被告の負担とする
 との判決を求める。
第2 請求の原因
 1 原告は，被告に対し，平成△年△月△日，弁済期を平成○年○月○
  日として1200万円を貸し付けた。
 2 被告は，原告との間で，平成○年○月○日，上記貸金の返還に代え
  て，別紙物件目録記載の土地（以下「本件土地」という。）の所有権
  を移転するとの合意をした。
 3 被告は，平成○年○月○日当時，本件土地を所有していた。
 4 よって，原告は，被告に対し，上記代物弁済契約に基づき，本件土
  地の所有権移転登記手続をすることを求める。

（別紙）
物件目録

  所　　在　○○県○○市○○町○丁目
  地　　番　○○番○○
  地　　目　宅地
  地　　積　○○．○○㎡

【65】　弁済による代位の要件（代位請求）

〔民499～501〕

＜要件事実＞

旧	①　代位対象債務の発生原因事実 ②　代位者が①の債務を弁済したこと ③　求償権の発生原因事実 ④　<u>代位者が弁済をするについて正当な利益を有する者であること又は代位することについて債権者の承諾があること</u>
新	❶　代位対象債務の発生原因事実 ❷　代位者が❶の債務を弁済したこと ❸　求償権の発生原因事実 ❹　〔削除〕

ポイント

1　改正内容について

(1)　改正前

　改正前は、「債務者のために弁済をした者は、その弁済と同時に債権者の承諾を得て、債権者に代位することができる」（旧民499①）として、任意代位の場合には債権者の承諾が必要とされていましたが、「弁済をするについて正当な利益を有する者は、弁済によって当然に債権者に代位する」（旧民500）として、法定代位の場合には債権者の承諾は不要であるとされていました。また、任意代位の場合には、指名債権譲渡の対抗要件（旧民467）の規定が準用されており（旧民499②）、弁済者が

第2章　第5節　債権の消滅　　241

代位するためには債権者から債務者への通知又は債務者の承諾が必要とされていました。

（2）　改正後

改正後は、「債務者のために弁済をした者は、債権者に代位する。」（民499）として、任意代位の場合にも債権者の承諾は不要となりました。なお、弁済をするについて正当な利益を有する者が債権者に代位する場合を除き、民法499条の場合について民法467条（債権の譲渡の対抗要件）の規定を準用するものとされ（民500）、任意代位の場合に債権者から債務者への通知又は債務者の承諾が必要となる点は従前どおりです。

2　要件事実について

❶　代位対象債務の発生原因事実を主張します。

❷　代位者が❶の債務を弁済したことを主張します。

❸　請求原因として求償権の発生原因事実まで必要か否かについては争いがありますが、弁済による代位は求償権の確保を目的とした制度であり、原債権の行使は求償権の範囲内に限られることから（民501②）、請求原因において求償権の成立とその内容についての主張が必要であると考えます（最判昭61・2・20判時1184・53参照）。なお、実際上は、❶❷の主張において求償権の存在及び内容が明らかとなる場合も多いでしょう。

3　訴状例について

第三者が弁済による代位を主張して債務者に対して原債権の履行を求める事案です。

請求の原因第1項が要件事実❶、同第2項が要件事実❷の主張です。請求の原因第1項及び第2項の主張があれば、少なくとも債務者に有益

な費用の支出があったことが明らかとなり、民法702条1項の事務管理
費用の償還請求権が発生するといえるので、要件事実❸の主張も含ま
れているといえるでしょう。

請求の原因第3項は、民法702条2項により民法650条1項が準用され
ていないことから、事務管理費用の償還請求権においては利息の請求
ができないとの見解を前提として、遅延損害金の発生原因事実として
催告を主張するものです。

本件では任意代位を前提としていることから、被告から対抗要件の
抗弁が出された場合には、対抗要件具備の再抗弁を主張する必要があ
ります。

訴状例

第1　請求の趣旨
1　被告は，原告に対し，○万円及びこれに対する平成○年6月1日から
支払済みまで年10%の割合による金員を，原告の被告に対する○万
○○○○円及びこれに対する平成○年7月5日から支払済みまで年3%
の割合による求償権の限度で支払え
2　訴訟費用は被告の負担とする
との判決並びに仮執行の宣言を求める。
第2　請求の原因
1　Aは，被告に対し，平成○年4月30日，○○○を以下の約定で売っ
た。
　(1)　代　　金：○万円
　(2)　支払期日：平成○年5月31日
　(3)　損　害　金：年10%
2　原告は，Aに対し，平成○年6月30日，上記売買契約に基づく被告
の代金債務の履行として，○万○○○○円（売買代金○万円及びこれ
に対する平成○年6月1日から同月30日まで年10%の割合による遅延

第2章　第5節　債権の消滅　　243

損害金○○○○円）を支払った。

3　原告は，被告に対し，平成○年7月4日，前項記載の原告のAに対する弁済金○万○○○○円を償還するよう催告した。

4　よって，原告は，被告に対し，Aに代位して，A被告間の上記売買契約に基づく代金債権○万円及びこれに対する支払期日の翌日である平成○年6月1日から支払済みまで約定の年10％の割合による遅延損害金を，民法702条1項所定の事務管理費用償還請求権に基づく○万○○○○円及びこれに対する催告日の翌日である平成○年7月5日から支払済みまで民法所定の年3％の割合による遅延損害金の限度で支払うことを求める。

244　　　第2章　第5節　債権の消滅

【66】　一部弁済による代位（代位請求）

〔民502〕

＜要件事実＞

旧	① 代位対象債務の発生原因事実 ② 代位者が①の債務の一部を弁済したこと ③ 求償権の発生原因事実 ④ 〔新設〕 ⑤ 代位者が弁済をするについて正当な利益を有する者であること又は代位することについて債権者の承諾があること
新	❶ 代位対象債務の発生原因事実 ❷ 代位者が❶の債務の一部を弁済したこと ❸ 求償権の発生原因事実 ❹ 一部代位について債権者の同意があること ❺ 〔削除〕

ポイント

1　改正内容について

（1）　改正前

　改正前は、「債権の一部について代位弁済があったときは、代位者は、その弁済をした価額に応じて、債権者とともにその権利を行使する。」（旧民502②）とされていましたが、判例（大決昭6・4・7民集10・535）によれば、一部代位者は単独で原債権を被担保債権とする抵当権を実行できるものとされていました。この判例に対しては、債権者が担保物の

第2章　第5節　債権の消滅　　245

換価時期を選択する利益を損なうものであり、「債権者とともに」の文言にも反するとの批判がありました。

(2)　改正後

改正後は、「債権の一部について代位弁済があったときは、代位者は、債権者の同意を得て、その弁済をした価額に応じて、債権者とともにその権利を行使することができる。」(民502①) として、債権者の同意が必要である旨明示されました。この改正の趣旨は、上記判例を改めて一部代位者の単独での抵当権実行を否定するとともに、それを抵当権実行以外の権利行使にも広げたものであるとされています。

改正により追加されたのが「債権者の同意」の要件であり、同意があれば債権者による担保物の換価時期の選択に対して配慮する必要がないことからすると、債権者の同意を条件に単独での権利行使を認めたものとの解釈の余地もあり得るとは思いますが、「債権者とともに」の本来の文理からすれば、やはり改正により共同での権利行使が必要となったものと解すべきでしょう。

2　要件事実について

❶❸　【65】と同様です。

❷　代位者が❶の債務の一部を弁済したことを主張します。

❹　一部代位することについて、債権者の同意が必要です。前述のとおり、さらに債権者と共同して権利行使することが必要であるものと解します。

3　訴状例について

第三者が一部弁済による代位を主張して、債権者とともに保証人に対して原債権の保証債務の履行を求める事案です。

請求の原因第1項が要件事実❶の主張です。同第2項は、被告が原債

権につき保証したことの主張であり、書面によることが必要です（民446②）。

請求の原因第3項が要件事実❷の主張です。

【65】の場合と同様、請求の原因第1項及び第3項の主張により要件事実❸も主張されているといえるでしょう。

請求の原因第4項は、事務管理費用の償還請求権において遅延損害金の発生原因事実として主張しています。

請求の原因第5項が要件事実❹の主張です。債権者も一緒に原告として提訴している事実自体から、同意があるといえる場合が多いでしょう。

訴 状 例

第1　請求の趣旨
　1　被告は、原告Aに対し、40万円及びこれに対する平成○年6月1日から支払済みまで年10％の割合による金員を支払え
　2　被告は、原告Bに対し、60万円及びこれに対する平成○年6月1日から支払済みまで年10％の割合による金員を、原告BのCに対する60万円及びこれに対する平成○年6月16日から支払済みまで年3％の割合による求償権の限度で支払え
　3　訴訟費用は被告の負担とする
　との判決並びに仮執行の宣言を求める。
第2　請求の原因
　1　原告Aは、Cに対し、平成○年4月30日、○○○を以下の約定で売った。
　　(1)　代　　金：100万円
　　(2)　支払期日：平成○年5月31日
　　(3)　損　害　金：年10％
　2　被告は、原告Aとの間で、平成○年4月30日、上記売買契約に基づ

第2章　第5節　債権の消滅　　247

くCの原告Aに対する売買代金債務について保証する旨の合意を書面でした。
3　原告Bは，原告Aに対し，平成○年6月10日，上記売買契約に基づくCの売買代金債務の履行として，60万円を支払った。
4　原告Bは，Cに対し，平成○年6月15日，前項記載の原告Bの原告Aに対する弁済金60万円を償還するよう催告した。
5　原告Aは，原告Bが第3項記載の一部弁済により原告Aに一部代位することに同意した。
6　よって，原告Aは，被告に対し，上記売買契約に基づき売買代金残金40万円及びこれに対する支払期日の翌日である平成○年6月1日から支払済みまで約定の年10%の割合による遅延損害金の支払を求め，原告Bは，被告に対し，原告Aに代位して，原告A被告間の上記売買契約に基づく代金債権60万円及びこれに対する支払期日の翌日である平成○年6月1日から支払済みまで約定の年10%の割合による遅延損害金を，民法702条1項所定の事務管理費用償還請求権に基づく60万円及びこれに対する催告日の翌日である平成○年6月16日から支払済みまで民法所定の年3%の割合による遅延損害金の限度で支払うことを求める。

第2款　更　改

【67】　給付内容の変更による更改（動産引渡請求）

〔民513〕

＜要件事実＞

旧	①　旧債務の発生原因事実 ②　①の旧債務の要素を変更する合意 ③　〔新設〕
新	❶　旧債務の発生原因事実 ❷　❶の旧債務に代えて新たな債務を発生させる合意 ❸　❷の新債務が従前の給付の内容について<u>重要な変更をするものであることの評価根拠事実</u>

ポイント

1　改正内容について

（1）　改正前

改正前は、更改は「債務の要素を変更する」ものとされていましたが、その具体的な内容については定められていませんでした（旧民513①）。また、条件付債務を無条件とすること、無条件債務を条件付きとすること及び条件を変更することは、いずれも債務の要素の変更とみなされていました（旧民513②）。

（2）　改正後

改正後は、更改が、従前の債務に代えて新たな債務を発生させる契約と位置づけられ（民513柱書）、その具体的内容として「従前の給付の内容について重要な変更をするもの」（民513一）等が定められました。

第2章　第5節　債権の消滅　　249

また、旧民法513条2項は削除され、条件の除去、付与や変更が更改に該当するか否かは、個々の事案ごとに判断されることになりました。

2　要件事実について

❷　改正により、更改とは、単なる契約内容の変更ではなく、旧債務を消滅させた上で、それと同一性のない別個の新債務を発生させるものであることが明確となったため、要件事実の主張の際にもその旨を明確に主張することが必要です。

❸　改正により更改について3種類の具体的内容が明示されましたが、本件はそのうち民法513条1号に基づく要件です。同号については、「重要な」との評価的要素を含むため、評価根拠事実が要件事実となるものと考えます。

3　訴状例について

売買契約の目的物について更改があった場合の動産引渡請求の訴状です。実務上は、更改の時点で新たな売買契約があったものと主張することも多いでしょうが、目的物の変更の合意はあるものの、代金について新たな合意がないような場合には、やはり更改として主張すべきでしょう。

請求の原因第1項が要件事実❶の主張、請求の原因第2項が要件事実❷の主張です。

要件事実❸については、目的物自体が明らかに異なるような事案においては、更改前後の目的物を示すことにより「重要な変更」であることの評価根拠として十分でしょう。そのため、訴状例においてはそれ以上の特段の事実摘示はしていません。

訴状例

第1　請求の趣旨
1　被告は，原告に対し，別紙物件目録記載2の動産を引き渡せ
2　訴訟費用は被告の負担とする
との判決並びに仮執行の宣言を求める。
第2　請求の原因
1　本件売買契約の締結
　　原告は，平成○年○月○日，被告との間で，原告を買主，被告を売主として，次の売買契約を締結した（以下「本件売買契約」という。）。
　（1）　目的物：別紙物件目録記載1の動産
　（2）　代　金：○万円
2　目的物の変更（更改）
　　原告は，平成○年○月○日，被告との間で，本件売買契約に基づく給付のうち，別紙物件目録記載1の動産の引渡義務に代えて，同目録記載2の動産の引渡義務を発生させるとの合意をした。
3　よって，原告は，被告に対し，上記更改契約に基づき，別紙物件目録記載2の動産の引渡しを求める。

（別紙）

物件目録

　　1　木製本棚（○○材，型番○○○○）　　○○台
　　2　スチール机（○○製，型番○○○○）　　○○台

第2章　第5節　債権の消滅　　251

【68】　債務者の交替による更改（売買代金請求）

〔民514〕

＜要件事実＞

旧	①　旧債務の発生原因事実 ②　債権者と新債務者との間で、①の債務者を新債務者に交替する合意をしたこと ③　〔新設〕
新	❶　旧債務の発生原因事実 ❷　債権者と新債務者との間で、❶の債務者を新債務者に交替する合意をしたこと ❸　債権者が旧債務者に対して❷を通知したこと

ポイント

1　改正内容について

（1）　改正前

改正前は、債務者の交替による更改は、債権者と更改後に債務者となる者との契約によってすることができるとされていましたが（旧民514本文）、更改前の債務者の意思に反するときはこの限りでないとされていました（旧民514ただし書）。

（2）　改正後

改正後は、債務者の交替による更改が債権者と更改後に債務者となる者との契約によってすることができる点は改正前と同様ですが（民514①前段）、更改前の債務者の意思にかかわらず、債権者が更改前の債務者に対して更改契約をした旨を通知した時に更改の効力が生じるも

のとされました（民514①後段）。また、更改後の債務者が更改前の債務
者に対して求償権を取得しないことが明示されました（民514②）。

2　要件事実について

❸　債務者の交替による更改については、債権者が旧債務者に通知
した時に更改の効力が生じるものと定められたため（民514①後
段）、更改の効力を主張する側で通知の事実を主張立証する必要
があります。

3　訴状例について

売買契約の買主について更改があった場合の売買代金請求の訴状で
す。

請求の原因第1項が要件事実❶の主張、請求の原因第2項が要件事実
❷の主張、請求の原因第3項が要件事実❸の主張です。

訴 状 例

第1　請求の趣旨
　1　被告は，原告に対し，○万円を支払え
　2　訴訟費用は被告の負担とする
　との判決並びに仮執行の宣言を求める。
第2　請求の原因
　1　本件売買契約の締結
　　　原告は，平成○年○月○日，Aに対し，代金○万円で普通乗用自動
　　車1台（登録番号○○○○○○○）を売った（以下「本件売買契約」
　　という。）。
　2　債務者の交替（更改）
　　　原告は，平成○年○月○日，被告との間で，本件売買契約に基づく

第2章　第5節　債権の消滅　　253

　　売買代金債務の債務者をAから被告に交替する旨の合意をした。
3　旧債務者への通知
　　原告は，平成○年○月○日，Aに対し，前項の事実を通知した。
4　よって，原告は，被告に対し，上記更改契約に基づき，売買代金○
　万円の支払を求める。

254　　　第2章　第5節　債権の消滅

【69】　更改後の債務への担保の移転（抵当権移転登記手続請求）　〔民518〕

＜要件事実＞

旧	①　旧債務の発生原因事実 ②　旧債務者が対象不動産所有 ③　旧債務につき対象不動産に抵当権設定・基づく登記 ④　債権者・新債務者間で、①の債務者を新債務者に交替する合意 ⑤　〔新設〕 ⑥　<u>債権者と新債務者との間で、</u>③の抵当権を④の新債務に移転する<u>合意</u> ⑦　旧債務者が⑥を承諾
新	❶　旧債務の発生原因事実 ❷　旧債務者が対象不動産所有 ❸　旧債務につき対象不動産に抵当権設定・基づく登記 ❹　債権者・新債務者間で、❶の債務者を新債務者に交替する合意 ❺　<u>債権者が旧債務者に対して❹を通知</u> ❻　<u>❹以前に、債権者が新債務者に対して、</u>❸の抵当権を❹の新債務に移転する<u>意思表示</u> ❼　旧債務者が❻を承諾

ポイント

1　改正内容について

（1）　改正前

改正前は、旧債務の担保として設定された質権又は抵当権を「更改

第2章　第5節　債権の消滅　255

の当事者」が新債務に移転することができる旨規定されていました（旧民518本文）。「更改の当事者」とは、目的の変更の場合は債権者及び債務者、債務者の交替の場合は債権者及び新債務者（旧民514本文）、債権者の交替の場合は旧債権者、新債権者及び債務者が、それぞれ合意によって担保の移転をすることとされていました。

（2）改正後

改正後は、「債権者（債権者の交替による更改にあっては、更改前の債権者）」が単独で担保の移転をすることができるものとされ（民518①本文）、担保の移転は、あらかじめ又は更改と同時に更改の相手方（債権者の交替による更改にあっては債務者）に対して意思表示することにより行うものとされました（民518②）。

2　要件事実について

旧債務者が抵当権設定者であったところ債務者の交替があった場合の要件事実です。

❺　債務者の交替による更改については、債権者が旧債務者に通知した時に更改の効力が生じるものと定められたため（民514①後段）、更改の効力を主張する側で通知の事実を主張立証する必要があります。

❻　更改により旧債務が消滅してしまうと、担保権の付従性により旧債務に付されていた担保権も消滅してしまうことから、更改の合意以前に移転の意思表示を行うことが必要とされています（民518②）。意思表示の相手方は、更改の相手方である新債務者です（民518②・514①前段）。

3　訴状例について

消費貸借契約の借主について更改があった場合の抵当権移転登記手

続請求の訴状です。

　請求の原因第1項が要件事実❶、同第2項が要件事実❸、同第3項が要件事実❷の主張であり、旧債務の発生と旧債務を担保するための抵当権の設定及び登記を主張しています。

　また、請求の原因第4項が要件事実❹、同第5項が要件事実❺の主張であり、債権者・新債務者間の更改の合意と旧債務者への通知を主張しています。

　そして、請求の原因第6項が要件事実❻、同第7項が要件事実❼の主張です。要件事実❼については、所有者兼担保権設定者であるAが民法518条1項ただし書にいう「第三者」に該当することを前提としています。債務者の交替による更改は債権者と新債務者の合意のみで成立するため（民514①）、旧債務者は更改の当事者ではなく、また、旧債務者の意思によらずに旧債務者所有物を新債務の担保に供することを認めることは妥当ではないからです（伊藤滋夫編著『新民法（債権関係）の要件事実Ⅰ改正条文と関係条文の徹底解説』（青林書院、2017）347頁も同旨）。

訴 状 例

第1　請求の趣旨
1　被告は，原告に対し，別紙物件目録記載の土地について設定された別紙登記目録記載の抵当権について，平成○年○月○日債務者更改による新債務担保を原因とする抵当権移転の付記登記手続をせよ
2　訴訟費用は被告の負担とする
との判決を求める。
第2　請求の原因
1　本件消費貸借契約の締結
　　原告は，Aに対し，平成○年○月○日，○万円を次の約定で貸し渡した（以下「本件消費貸借契約」という。）。

第2章　第5節　債権の消滅　　257

　　(1)　弁済期　平成○年○月○日

　　(2)　利　息　年○割○分

　　(3)　損害金　年○割

2　抵当権設定契約の締結及び基づく登記

　　原告とAは，平成○年○月○日，本件消費貸借契約に基づくAの債務を担保するため，別紙物件目録記載の土地（以下「本件土地」という。）に抵当権を設定するとの合意をした。当該合意に基づき，Aは原告に対し，同日，別紙登記目録記載の抵当権設定登記手続をした。

3　本件土地の所有

　　Aは，上記抵当権設定契約当時，本件土地を所有していた。

4　債務者の交替による更改

　　原告は，被告との間で，平成○年○月○日，本件消費貸借契約に基づく債務者をAから被告に交替する旨の合意をした（以下「本件更改」という。）。

5　旧債務者への通知

　　原告は，Aに対し，平成○年○月○日，前項の事実を通知した。

6　移転の意思表示

　　原告は，被告に対し，本件更改と同時に，第2項記載の抵当権を本件更改に基づく新債務に移転する旨の意思表示をした。

7　移転の承諾

　　Aは，原告に対し，平成○年○月○日，上記抵当権の移転を承諾した。

8　よって，原告は，被告に対し，本件更改に基づき，別紙登記目録記載の抵当権について，平成○年○月○日債務者更改による新債務担保を原因とする抵当権移転の付記登記手続を求める。

（別紙）

物件目録

　　所　　在　　○○県○○市○○町○丁目

　　地　　番　　○○番○○

地　　目　宅地

地　　積　○○.　○○㎡

（別紙）

登記目録

○○地方法務局平成○年○月○日受付第○○号抵当権設定

原　　因　平成○年○月○日金銭消費貸借同日設定

債 権 額　金○万円

利　　息　年○割○分

損 害 金　年○割

債 務 者　○○県○○市○○町○丁目○番地○

　　　　　A

抵当権者　△△市○○区○○町○丁目○番地○号

　　　　　原告

第3章　契　約

260

第1節　総　則
第1款　契約上の地位の移転・契約の解除
【70】　契約上の地位の移転（目的物引渡請求）

〔民539の2〕

＜要件事実＞

旧	—
新	❶　移転対象となる契約の成立 ❷　契約当事者の一方（譲渡人）と第三者（譲受人）との契約上の地位の譲渡の合意 ❸　❷について契約の相手方の承諾

ポイント

1　改正内容について

（1）　改正前

　改正前は、契約上の地位の移転という概念は存在しており、当事者間の合意や法律の規定によって契約上の地位が移転する場合があることは一般的に認められていましたが、民法において契約上の地位の移転に関する一般的な規定はありませんでした。

（2）　改正後

　改正後は、「契約の当事者の一方が第三者との間で契約上の地位を譲渡する旨の合意をした場合において、その契約の相手方がその譲渡を承諾したときは、契約上の地位は、その第三者に移転する。」（民539の2）との規定が新設され、契約上の地位が移転する場合の要件が明確化されました。

なお、賃貸借に関する契約上の地位の譲渡については、別途条文が新設されています（民605の2・605の3）。

2　要件事実について

契約上の地位の移転を受けたことを理由として当該契約に基づく権利を行使する場合の要件事実です。

❶　移転対象となる契約の成立を主張します。

❷　契約上の地位の譲渡人と譲受人との間の合意を主張します。債権譲渡などと同様、譲渡原因となるべき行為（売買、贈与等）を主張する必要があるものと考えます。

❸　契約上の地位の譲渡について契約の相手方が承諾をすることが必要です。

3　訴状例について

動産売買契約の買主の地位を譲り受けたことを理由として目的物の引渡しを求める事例です。

請求の原因第1項から第3項までがそれぞれ要件事実❶から要件事実❸までの主張です。

訴 状 例

第1　請求の趣旨
1　被告は，原告に対し，別紙物件目録記載の動産を引き渡せ
2　訴訟費用は被告の負担とする
との判決並びに仮執行の宣言を求める。
第2　請求の原因
1　被告は，Aに対し，平成○年○月○日，別紙物件目録記載の動産を代金○万円で売った。

第3章　第1節　総　則　　263

2　原告は，Aとの間で，平成○年○月○日，上記売買契約に基づく買
主の契約上の地位をAから原告に贈与するとの合意をした。
3　被告は，原告に対し，平成○年○月○日，上記契約上の地位の贈与
につき承諾した。
4　よって，原告は，被告に対し，上記売買契約に基づき，別紙物件目
録記載の動産の引渡しを求める。

（別紙）
物件目録

○○○社製○○○○（製品番号○○○○）　　　1台
附属品（○○，○○，○○）　　　　　　　　各1個

264　　　第3章　第1節　総　則

【71】　催告によらない解除―履行拒絶（代金返還請求）

〔民542，545〕

＜要件事実＞

旧	―
新	❶　契約の成立 ❷　❶に基づく金員の交付 ❸　債務者が❶に基づく債務全部の履行を拒絶する意思を明確に表示したこと ❹　❶の契約解除の意思表示

ポイント

1　改正内容について

（1）　改正前

　改正前は、契約を無催告で解除できる場合としては、「契約の性質又は当事者の意思表示により、特定の日時又は一定の期間内に履行をしなければ契約をした目的を達することができない場合において、当事者の一方が履行をしないでその時期を経過したとき」(旧民542) 及び「履行の全部又は一部が不能となったとき」(旧民543) が規定されていました。前者（定期行為）の場合は、催告の結果、履行期に遅れて履行されたとしても債権者にとって意味がなく、後者（履行不能）の場合は、催告をしても履行される可能性がないことから、いずれも無催告での解除を認めたものです。

　また、解除に基づく原状回復請求によって金銭を返還するときは、「その受領の時から利息を付さなければならない」(民545②) とされていましたが、金銭以外の物の返還の場合の規定はありませんでした。

第3章　第1節　総　則　　265

(2)　改正後

改正後は、債務全部の履行不能の場合（民542①一）及び定期行為の場合（民542①四）に加えて、「債務者がその債務の全部の履行を拒絶する意思を明確に表示したとき」（民542①二）や、これらのほか、「債務者がその債務の履行をせず、債権者が前条の催告をしても契約をした目的を達するのに足りる履行がされる見込みがないことが明らかであるとき」（民542①五）にも無催告での解除が可能とされました。

なお、債務の一部履行不能又は一部履行拒絶の場合には、無催告で契約の一部の解除ができる（民542②）ほか、「残存する部分のみでは契約をした目的を達することができないとき」（民542①三）には、無催告で契約全部の解除も可能です。

また、解除に基づく原状回復請求によって金銭以外の物を返還するときは、「その受領の時以後に生じた果実をも返還しなければならない」（民545③）との規定が新設されました（民法545条2項は改正なし）。

2　要件事実について

履行拒絶の意思表示を理由として契約を解除し、当該契約に基づいて支払済みの金員の返還を求める場合の要件事実です。

❶❷　解除対象となる契約の成立及びそれに基づく金員の交付の主張です。

❸　債務者が債務の全部の履行を拒絶する意思を明確に表示したことが要件です。明確な履行拒絶がある以上、履行不能の場合と同様、催告をしても履行される可能性がないといえるからです。そのため、催告によって翻意して履行する可能性がない程度に「明確に表示した」ことが必要であるといえるでしょう。なお、債務の一部のみの履行拒絶の場合に契約全部を無催告解除するためには、さらに「残存する部分のみでは契約をした目的を達すること

ができないこと」を主張する必要があります（民542①三）。

❹　解除の意思表示が必要です。訴訟外で行う場合もあれば、訴状
に記載して訴状の送達により解除の意思表示を行う場合もあるで
しょう。

3　訴状例について

売主の履行拒絶の意思表示を理由として買主が契約を解除し、支払
済みの売買代金内金の返還を請求する事例です。

請求の原因第2項が要件事実❶、同第3項が要件事実❷の主張です。
請求の原因第1項は、本件においては要件事実としての意味はありま
せんが、事案の背景を伝えるための記載といえます。

請求の原因第4項が要件事実❸の主張です。第1段落のみでも要件事
実としては成り立つと思われますが、第2段落の記載は、拒絶の背景を
説明するとともに、増額の要求が不当であることを主張することで、
明確な履行拒絶であることを裏付けるという側面もあるでしょう。

請求の原因第5項が要件事実❹の主張です。なお、定期行為を理由
とする解除の事案の場合には、商人間の売買が定期行為であり不履行
のまま履行期を経過したときは、相手方が直ちに履行の請求をした場
合を除いて契約の解除をしたものとみなされるため（商525）、解除の意
思表示の要件に代えて「双方が商人であること」を主張することもで
きます。その場合には請求の原因第1項が当該要件事実の主張となり
ます。

請求の原因第6項のよって書きにおいて、代金受領日からの利息を
請求するものとされていますが、これは民法545条2項に基づくもので
す。代金受領日から一定期間の経過が利息請求の要件事実として更に
必要となりますが、受領日を特定していることで、当然に主張してい
るものといえるでしょう。

第3章　第1節　総　則　　267

訴 状 例

第1　請求の趣旨
　1　被告は，原告に対し，○万円及びこれに対する平成○年9月30日か
　ら支払済みまで年3%の割合による金員を支払え
　2　訴訟費用は被告の負担とする
　との判決並びに仮執行の宣言を求める。
第2　請求の原因
　1　当事者
　　　原告は，鉄鋼製品の製造販売等を目的とする株式会社であり，被告
　は，鉄鉱石等の輸入販売等を目的とする株式会社である。
　2　本件売買契約の締結
　　　被告は，原告に対し，平成○年7月20日，ステンレス鋼の原料とな
　るフェロクロム(鉄とクロムの合金)○トンを以下の約定で売った(以
　下「本件売買契約」という。)。
　　(1)　代　金：○万円 (1トン当たり○万円)
　　(2)　代金支払期日：平成○年　9月30日　内金○万円
　　　　　　　　　　　　　同　　年　12月28日　残金○万円
　　(3)　目的物引渡期日：平成○年12月15日
　3　代金の支払
　　　原告は，被告に対し，平成○年9月30日，本件売買契約に基づき，
　売買代金内金○万円を支払った。
　4　被告による履行拒絶の意思表示
　　　被告は，平成○年11月5日，原告に対し，同月末日までに代金額を
　○万円増額する旨の契約変更に応じない限り目的物の引渡しを拒絶
　する旨の通知書を内容証明郵便にて送付してきた。
　　　被告は，上記通知書において，代金増額を要求する理由として，平
　成○年8月以降にフェロクロムの取引相場が急騰したことを挙げてい
　る。確かに，本件売買契約当時は1トン当たり○万円であったところ，
　同年10月末日時点で約1.3倍 (1トン当たり○万円) にまで上昇した事
　実はあるものの，被告が要求する○万円の増額は，売買代金額を本来

の約1.5倍とするものであり，到底正当な要求とはいえない。

5　本件売買契約の解除

　　原告は，被告に対し，平成○年11月22日付け内容証明郵便により，被告の履行拒絶を理由として本件売買契約を解除する旨通知し，同書面は同月23日に被告に到達した。

6　よって，原告は，被告に対し，本件売買契約の解除に基づく支払済代金の原状回復請求として，○万円及びこれに対する代金受領日である平成○年9月30日から支払済みまで民法所定の年3％の割合による利息の支払を求める。

第3章 第1節 総 則 269

第2款 定型約款
【72】 定型約款の合意（通信料請求）

〔民548の2〕

<要件事実>

旧	―
新	❶ 当該取引が定型取引であることの評価根拠事実 ❷ 定型約款を契約内容とする合意又は定型約款準備者による定型約款を契約内容とする旨の事前表示 ❸ 当該条項が定型約款の個別条項であること

ポイント

1 改正内容について

（1） 改正前

改正前は、民法上、約款に関する規定は存在していませんでした。

（2） 改正後

改正後は、民法548条の2から548条の4まで、定型約款に関する条項が新設されました。定型取引を行うことの合意をした者は、①定型約款を契約の内容とする旨の合意をしたとき又は②定型約款を準備した者があらかじめその定型約款を契約の内容とする旨を相手方に表示していたときは、定型約款の個別の条項についても合意をしたものとみなされます（民548の2①）。

定型取引とは、「ある特定の者が不特定多数の者を相手方として行う取引であって、その内容の全部又は一部が画一的であることがその双方にとって合理的なもの」をいい、定型約款とは、「定型取引におい

て、契約の内容とすることを目的としてその特定の者により準備された条項の総体」をいいます（民548の2①柱書）。

2 要件事実について

❶ 定型約款に基づく請求をするためには、当該取引が定型取引であることが必要です。前述のとおり、定型取引は、①ある特定の者が不特定多数の者を相手方として行う取引であること、②その内容の全部又は一部が画一的であることがその双方にとって合理的であること、が必要ですが、②は規範的要件であり、その評価根拠事実が要件事実となるものと解します。

❷ 本来、合意内容につき認識がなければ合意は成立しないはずですが、定型約款を契約内容とする旨の合意又は事前表示さえあれば、定型約款の具体的条項について契約者に認識がなかった場合にも、その内容で合意したものとみなされることになります。

❸ 適用を主張する具体的条項の主張です。

3 訴状例について

通信会社による通信料請求の訴状です。

請求の原因第1項が要件事実❶の主張です。電気、ガス、水道及び通信等、社会的インフラに関する契約は、通常、供給事業者が不特定多数の者を相手方としており、当該事業者の定めた約款により画一的処理を行うことが当事者双方にとって合理的なので、通信契約の基本的な合意内容を示すことにより、定型取引であることの評価根拠事実の主張となるでしょう。

請求の原因第2項が要件事実❷の、請求の原因第3項が要件事実❸の主張です。

請求の原因第4項は、定型約款に関する要件事実ではありませんが、

通信料は通信サービスの対価であるため、特約のない限り通信サービスの提供が先履行の関係になると解されます。そのため、通信料請求の要件事実として主張が必要であると考えます。

訴状例

第1　請求の趣旨
 1　被告は，原告に対し，○円及びこれに対する平成○年8月1日から支払済みまで年10％の割合による金員を支払え
 2　訴訟費用は被告の負担とする
 との判決並びに仮執行の宣言を求める。
第2　請求の原因
 1　原告は，被告との間で，平成○年○月○日，次のとおり通信契約を締結した（以下「本件通信契約」という。）。
  (1)　原告は，被告に対し，原告の提供する携帯電話回線による通話及びデータ通信の通信サービスを提供する。
  (2)　被告は，原告に対し，通信料を支払う。
 2　原告は，被告との間で，本件通信契約の締結の際，当該契約締結に先立ち原告により準備された標準通信約款(以下「本件約款」という。)を本件通信契約の内容とする旨の合意をした。
 3　本件約款には，以下のとおりの条項が存在する。
  (1)　通信料：月額○円（本件約款○条）
  (2)　支払期日：当月利用分を翌月末日払（本件約款○条）
  (3)　遅延損害金：年10％の割合による（本件約款○条）
 4　原告は，被告に対し，本件通信契約日から，通信サービスの提供を開始した。
 5　よって，原告は，被告に対し，本件通信契約に基づき，平成○年6月利用分の通信料○円及びこれに対する支払期日の翌日である平成○年8月1日から支払済みまで約定の年10％の割合による遅延損害金の支払を求める。

【73】 定型約款の変更（通信料請求）

〔民548の4〕

＜要件事実＞

旧	―
新	❶　定型約款の変更 ❷　効力発生時期の定め ❸　❶が契約目的に反せず、かつ、合理的なものであることの評価根拠事実 ❹　❷の到来 ❺　❶❷を適切な方法で周知したことの評価根拠事実 ❻　❺が❹以前であること

ポイント

1　改正内容について

（1）　改正前

改正前は、民法上、約款の変更に関する規定は存在していませんでした。

（2）　改正後

改正後は、民法548条の4に定型約款の変更に関する条項が新設され、①変更が相手方の一般の利益に適合するとき又は②変更が契約をした目的に反せず、かつ、変更の必要性、変更後の内容の相当性、変更をすることがある旨の定めの有無及びその内容その他の変更に係る事情に照らして合理的なものであるときには、変更後の定型約款の条項について合意があったものとみなし、個別に相手方と合意することなく

第3章 第1節 総 則　　　　273

契約内容の変更ができるものとされました（民548の4①）。そして、変更の際には、効力発生時期を定め、かつ、定型約款を変更する旨及び変更後の定型約款の内容並びにその効力発生時期をインターネットの利用その他の適切な方法により周知しなければならず（民548の4②）、効力発生時期が到来するまでに周知しなければ変更の効力が生じない（民548の4③）ものとされました。

2　要件事実について

❶　定型約款の変更内容を具体的に主張します。

❷　変更の効力が発生する時期を定める必要があります（民548の4②）。

❸　変更が相手方の一般の利益に適合するとき（民548の4①一）はその旨を、そうでないときには変更が契約をした目的に反しないこと及び変更の必要性、変更後の内容の相当性、変更の定めの有無及び内容その他の変更に係る事情に照らして合理的なものであること（民548の4①二）を主張する必要があります。合理的かどうかは評価的要素であるため、その評価根拠事実が要件事実となります。

❹　変更後の条項に基づく効果を主張するためには変更の効力発生時期の到来を主張する必要があります。

❺　変更する旨、変更後の内容及び効力発生時期をインターネットの利用その他の適切な方法により周知する必要があります（民548の4②）。適切かどうかは評価的要素であるため、その評価根拠事実が要件事実となります。

❻　効力発生時期が到来するまでに❺の周知をしなければ変更の効力は生じません。この要件は、変更が相手方の一般の利益に適合するとき（民548の4①一）には不要です（民548の4③）。

274 第3章 第1節 総 則

3 訴状例について

　通信会社による通信料請求の訴状です。通信料を値上げする変更がなされた事例を想定しています。

　請求の原因第1項から第4項までは、【72】の解説をご覧ください。

　請求の原因第5項以下が定型約款の変更に関する部分です。契約締結から実際の請求までの間に定型約款の関係条項が変更されていた場合、変更の経緯を全て主張立証する必要があるとの解釈も成り立ち得ますが、例えば契約締結から現在まで長期間経過しており、その間に何度も変更がある場合など、主張立証が極めて煩雑になる可能性があり、現実的ではないでしょう。原告としては、当該請求において適用される（と原告が考える）現条項のみを主張すれば足り、被告が当該条項の存在や内容を否認した場合に初めて、（被告にも争いのない）旧条項とそこからの変更の経緯を主張立証する必要が生じるものと考えます。

　請求の原因第5項が要件事実❶❷の主張です。

　請求の原因第6項が要件事実❸の主張であり、変更条項の存在と変更の必要性、変更に伴う契約者側のメリット等を主張することにより、変更が合理的であることを主張しています。

　請求の原因第7項が要件事実❺❻の主張です。

　要件事実❹については、確定期日の到来であり、実際に訴訟提起時点で経過していることが客観的に明らかなため、実務上はあえて主張しない場合も多くあります。

訴 状 例

第1　請求の趣旨
　1　被告は，原告に対し，○円及びこれに対する平成○年8月1日から支

第3章　第1節　総則　275

払済みまで年10%の割合による金員を支払え

2　訴訟費用は被告の負担とする

との判決並びに仮執行の宣言を求める。

第2　請求の原因

1　通信契約の締結

原告は，被告との間で，平成○年○月○日，次のとおり通信契約を締結した（以下「本件通信契約」という。）。

(1)　原告は，被告に対し，原告の提供する携帯電話回線による通話及びデータ通信の通信サービスを提供する。

(2)　被告は，原告に対し，通信料を支払う。

2　定型約款による旨の合意

原告は，被告との間で，本件通信契約の締結の際，当該契約締結に先立ち原告により準備された標準通信約款(以下「本件約款」という。)を本件通信契約の内容とする旨の合意をした。

3　定型約款の内容

本件約款には，以下のとおりの条項が存在する。

(1)　通信料：月額○円（本件約款○条）

(2)　支払期日：当月利用分を翌月末日払（本件約款○条）

(3)　遅延損害金：年10%の割合による（本件約款○条）

4　通信サービスの提供

原告は，被告に対し，本件通信契約日から，通信サービスの提供を開始した。

5　定型約款の変更

原告は，平成○年○月○日，本件約款○条に定める通信料につき，効力発生時期を平成○年△月△日と定め，従来の月額○円から月額○円に変更した（以下「本件変更」という。）。

6　定型約款変更の合理性

次の事情からすれば，本件変更は本件通信契約の目的に反するものではなく，かつ，合理的なものである。

(1)　本件約款○条には，原告が本件約款を民法548条の4の規定に従い変更する場合がある旨定められている。

(2) 本件変更は，近年の急激な通信量の増加に対応して原告が必要な設備投資を行ったことによるものであり，増額幅はわずかである上，通信料の変更に伴い，契約者が毎月利用可能なデータ通信量も，従来の○ギガバイトから○ギガバイトに増量している。

(3) ……

7 定型約款変更の周知

原告は，本件変更及び効力発生時期について，平成○年○月○日から自社のウェブページ上に掲載するとともに，……することにより，平成○年△月△日までに周知した。

8 結 論

よって，原告は，被告に対し，本件通信契約に基づき，平成○年6月利用分の通信料○円及びこれに対する支払期日の翌日である平成○年8月1日から支払済みまで約定の年10％の割合による遅延損害金の支払を求める。

第3章　第2節　贈　与　　277

第2節　贈　与

【74】　贈与（動産引渡請求）

〔民549〕

＜要件事実＞

旧	〔新〕と同じ
新	❶　贈与契約の成立

ポイント

1　改正内容について

（1）　改正前

　改正前は、贈与は当事者の一方が「自己の財産」を無償で相手方に与えるものとされており（旧民549）、贈与の目的物は自己が所有する財産に限られるかのような条項でした。しかしながら、判例上、他人物の贈与契約も有効であるとされていました（最判昭44・1・31判時552・50）。

　また、書面によらない贈与は「撤回」できるものとされていました（旧民550本文）。

（2）　改正後

　改正後は、贈与は「ある財産」を無償で相手方に与えるものとされ（民549）、自己所有である必要のないことが明確となりました。

　また、書面によらない贈与は「解除」できるものとされましたが（民550本文）、用語の整理に留まり、実質的な変更はありません。

2　要件事実について

❶　上記最高裁判決により他人物贈与が認められていたため、改正の前後で要件事実に変化はありません。契約の成立のみが要件事

実となります。

3 訴状例について

贈与契約に基づき目的物の引渡しを求める事例です。

請求の原因第1項で贈与契約の成立（要件事実❶）を主張しています。前述のとおり、贈与当時に被告が目的物を所有していたことの主張は不要です。

当該贈与が書面によらない贈与であった場合には、被告において、解除の抗弁として、①書面によらない贈与であること、②解除の意思表示、を主張することができます（民550本文）。その場合、既に履行済みであれば、原告は、再抗弁として、①上記解除前に履行が終わったこと（民550ただし書）を主張することができます。

訴 状 例

第1　請求の趣旨
　1　被告は，原告に対し，別紙物件目録記載の動産を引き渡せ
　2　訴訟費用は被告の負担とする
　との判決並びに仮執行の宣言を求める。
第2　請求の原因
　1　被告は，原告に対し，平成○年○月○日，別紙物件目録記載の動産を贈与した。
　2　よって，原告は，被告に対し，上記贈与契約に基づき，上記動産の引渡しを求める。

（別紙）
物件目録

　（省略）

第3章　第2節　贈　与　　　279

【75】　贈与者の引渡義務等（損害賠償請求）

〔民551〕

＜要件事実＞

旧	①　贈与契約の成立 ②　贈与者が③を知っていたこと ③　①の目的物（権利）に瑕疵又は不存在があること ④　損害の発生及び額
新	❶　贈与契約の成立 ❷　❶において、特定時の状態における引渡し等とは異なる合意をしたこと ❸　❶の目的物（権利）に❷との不適合があること ❹　損害の発生及び額

ポイント

1　改正内容について

　(1)　改正前

　改正前は、「贈与者は、贈与の目的である物又は権利の瑕疵又は不存在について、その責任を負わない。ただし、贈与者がその瑕疵又は不存在を知りながら受贈者に告げなかったときは、この限りでない。」(旧民551①)　として、贈与者は原則として担保責任を負わないものの、知りながら受贈者に告げなかった瑕疵等については責任を負うものとされていました。

　(2)　改正後

　改正後は、売買契約の担保責任について「瑕疵」の概念を「契約の

内容に適合しない」として契約責任（債務不履行責任）として位置づけたこと（民562①）に平仄を合わせ、贈与者の担保責任についても契約責任と整理した上、「贈与者は、贈与の目的である物又は権利を、贈与の目的として特定した時の状態で引き渡し、又は移転することを約したものと推定する。」（民551①）と改めました。贈与者が目的物等の瑕疵等を知りながら告げなかったか否かではなく、目的物等が贈与契約の内容に適合していたか否かで責任の有無を定めるものとした上、贈与契約の内容について上記のとおりの推定規定を置くことで、贈与の無償性に鑑みて贈与者の責任を軽減する形としたものです。

これにより、「目的として特定した時の状態での引渡し等」を超えた贈与者の責任を追及しようとする者は、当該贈与契約の内容として具体的にどのような義務を贈与者が負ったのかを主張立証して、上記推定を覆す必要が生じました。

2　要件事実について

❶　贈与契約の成立を主張します。

❷　❶において、民法551条1項による推定とは異なる（より高度な義務を贈与者に課す）内容の合意をしたことを主張します。

❸　目的物が❷の契約内容に適合しないことを主張します。

❹　上記契約不適合によって損害が生じたこと及びその額を主張します。

3　訴状例について

贈与契約の目的物が契約内容に適合しないことを理由として債務不履行に基づく損害賠償を請求する事例です。

請求の原因第1項が要件事実❶、同第2項が要件事実❷の主張です。民法551条1項によれば、贈与契約時の状態における引渡しで合意した

第3章　第2節　贈　与　　　281

ものと推定されますが、請求の原因第2項では、契約後に更に整備して
運転に支障がない状態にした上で引き渡す旨の合意をしたものと主張
しています。この合意が認められれば、それに適合するよう履行する
義務が贈与者に生じることとなります。

　請求の原因第3項は要件事実❸及び要件事実❹の主張、同第4項が要
件事実❹の主張です。本件で被告が実際に整備を行ったのかどうかは
不明ですが、少なくとも運転に支障がある状態で引き渡されたことが
推測できるので、訴状に記載する請求原因としては一応の形になって
いるといえます。今後、被告側からの反論に応じてさらに詳しく主張
が必要となる可能性はあるでしょう。

訴 状 例

第1　請求の趣旨
　1　被告は，原告に対し，○万円及びこれに対する訴状送達の日の翌日
　　から支払済みまで年3％の割合による金員を支払え
　2　訴訟費用は被告の負担とする
　との判決並びに仮執行の宣言を求める。
第2　請求の原因
　1　被告は，原告に対し，平成○年○月○日，軽自動車（○○製○○，
　　登録番号○○○○）1台（以下「本件自動車」という。）を贈与した。
　2　上記贈与に際し，原告が被告に対して同車の整備状況を尋ねたと
　　ころ，被告は，運転に支障がないよう整備した上で平成○年△月△日
　　に同車を引き渡す旨約束した。
　3　ところが，原告が，平成○年△月△日，被告宅から本件自動車を運
　　転して帰宅する途中，○○○○付近において赤信号で停止しようと
　　したところ，突然同車のブレーキが利かなくなって止まりきれず，前
　　車に衝突してしまった（以下「本件事故」という。）。
　4　原告は，本件事故により，以下のとおり，合計○万円の損害を被っ
　　た。

- (1) 前車の修理代　○万○円
- (2) レッカー代　○万○円
- (3) ○○○○代　○万○円

5　よって，原告は，被告に対し，上記贈与契約の債務不履行に基づき，損害賠償金○万円及びこれに対する訴状送達の日の翌日から支払済みまで民法所定の年3%の割合による遅延損害金の支払を求める。

第3節　売　買

【76】　権利移転の対抗要件に係る売主の義務（所有権移転登記手続請求）　〔民560〕

＜要件事実＞

旧	〔新〕と同じ
新	❶　売買契約の成立

ポイント

1　改正内容について

(1)　改正前

改正前は、民法555条（同条は改正なし）により売主が買主に対して財産権を移転する義務があることは定められていたものの、財産権移転の対抗要件を備えさせる義務があるかどうかについて明示した規定はありませんでした。

しかしながら、判例上、売主には買主に対抗要件を具備させる義務があるものとされていました（大判大9・11・22民録26・1856）。

(2)　改正後

改正後は、民法560条において、「売主は、買主に対し、登記、登録その他の売買の目的である権利の移転についての対抗要件を備えさせる義務を負う」として、対抗要件を具備させる義務が明文化されました。

2　要件事実について

従来の判例を明文化したものなので、要件事実としては旧民法におけるのと同様に、売買契約の成立を主張すれば足ります。

284 第3章 第3節 売 買

3 訴状例について

原告が被告から土地を購入したが、売主が所有権移転登記手続をしないため、所有権移転登記手続を請求する事例です。

請求の原因第1項が要件事実❶の主張です。

訴 状 例

第1 請求の趣旨
1 被告は，原告に対し，別紙物件目録記載の土地について，平成○年○月○日の売買を原因とする所有権移転登記手続をせよ
2 訴訟費用は被告の負担とする
との判決を求める。
第2 請求の原因
1 被告は，原告に対し，平成○年○月○日，別紙物件目録記載の土地（以下「本件土地」という。）を代金○万円で売った。
2 よって，原告は，被告に対し，上記売買契約に基づき，本件土地の所有権移転登記手続をすることを求める。

（別紙）

物件目録

所 在 ○○県○○市○○町○丁目
地 番 ○○番○○
地 目 宅地
地 積 ○○.○○㎡

第3章　第3節　売　買　　　285

【77】　他人の権利の売買における売主の義務（損害賠償請求）　　　〔民561〕

＜要件事実＞

旧	①　売買契約の締結 ②　①の当時、売主以外の他人が目的物を所有 ③　売主が②の他人から目的物を取得することが不能となったこと ④　損害の発生及び額
新	❶　売買契約の締結 ❷　❶の当時、売主以外の他人が目的物を所有 ❸　売主が❷の他人から目的物を取得することが<u>契約その他の債務の発生原因及び取引上の社会通念に照らして</u>不能となったこと ❹　損害の発生及び額

ポイント

1　改正内容について

(1)　改正前

　改正前は、旧民法560条において他人物売買の売主に対して目的物を取得して買主に移転する義務を課し、それができないときは旧民法561条により担保責任を負うものとされていました。売主の義務が履行不能となった場合、買主は、契約の無催告解除（旧民561前段）や履行不能に基づく損害賠償請求（旧民415後段）が可能でしたが、目的物が売主に属しないことを契約時に買主が知っていたときは損害賠償請求が

できないものとされていました（旧民561後段）。また、旧民法561条の担保責任は法定責任（無過失責任）と解されており、損害賠償の範囲は信頼利益に限られるというのが一般的な理解でした。

(2)　改正後

改正後は、旧民法560条に定められていた売主の義務が、権利の一部が他人に属する場合も追加した上で民法561条に定められました。また、旧民法561条の担保責任の規定は削除され、解除（民540〜）や損害賠償（民415〜）については、債務不履行の一般原則によって認められることとなりました。そのため、損害賠償請求については、その範囲は履行利益まで含まれ、売主に帰責性がないことが抗弁となります（民415①ただし書）。また、買主の認識により損害賠償請求の可否が定まることはなくなりました。

2　要件事実について

❸　履行不能の一般的要件（民412の2①）が新設されたことによる変更です。

3　訴状例について

動産（絵画）の他人物売買において、売主が所有者から当該動産を購入できないまま所有者が第三者に当該動産を売却し、引き渡してしまったことから、買主が売主に対して損害賠償を請求した事例です。

請求の原因第1項から第4項までがそれぞれ要件事実❶から❹までの主張です。損害額については、履行不能時を基準時とする見解（最判昭37・11・16判時327・33参照）によっています。なお、本件は履行不能であることから、填補賠償（債務の履行に代わる損害賠償）の請求が可能です（民415②一）。

第3章　第3節　売　買　　287

訴 状 例

第1　請求の趣旨
　1　被告は，原告に対し，△万円を支払え
　2　訴訟費用は被告の負担とする
　との判決並びに仮執行の宣言を求める。
第2　請求の原因
　1　被告は，原告に対し，平成○年○月○日，○○作の絵画1点（タイトル『○○○』，平成○年作）（以下「本件絵画」という。）を代金○万円で売った（以下「本件売買契約」という。）。
　2　本件売買契約締結当時，Aが本件絵画を所有していた。
　3　Aは，平成○年○月△日，Bに対して本件絵画を△万円で売却し，同日，これをBに引き渡した。これにより本件売買契約に基づく被告の債務は履行が不能となった。
　4　平成○年○月△日当時の本件絵画の評価額は少なくとも△万円を下らない。
　5　よって，原告は，被告に対し，本件売買契約の債務不履行に基づく損害賠償請求として，△万円の支払を求める。

【78】 買主の追完請求権（修補請求）

〔民562〕

＜要件事実＞

旧	―
新	❶ 売買契約の締結 ❷ 目的物の引渡し ❸ 目的物が種類、品質又は数量に関して契約の内容に適合しないものであることの評価根拠事実

ポイント

1 改正内容について

(1) 改正前

改正前における伝統的な理解では、売買契約の目的物に隠れた瑕疵があっても、それが特定物である場合には、売買の目的物は当該瑕疵のある「その物」である以上、売主としてはそれを引き渡せば債務不履行責任を負うことはなく、瑕疵担保責任（旧民570等）のみが問題になるものとされていました。また、瑕疵担保責任の追及方法は、基本的には損害賠償請求（旧民570・566①等）又は解除（旧民561・563②・566①等）であり、権利の一部が他人に属する場合や数量不足の場合の代金減額請求（旧民563①・565）を認める規定もありましたが、瑕疵の修補のような追完請求権は認められていませんでした。

(2) 改正後

改正後は、特定物か不特定物かに関係なく、「引き渡された目的物が種類、品質又は数量に関して契約の内容に適合しないものであるとき」には、買主は売主に対し、「目的物の修補、代替物の引渡し又は不足分

第3章　第3節　売　買　　289

の引渡しによる履行の追完を請求することができる」こととされ（民
562①本文）、従前の瑕疵担保責任は、「契約不適合」による債務不履行
責任の一種と位置づけられました。

　追完の方法は買主において選択しますが、売主は、「買主に不相当な
負担を課するものでないとき」には、買主が請求した方法と異なる方
法で追完することができます（民562①ただし書）。

　追完請求には売主の責めに帰すべき事由によるものであることは必
要ありませんが、契約不適合が買主の責めに帰すべき事由によるもの
であるときは、追完請求はできません（民562②）。

2　要件事実について

❶　売買契約を前提とする追完請求なので、売買契約締結の主張が
　必要です。追完請求について、通常の履行請求の一部請求である
　と解する場合には、この要件のみで追完請求が可能となるはずで
　すが、追完請求は、目的物の契約不適合部分を契約に適合させる
　ことを目的とするものなので、追完を請求する買主側において、
　引き渡された目的物がどのように不適合なのかを具体的に主張立
　証する必要があるでしょう。そのため、❷❸も要件事実として必
　要であると考えます。

❷　目的物が売主から買主に引き渡されたことの主張です。引渡未
　了の場合には、目的物に契約不適合があるか否か判然としないは
　ずであり、通常の履行請求（目的物引渡請求）をすることになる
　でしょう。

❸　目的物に契約不適合があることの主張です。契約の内容に適合
　するか否かは評価的要素を含むため、評価根拠事実が要件事実と
　なります。実際に請求する追完の方法にも関係するため、具体的
　に主張する必要があります。

3 訴状例について

売買契約の目的物に契約不適合があったことを理由として修補請求をする場合の訴状です。

修補請求の場合、請求の趣旨において具体的に強制執行可能な程度に修補内容を特定することが必要です。

請求の原因第1項が要件事実❶の主張、請求の原因第2項が要件事実❷の主張、請求の原因第3項が要件事実❸の主張です。契約不適合の主張方法については、まず契約内容、すなわち当事者間の合意内容がどのようなものであったのかを主張した上で、目的物がそれに適合していないことを具体的に論じるべきでしょう。

訴状例

第1　請求の趣旨
1　被告は，原告に対し，別紙物件目録記載の自動車につき，制動灯が正常に点灯するよう修補せよ
2　訴訟費用は被告の負担とする
との判決並びに仮執行の宣言を求める。
第2　請求の原因
1　本件売買契約の締結
　　被告は，原告に対し，平成〇年〇月〇日，代金〇万円で別紙物件目録記載の中古自動車1台（以下「本件自動車」という。）を売った（以下「本件売買契約」という。）。
2　本件自動車の引渡し
　　被告は，原告に対し，平成〇年〇月〇日，本件自動車を引き渡した。
3　本件自動車の契約不適合
　　原告は，本件自動車受領後，2日間にわたり約3時間ずつ公道上を運転したが，本件自動車は，ブレーキを踏んでもブレーキランプ（制動灯）が点灯しないことがたびたびあることが判明した。

第3章　第3節　売　買　　291

　　本件自動車は中古車とはいえ，道路交通法及び道路運送車両法等
　に違反することなく，かつ安全に公道上を走行することができるこ
　とは当然のことであり，原告も被告もそれを前提に本件売買契約を
　締結したものである。ところが，本件自動車のように，ブレーキラン
　プが点灯しないことが繰り返されたのでは，公道上を上記法令等に
　違反することなく安全に走行することなど望むべくもない。よって，
　本件自動車は，本件売買契約の内容に適合しない。
4　よって，原告は，被告に対し，本件売買契約に基づく履行の追完請
　求権として，本件自動車の修補を求める。

（別紙）
物件目録

　　登録番号　○○○○
　　車　　名　○○○○
　　車台番号　○○○○
　　年　　式　平成○年○月

【79】 買主の代金減額請求権（代金返還請求）

〔民563〕

＜要件事実＞

旧	－
新	❶ 売買契約の締結 ❷ 代金の支払 ❸ 目的物の引渡し ❹ 目的物が種類、品質又は数量に関して契約の内容に適合しないものであることの評価根拠事実 ❺ 履行の追完の催告 ❻ 催告後相当期間の経過 ❼ 代金減額請求の意思表示 ❽ 不適合の程度に応じた代金額

ポイント

1 改正内容について

(1) 改正前

改正前は、売買契約の買主が代金減額を請求できるのは、権利の一部が他人に属する場合（旧民563①）又は数量不足の場合（旧民565・563①）に限られており、隠れた瑕疵等を理由とする代金減額請求は認められていませんでした。

(2) 改正後

改正後は、契約不適合の場合（民562①本文）において、「買主が相当の期間を定めて履行の追完の催告をし、その期間内に履行の追完がないときは、買主は、その不適合の程度に応じて代金の減額を請求するこ

とができる」（民563①）とされ、契約不適合の場合に一般的に代金減額請求ができることとなりました。

　また、履行の追完が不能であるとき（民563②一）、売主が履行の追完を拒絶する意思を明確に表示したとき（民563②二）、契約の性質又は当事者の意思表示により、特定の日時又は一定の期間内に履行しなければ契約をした目的を達することができない場合において、売主が履行の追完をしないでその時期を経過したとき（民563②三）又はこれらのほか、買主が催告をしても履行の追完を受ける見込みがないことが明らかであるとき（民563②四）には、買主は催告をすることなく直ちに代金減額請求ができるものとされました（民563②）。

　代金減額請求には契約不適合が売主の責めに帰すべき事由によるものであることは必要ありませんが、契約不適合が買主の責めに帰すべき事由によるものであるときは、代金減額請求はできません（民562③）。

2　要件事実について

　❶❸❹　【78】の追完請求の場合と同様の事実を主張します。

　❷　代金を減額して払い過ぎた額の返還を請求する場合には、代金を支払ったことを主張立証する必要があります。仮に本来の代金額の一部しか支払っていなかったとしても、代金減額請求の結果、支払額が過多となる場合には、代金の一部を支払った旨の主張だけで足りるでしょう。

　❺❻　条文上は「相当の期間を定めて」催告をする必要があるとされていますが（民563①）、不相当に短い期間を定めた場合や期間を定めずに催告した場合であっても、催告後客観的に相当期間が経過した場合には同様の効果を認めるべきと考えます（履行遅滞に基づく解除につき最判昭29・12・21判タ45・34）。

　❼　代金減額請求の意思表示の主張です。

❽　不適合の程度に応じた代金額を主張します。数量的な不適合で
あれば比較的簡単に算定できますが，質的な不適合の場合にどの
ような方法で算定するかは困難な場合が多いでしょう。

3　訴状例について

　売買契約の目的物に契約不適合があったことを理由として代金減額
請求する場合の訴状です。

　請求の原因第1項から第8項までがそれぞれ要件事実❶から❽までに
対応した主張です。代金減額請求の結果，被告が受領した額のうち，
減額後の代金額を超える部分は不当利得となります。なお，訴状例記
載のコーヒー豆の等級は架空のものです。

訴 状 例

第1　請求の趣旨
　1　被告は，原告に対し，○万円を支払え
　2　訴訟費用は被告の負担とする
　との判決並びに仮執行の宣言を求める。
第2　請求の原因
　1　本件売買契約の締結
　　被告は，原告に対し，平成○年○月○日，○○産コーヒー豆（S等
　級）○トンを代金○万円で売った（以下「本件売買契約」という。）。
　2　代金の支払
　　原告は，被告に対し，平成○年○月○日，代金○万円を支払った。
　3　本件コーヒー豆の引渡し
　　被告は，原告に対し，平成○年○月○日，コーヒー豆○トンを引き
　渡した（以下「本件コーヒー豆」という。）。
　4　本件コーヒー豆の契約不適合
　　原告において本件コーヒー豆○トンのうち○キログラム分（○袋

分）を無作為に抽出して検査したところ，実際にはS等級のものは約6割に過ぎず，残りはA等級が約3割，B等級が約1割であった。

5　履行の追完の催告

原告は，被告に対し，平成○年○月○日付け内容証明郵便により，本件コーヒー豆のうちA等級及びB等級の豆を全てS等級の豆に交換するよう催告し，同書面は同月○日に被告に到達した。

6　催告後相当期間の経過

平成○年○月○日は経過した。

7　代金減額請求の意思表示

原告は，被告に対し，本訴状をもって本件売買契約に基づく売買代金の減額を請求する。

8　相当代金額

本件コーヒー豆の引渡時点における○○産コーヒー豆の取引相場によると，S等級は1トン当たり○万円，A等級は1トン当たり○万円，B等級は1トン当たり○万円である。

本件コーヒー豆の売買代金額は，上記S等級の取引相場の95％の額であったから，次の数式で算定される○万円が，上記代金減額請求後の本件コーヒー豆の代金額である。

（○万円×0.6＋○万円×0.3＋○万円×0.1）×○トン×0.95

9　よって，原告は，被告に対し，不当利得返還請求権に基づき，支払済みの売買代金○万円と上記代金減額請求による減額後の代金額○万円との差額○万円の返還を求める。

296　　　第3章　第3節　売　買

【80】　担保責任の期間の制限（代金返還請求）

〔民566〕

＜要件事実＞

旧	―
新	❶　売買契約の成立 ❷　代金の支払 ❸　目的物の引渡し ❹　目的物が種類又は品質に関して契約の内容に適合しないものであることの評価根拠事実 ❺　履行の追完の催告 ❻　催告後相当期間の経過 ❼　解除の意思表示

ポイント

1　改正内容について

（1）　改正前

改正前は、売買契約において、権利の一部が他人に属する場合の担保責任（旧民564・563）、数量不足・一部滅失の場合の担保責任（旧民565・564）、制限物権がある場合の担保責任（旧民566③）及び瑕疵担保責任（旧民570・566③）を追及する場合には、買主が事実を知ってから1年以内にしなければならないものと定められていました。

（2）　改正後

改正後は、売主の担保責任が契約責任の一種と整理されたことに伴い、担保責任の追及についても、債務不履行責任の追及と同様、一般

原則（消滅時効）によれば足りるものとして、特別の行使期間の制限は設けられませんでした。

しかしながら、「種類」及び「品質」に関する契約不適合（数量不足や権利に関する不適合は含まれません。）については、目的物の使用や時間経過による劣化等によって比較的短期間で判断が困難となるものであり、法律関係の早期安定化の要請から、「買主がその不適合を知った時から1年以内にその旨を売主に通知しないときは、買主は、その不適合を理由として、履行の追完の請求、代金の減額の請求、損害賠償の請求及び契約の解除をすることができない。」との期間制限が新設されました（民566本文）。ただし、当該契約不適合について引渡時に売主が悪意又は重過失であったときは、上記期間制限は適用されません（民566ただし書）。

なお、商人間の売買においては、買主に検査義務が課され（商526①）、契約不適合（数量不足を含みます。）を発見したときは直ちに通知しなければ失権してしまう（商526②）ことに注意が必要です。

2　要件事実について

売買契約の目的物が種類又は品質について契約不適合であることを理由として売買契約を解除し、支払済みの売買代金の返還を求める場合の要件事実です。

❶　売買契約の成立を主張します。

❷　代金の返還を請求する前提として、売買契約に基づいて代金を支払ったことを主張立証する必要があります。

❸　目的物が売主から買主に引き渡されたことの主張です。引渡未了の場合には、履行遅滞を理由とする解除を主張することになるでしょう。

❹　❸で引き渡された目的物が種類又は品質について契約不適合で

あることを主張します。契約の内容に適合するか否かは評価的要素を含むため、評価根拠事実が要件事実となります。

❺❻ 解約解除の前提として、催告及び相当期間の経過が必要となります（民541本文）。条文上は「相当の期間を定めて」催告をする必要があるとされていますが、不相当に短い期間を定めた場合や期間を定めずに催告した場合であっても、催告後客観的に相当期間が経過した場合には同様の効果を認めるべきと考えます（履行遅滞に基づく解除につき最判昭29・12・21判タ45・34）。

❼ 解除の意思表示の主張です。なお、買主が契約不適合を知ってから1年以内に「その旨」（民566本文）、すなわち目的物に契約不適合がある事実を通知していれば、解除の意思表示自体は契約不適合を知ってから1年以上経過していても可能であると解されます。

3 訴状例について

売買契約の目的物が品質について契約不適合であることを理由として売買契約を解除し、支払済みの売買代金の返還を求める事例です。引渡後、1年以上が経過してから催告の通知がなされており、被告から民法566条本文の期間制限の抗弁が主張されることを想定した事例です。

請求の原因第1項から第7項までがそれぞれ要件事実❶から❼までに対応した主張です。

被告からは、民法566条本文の期間制限の抗弁として、①原告が契約不適合を知った時期、②①から1年の経過、が主張されることが想定されるため、関連事実において、あらかじめ再抗弁となるべき1年以内の通知の事実と被告の悪意重過失（民566ただし書）を主張しています。

第3章　第3節　売買　　　　299

訴 状 例

第1　請求の趣旨
　1　被告は，原告に対し，○万円を支払え
　2　訴訟費用は被告の負担とする
　との判決並びに仮執行の宣言を求める。
第2　請求の原因
　1　本件売買契約の締結
　　　被告は，原告に対し，平成○年○月○日，介護用電動ベッド（メーカー：○○，型番：○○○○）1台（以下「本件ベッド」という。）を代金○万円で売った（以下「本件売買契約」という。）。
　2　代金の支払
　　　原告は，被告に対し，平成○年○月○日，代金○万円を支払った。
　3　本件ベッドの引渡し
　　　被告は，原告に対し，平成○年○月○日，本件ベッドを引き渡した。
　4　本件ベッドの契約不適合
　　　本件ベッドは，パンフレット及び取扱説明書○頁記載の性能表によれば，○○○○とされているにもかかわらず，実際には△△△△であった。
　5　履行の追完の催告
　　　原告は，被告に対し，平成○年○月○日到達の内容証明郵便により，平成○年○月○日までに本件ベッドを○○○○のものに交換するか又は本件ベッドを○○○○になるよう補修するよう催告した。
　6　催告後相当期間の経過
　　　平成○年○月○日は経過した。
　7　本件売買契約の解除
　　　原告は，本訴状をもって，本件売買契約を解除する。
　8　よって，原告は，被告に対し，本件売買契約の解除に基づく支払済代金の原状回復請求として，○万円の返還を求める。
第3　関連事実
　1　契約不適合を知った時期及び通知時期について
　　　請求の原因第5項記載の催告は，本件ベッドの引渡しから約1年6ヶ

月が経過した時点でなされており，被告は，民法566条本文所定の1年の期間制限を経過している旨主張している。

しかしながら，本件ベッドが△△△△であることを原告が知ったのは，平成○年○月○日であり，その約2週間後である同月○日には，被告従業員のAに対して，本件ベッドが△△△△である旨口頭で告げている。したがって，原告は，契約不適合を知ってから1年以内に被告に対する通知を行っているものである。

2　被告の悪意又は重過失

さらに，被告は，本件ベッドが△△△△であることを知っていたか，又は重大な過失によって知らなかったものであり，1年間の期間制限は適用されない（民法566条ただし書）。

本件ベッドが△△△△であることは，検査すれば容易に判明するはずであり，被告ホームページによれば，被告が全製品について納品前検査を行っている旨が記載されている。

よって，被告は，本件ベッドが△△△△であることを知っていたか，少なくとも重大な過失によって知らなかったことが明らかである。

第3章　第3節　売　買　　301

【81】　買戻しの特約（所有権移転登記手続請求）

〔民579〕

＜要件事実＞

旧	①　不動産の売買契約の成立 ②　①と同時に、売買代金及び契約費用を返還して①を解除することができるとの合意をしたこと ③　契約費用の額 ④　①に基づく所有権移転登記 ⑤　買戻しの意思表示 ⑥　⑤の際、売買代金及び契約費用を提供したこと
新	❶　不動産の売買契約の成立 ❷　❶と同時に、売買代金（又は別段の合意による金額）及び契約費用を返還して❶を解除することができるとの合意をしたこと ❸　（別段の合意による金額及び）契約費用の額 ❹　❶に基づく所有権移転登記 ❺　買戻しの意思表示 ❻　❺の際、売買代金（又は別段の合意による金額）及び契約費用を提供したこと

ポイント

1　改正内容について

(1)　改正前

　改正前は、「不動産の売主は、売買契約と同時にした買戻しの特約により、買主が支払った代金及び契約の費用を返還して、売買の解除を

することができる。」(旧民579前段) とされており、買戻金額の定めは強行規定と解されていました。買戻しの際の対価を当事者間で自由に定めることができないという不都合を回避するため、実務的には再売買の予約という方法によることが一般的でした。

(2) 改正後

改正後は、「買主が支払った代金」の後に「(別段の合意をした場合にあっては、その合意により定めた金額。第583条1項において同じ。)」との括弧書きが追加され (民579前段)、買戻金額について任意規定となりました。これにより買戻特約の利用が増加するものと考えられます。

2 要件事実について

不動産の売買契約に基づき売主から買主への所有権移転登記手続をした後、買戻特約に基づき売主が買戻しの意思表示をしたことを理由に買主から売主への所有権移転登記手続を求める場合の要件事実です。

❶ 売買契約の成立を主張します。民法上の買戻特約は、対象が不動産に限定されているので注意が必要です。動産に関しても同様の特約を任意で締結することは可能と解されますが、その場合には民法579条から585条までの規定が直接適用されることはありません (類推適用の可否は問題となり得ます。)。

❷ 買戻特約は、売買契約と同時に行う必要があることに注意が必要です。改正によって売買代金と異なる金額を合意することが可能となりました。契約費用については別段の合意が可能であるとは明示されていませんが、改正前から契約費用の返還を不要とする場合に契約費用について「なし」とする登記がなされており、そのような合意は有効であると解されます。

第3章　第3節　売　買　303

❸　売買代金額は❶で明らかとなりますが、契約費用の額について
は❶❷で必ずしも明らかにならないため、明確な金額を主張する
必要があります。合意額については、❷で確定額を合意していれ
ば改めて主張する必要はありませんが、算定方法のみ定めた場合
（そのような合意も有効と考えます。）には、ここで確定額を主張
する必要があります。

❹　所有権移転登記手続を請求する前提として、❶に基づいて登記
が売主から買主に移転していることの主張が必要でしょう。

❺　買戻しの意思表示を主張します。条文上、売買契約の解除と位
置づけられていますので、「解除」との文言で意思表示することも
可能ですが、その場合には債務不履行解除と区別するため❷に基
づく解除であることを明示すべきです。

なお、買戻しの意思表示について期限を定めなかったときは売
買契約から5年以内に買戻しの意思表示をする必要があるため（民
580③）、買戻しの意思表示の時期が売買契約から5年を超えている
ような場合には、❷において買戻期間を定めたことも要件となり
ます。買戻期間は最長10年に限定されているため（民580①）、買戻
しの意思表示が売買契約から10年を超える場合には主張自体失当
となります。

❻　条文上、売買代金等を「返還して、売買の解除をすることがで
きる」とされており（民579前段）、解除のためには売買代金等を提
供する必要があります。

3　訴状例について

　原告が被告に土地を売却し所有権移転登記も完了した後、契約から
5年以内に買戻しの意思表示をして買い戻したという事例です。

請求の原因第1項が要件事実❶、同第2項が要件事実❷❸、同第3項が要件事実❹、同第4項が要件事実❺❻の主張です。

要件事実❻（買戻額の提供）については、被告が否認するようであれば、請求の原因第4項より具体的な事実を主張する必要があります。

訴 状 例

第1　請求の趣旨
1　被告は、原告に対し、別紙物件目録記載の土地について、平成○年○月○日の買戻しを原因とする所有権移転登記手続をせよ
2　訴訟費用は被告の負担とする
との判決を求める。
第2　請求の原因
1　原告被告間の売買契約の成立
　　原告は、被告に対し、平成△年△月△日、別紙物件目録記載の土地（以下「本件土地」という。）を代金○万円で売った。
2　買戻特約
　　前記売買契約の際、原告と被告は、次の(1)及び(2)の額を返還して原告が本件土地を買い戻すことができる旨の合意をした。
　(1)　合 意 額：○万円
　(2)　契約費用：○万円
3　所有権移転登記
　　原告は、前記売買契約に基づき、被告に対し、平成△年△月△日、本件土地につき所有権移転登記手続をした。
4　買戻しの意思表示
　　原告は、被告に対し、平成○年○月○日、第2項(1)及び(2)記載の額合計○万円を提供して、買戻しの意思表示をした。
5　よって、原告は、被告に対し、上記買戻しに基づき、本件土地につき平成○年○月○日の買戻しを原因とする所有権移転登記手続をすることを求める。

第3章　第3節　売　買　　　305

（別紙）

物件目録

　　所　　在　　○○県○○市○○町○丁目
　　地　　番　　○○番○○
　　地　　目　　宅地
　　地　　積　　○○．○○㎡

第4節　消費貸借

【82】　書面でする消費貸借（貸金交付請求）

〔民587の2〕

＜要件事実＞

旧	①　金銭返還の合意 ②　金銭交付の合意 ③　〔新設〕
新	❶　金銭返還の合意 ❷　金銭交付の合意 ❸　❶❷の合意は書面（又は電磁的記録）によること

ポイント

1　改正内容について

(1)　改正前

改正前においては、典型契約としての消費貸借契約は要物契約であり、目的物の交付が契約の成立要件とされていました（旧民587）。一方で、無名契約としての諾成的消費貸借契約も認められていたことから（最判昭48・3・16金法683・25）、当事者間で消費貸借の合意が成立した場合には、書面によるか否かを問わず、貸主に「貸す義務」が発生し、借主から貸主に対する金銭交付請求が成り立ちます。

(2)　改正後

改正後は、書面による要式行為としての諾成的消費貸借契約が新たに定められました（民587の2）。これにより、従来のように書面によらない諾成的消費貸借契約は認められないものと解されます。書面又はその内容を記録した電磁的記録によりなされた場合には（民587の2①

第3章 第4節 消費貸借 307

④）、やはり貸主に「貸す義務」が発生し、借主から貸主に対する金銭交付請求が成り立ちます。

2 要件事実について

❶❷ 旧民法における諾成的消費貸借契約成立の要件事実と同じです。この場合、❶について弁済期の合意が必要か否かは、いわゆる貸借型理論を採用するか否かにより異なります（司法研修所編『改訂　紛争類型別の要件事実—民事訴訟における攻撃防御の構造—』27頁（法曹会、2006）、同編『新問題研究要件事実』38頁（法曹会、2011））。

❸ 諾成的消費貸借契約の成立には、書面又は電磁的記録による必要があるため、要件事実となります。電磁的記録によってされた場合には、民法587条の2第4項により書面でされたものとみなされます。

3 訴状例について

請求の原因第1項は、金銭交付請求の要件事実に該当する事実を記載しています。要件事実❶❷❸を一文にまとめて記載した例です。

請求の原因第2項は、要件事実としては不要な記載です。もし被告が既に原告に対して貸付金を交付していた場合には、被告が抗弁として交付の事実を主張することになります。実務上は論旨の流れをスムーズにするためにこのような記載をすることもあります。

訴 状 例

第1　請求の趣旨
　1　被告は，原告に対し，○万円を支払え
　2　訴訟費用は被告の負担とする

との判決並びに仮執行の宣言を求める。

第2　請求の原因

1　原告は，被告との間で，平成○年○月○日，書面により，被告が原告に対して○万円を支払期日平成○年○月○日として貸し渡す旨合意した。

2　しかし，被告はいまだに原告に対して前項の貸付けを行っていない。

3　よって，原告は，被告に対し，上記諾成的消費貸借契約に基づき，原告に対して○万円を貸し付けることを求める。

第3章　第4節　消費貸借　　309

【83】　利息（貸金返還請求）

〔民589〕

＜要件事実＞

旧	① 金銭の返還の合意をしたこと
	② 金銭の交付をしたこと
	③ 返還時期の合意をしたこと
	④ 利息の合意をしたこと
	⑤ ④の後一定期間が経過したこと
新	❶ 金銭の返還の合意をしたこと
	❷ 金銭の交付をしたこと
	❸ 返還時期の合意をしたこと
	❹ 利息の合意をしたこと
	❺ ❷及び❹の後一定期間が経過したこと

ポイント

1　改正内容について

（1）　改正前

　改正前は、消費貸借契約の利息について直接定める規定はありませんでした（利息に言及するものとして旧民590）。しかしながら、消費貸借契約は無利息が原則であって、利息の合意がなければ利息が請求できないことについては、特段争いなく認められていました（民587・旧民590①参照）。また、判例上、借主は特約のない限り消費貸借成立の日（＝元本受領日）から利息を支払うべき義務があるものとされていました（最判昭33・6・6民集12・9・1373）。

(2) 改正後

改正後は、「貸主は、特約がなければ借主に対して利息を請求することができない。」（民589①）、「前項の特約があるときは、貸主は、借主が金銭その他の物を受け取った日以後の利息を請求することができる。」（民589②）とされ、前述の解釈及び判例が明文化されました。

2 要件事実について

消費貸借契約における利息請求の要件事実です（司法研修所監修『民事訴訟法第一審手続の解説 事件記録に基づいて〔3訂版〕』14頁（法曹会、1999））。

❶ 利息は元本使用の対価であり元本債権に付随するものなので、元本債権の発生原因事実として消費貸借契約の成立を主張する必要があります。

❷ 消費貸借契約は改正後においても原則として要物契約とされていますので（民587）、消費貸借契約の成立の主張として金銭の交付の主張が必要です。書面でする消費貸借契約（諾成的消費貸借契約）においては、契約成立の要件としては不要です（民587の2）。しかし、利息請求のためには原則として金銭の交付が必要なので（民589②）、いずれにしても主張する必要があります。

❸ 返還時期の合意を契約成立の要件とする立場（司法研修所編『改訂 紛争類型別の要件事実―民事訴訟における攻撃防御の構造―』27頁（法曹会、2006）。いわゆる貸借型理論。）においては利息請求においても返還時期の合意が必須要件となります。これに対し、契約成立の要件ではなく、契約終了の要件とする立場（司法研修所編『新問題研究要件事実』38頁（法曹会、2011））では、利息請求においては不要な要件と考えることになるでしょう。

❹ 利息の請求をするためには合意が必要です（民589①）。利率まで合意していれば合意した利率が、利率の合意がなければ法定利

第3章　第4節　消費貸借　　311

率が適用されます（民404）。

❺　利息計算の基礎となる一定期間が経過したことの主張です。改正前においては、要物契約である消費貸借契約成立の際に既に金銭の交付がなされていることから、それと同時又はその後に利息の合意がなされれば、利息の合意後の一定期間経過を要件とすれば足りるものと考えられますが（司法研修所編『改訂　紛争類型別の要件事実－民事訴訟における攻撃防御の構造－』29頁（法曹会、2006））、改正により諾成的消費貸借契約（民587の2）が明文化され、金銭交付前に利息の合意がなされ得ることが明らかとなったことからすると、金銭交付後に一定期間が経過したことも要件として明示すべきものと考えます。

3　訴状例について

貸金返還請求の事例です。利息及び遅延損害金の利率については約定が存在する前提です。

請求の原因第1項は、要件事実❶❷❸❹の主張です。

請求の原因第2項は、弁済期が経過したことの主張であり、遅延損害金発生の要件ですが、元本請求の要件である「弁済期の到来」や利息請求の要件である「一定期間の経過」（要件事実❺）の主張も含まれていると解されます。

訴 状 例

第1　請求の趣旨
　1　被告は，原告に対し，○万円及びこれに対する平成○年4月25日から平成△年3月25日まで年○％，平成△年3月26日から支払済みまで年△％の割合による金員を支払え

2　訴訟費用は被告の負担とする

　との判決並びに仮執行の宣言を求める。

第2　請求の原因

　1　原告は，被告に対し，平成○年4月25日，○万円を次の約定で貸し
　　付けた。

　　　(1)　弁済期：平成△年3月25日

　　　(2)　利　息：年○％

　　　(3)　損害金：年△％

　2　平成△年3月25日は経過した。

　3　よって，原告は，被告に対し，上記消費貸借契約に基づき，元金○
　　万円並びにこれに対する貸付日である平成○年4月25日から弁済期で
　　ある平成△年3月25日まで約定の年○％の割合による利息及び弁済期
　　の翌日である同年3月26日から支払済みまで約定の年△％の割合によ
　　る遅延損害金の支払を求める。

第3章　第4節　消費貸借　　　313

【84】　期限前弁済（損害賠償請求）

〔民591③〕

＜要件事実＞

旧	―
新	❶　金銭の返還合意 ❷　金銭の交付 ❸　返還時期の合意 ❹　利息の合意 ❺　❸の期限前の弁済 ❻　損害の発生及び額

ポイント

1　改正内容について

（1）　改正前

改正前は、消費貸借契約において「借主は、いつでも返還をすることができる。」（旧民591②）とされている一方で、民法136条2項（改正なし）には「期限の利益は、放棄することができる。ただし、これによって相手方の利益を害することができない。」との規定もあったため、利息支払の合意があり、かつ、返済期限が定められている場合に、借主が期限前弁済をすることができるか否か、できるとしても相手方に生じる損害を賠償すべきか否かについて、明確な定めがありませんでした。

（2）　改正後

改正後は、民法591条2項が「借主は、返還の時期の定めの有無にかかわらず、いつでも返還をすることができる。」と改められ、返済期限

が定められている場合にも期限前弁済が可能であることが明示されました。さらに、民法591条3項に「当事者が返還の時期を定めた場合において、貸主は、借主がその時期の前に返還をしたことによって損害を受けたときは、借主に対し、その賠償を請求することができる。」との規定が新設され、借主が期限前弁済によって貸主に生じた損害の賠償義務を負うことが明確になりました。

この場合の損害については、①返還時期までの利息相当額、②返還時期までの利息相当額から返還により貸主が得た運用利益を控除した額、③貸付金の調達コスト、といった様々な考え方が示されていますが、損害の算定に関する規定は設けられず、今後の解釈に委ねられることとなりました。

2　要件事実について

❶　消費貸借契約の成立要件として返還合意を主張する必要があります。

❷　消費貸借契約は改正後においても原則として要物契約とされていますので（民587）、消費貸借契約の成立要件として金銭の交付の主張が必要です。書面でする消費貸借契約（諾成的消費貸借契約）においては、契約成立の要件としては不要です（民587の2）。しかし、諾成的消費貸借契約についても、期限前弁済の前提として、貸付金の交付を主張する必要があるでしょう。

❸　いわゆる貸借型理論を採用するか否かにかかわらず、期限前弁済の主張をする前提として、期限の定めがあることの主張が必要です。

❹　無利息の場合にはおよそ貸主に損害が発生することはないものと考えられるため、利息の合意を主張する必要があると解されます。算定方法にもよりますが、損害額の算定のためにも利息の主

第3章　第4節　消費貸借　　315

張が必要となるでしょう。

❺　借主が❸の期限前に弁済したことの主張です。

❻　❺による損害の発生と額の主張です。損害の考え方について
は、前述のとおり、様々なものがあります。

3　訴状例について

請求の原因第1項が要件事実❶❷❸❹の主張、請求の原因第2項が要
件事実❺の主張、請求の原因第3項が要件事実❻の主張です。

訴　状　例

第1　請求の趣旨
1　被告は，原告に対し，○万円を支払え
2　訴訟費用は被告の負担とする
との判決並びに仮執行の宣言を求める。
第2　請求の原因
1　原告は，被告に対し，平成○年6月1日，○万円を次の約定で貸し付
けた。
　　(1)　弁済期：平成△年11月30日
　　(2)　利　息：年○％
2　被告は，原告に対し，平成△年1月10日，上記借入金○万円を弁済
した。
3　原告は，被告の上記期限前弁済により，以下のとおり○万円の損害
を被った。
　　(1)　……
　　(2)　……
4　よって，原告は，被告に対し，民法591条3項に基づく損害賠償金○
万円の支払を求める。

第5節　使用貸借

【85】　使用貸借（目的物引渡請求）

〔民593，593の2〕

＜要件事実＞

旧	—
新	❶　目的物引渡しの合意 ❷　目的物を借主が無償で使用収益することの合意 ❸　目的物返還の合意

ポイント

1　改正内容について

（1）　改正前

改正前は、「使用貸借は、当事者の一方が無償で使用及び収益をした後に返還をすることを約して相手方からある物を受け取ることによって、その効力を生ずる。」と定められ（旧民593）、使用貸借契約は要物契約とされていました。

（2）　改正後

改正後は、「使用貸借は、当事者の一方がある物を引き渡すことを約し、相手方がその受け取った物について無償で使用及び収益をして契約が終了したときに返還をすることを約することによって、その効力を生ずる。」として（民593）、諾成契約に改められました。諾成契約となったことに伴い、使用貸借の貸主は、書面によらない使用貸借については、借主が目的物を受け取るまで契約の解除をすることができる旨の規定も新設されました（民593の2）。なお、諾成的消費貸借契約の

第3章　第5節　使用貸借　　317

場合（民587の2④）と異なり、電磁的記録を書面とみなす旨の規定はありません。

2　要件事実について

❶　諾成契約となったため、引渡しの合意のみで足り、実際に引き渡すことまでは不要です。

❷　使用貸借の内容として、無償での使用収益の合意が必要です。

❸　契約終了時に目的物を返還することの合意です。この場合、弁済期の合意が必要か否かは、いわゆる貸借型理論を採用するか否かにより異なります（司法研修所編『改訂　紛争類型別の要件事実－民事訴訟における攻撃防御の構造－』27頁（法曹会、2006）、司法研修所編『新問題研究要件事実』38頁（法曹会、2011））。

3　訴状例について

使用貸借契約に基づき目的物の引渡しを請求する事例です。

請求の趣旨第1項において、一般に目的物が不動産の場合に使用される「明け渡せ」ではなく、「引き渡せ」との文言を使用していますが、民法593条の条文上は「引き渡すこと」を約するものとされたこと、「引渡し」は「明渡し」を含む上位概念であること及び「明け渡せ」は本件とは逆に貸主が借主に返還を求めるような語感があることから、敢えて「引き渡せ」を用いたものです。執行方法は明渡しも引渡しも同じです（民執168①）。

請求の原因第1項が要件事実❶❷❸の主張です。

請求の原因第2項の書面による契約であることは、請求原因としては本来不要であり、解除の抗弁に対する再抗弁となるべきものです（民593の2ただし書）。しかしながら、書面によらない使用貸借は、引渡しまでの間に貸主から自由に解除できるため（民593の2本文）、実際に訴訟提

起する意味があるのは書面が作成されている場合のみといえます。そして、書面が作成されている場合には、訴状においてその旨を主張することによりあらかじめ解除の抗弁を封じておくことが適切でしょう。

訴 状 例

第1　請求の趣旨
　1　被告は，原告に対し，別紙物件目録記載の建物を引き渡せ
　2　訴訟費用は被告の負担とする
　との判決並びに仮執行の宣言を求める。
第2　請求の原因
　1　原告は，被告との間で，平成○年○月○日，別紙物件目録記載の建物を，返還期日を平成△年○月○日として，被告が原告に対して無償で貸し渡す旨の合意をした。
　2　前項の合意は，書面による。
　3　よって，原告は，被告に対し，上記使用貸借契約に基づき，上記建物の引渡しを求める。

（別紙）
物件目録

　　所　　在　　○○県○○市○○町○○番地
　　家屋番号　　○○番
　　種　　類　　居宅
　　構　　造　　木造亜鉛メッキ鋼板ぶき2階建
　　床 面 積　　1階　○○．○○㎡
　　　　　　　　2階　○○．○○㎡

第3章　第5節　使用貸借　　319

【86】　使用貸借の終了（借用物返還請求）

〔民597，598〕

＜要件事実＞

旧	①　使用貸借（目的物を借主が無償で使用収益すること＋目的物返還）の合意 ②　目的物の引渡し ③　使用貸借の終了原因事実（返還時期の合意＋到来／使用収益の目的の合意＋目的の達成／借主の死亡／貸主の返還請求の意思表示）
新	❶　使用貸借（目的物引渡し＋目的物を借主が無償で使用収益すること＋目的物返還）の合意 ❷　❶の合意に基づく目的物の引渡し ❸　使用貸借の終了原因事実（使用貸借期間の合意＋期間の末日の経過／使用収益の目的の合意＋目的の達成／借主の死亡／貸主の解除の意思表示／借主の解除の意思表示）

ポイント

1　改正内容について

　(1)　改正前

　改正前は使用貸借の借主の返還時期として、①返還時期を定めた場合は、契約に定めた時期（旧民597①）、②返還時期を定めず使用収益の目的を定めた場合は、契約に定めた目的に従い使用収益を終わった時（旧民597②本文）又は使用収益をするのに足りる期間を経過したとき（旧民597②ただし書）、③返還時期も使用収益の目的も定めなかった場

合は、いつでも（旧民597③）目的物の返還を請求できるものとされていました。

また、借主の死亡によって効力を失うとの規定もありましたが（旧民599）、借主からの解除権に関する定めはありませんでした。

（2）　改正後

改正後は、使用貸借の終了原因が、期間満了等による使用貸借の終了（民597）及び使用貸借の解除（民598）に整理されました。

民法597条では、①使用貸借期間を定めたときは、その期間の満了、②使用貸借期間を定めず使用収益の目的を定めたときは、その目的に従った使用収益の終了、③借主の死亡、により、使用貸借は終了するものとされました。

民法598条では、貸主は、①使用貸借期間を定めず使用収益の目的を定めたときは、その目的に従い借主が使用収益をするのに足りる期間を経過したとき、②使用貸借期間も使用収益の目的も定めなかったときはいつでも、使用貸借を解除することができるとともに、借主は、いつでも使用貸借の解除をすることができるものとされました。

2　要件事実について

❶　使用貸借の合意の主張です。詳細は【85】を参照してください。

❷　返還請求の前提として❶に基づき引き渡したことの主張が必要です。

❸　使用貸借の終了原因の主張です。民法597条及び598条による終了原因を挙げています。

3　訴状例について

請求の原因第1項が要件事実❶及び要件事実❸のうちの使用収益目的の合意の主張、同第2項が要件事実❷の主張、同第3項が要件事実❸のうちの目的達成の主張です。

第3章　第5節　使用貸借　　321

訴 状 例

第1　請求の趣旨
　1　被告は，原告に対し，別紙物件目録記載の建物を明け渡せ
　2　訴訟費用は被告の負担とする
　との判決並びに仮執行の宣言を求める。
第2　請求の原因
　1　原告は，被告との間で，平成○年○月○日，別紙物件目録記載の建
　　物（以下「本件建物」という。）を，書道教室の運営を目的として，
　　原告が被告に対して無償で貸し渡す旨の合意をした。
　2　原告は，被告に対し，前同日，上記使用貸借契約に基づき，本件建
　　物を引き渡した。
　3　被告は，平成○年○月○日，運営する書道教室を閉室する旨の貼り
　　紙を本件建物の入り口に貼付したまま，その後○か月以上も再開し
　　ておらず，被告は，既に上記使用貸借契約の目的に従った使用収益を
　　終えたものというべきである。
　4　よって，原告は，被告に対し，上記使用貸借契約の終了に基づき，
　　本件建物の明渡しを求める。

（別紙）

物件目録

　　　所　　　在　　○○県○○市○○町○○番地
　　　家屋番号　　○○番
　　　種　　　類　　居宅
　　　構　　　造　　木造亜鉛メッキ鋼板ぶき2階建
　　　床 面 積　　1階　○○．○○㎡
　　　　　　　　　　2階　○○．○○㎡

【87】　借主による収去等（収去・原状回復請求）

〔民599〕

＜要件事実＞

旧	―
新	❶　使用貸借（目的物引渡し＋目的物を借主が無償で使用収益すること＋目的物返還）の合意 ❷　❶の合意に基づく目的物の引渡し ❸　使用貸借の終了原因事実 ❹　❷以降に目的物に損傷が生じたこと

ポイント

1　改正内容について

（1）　改正前

改正前は、使用貸借の「借主は、借用物を原状に復して、これに附属させた物を収去することができる。」（旧民598）との条文がありました。使用貸借の借主が原状回復義務・収去義務を負うことに異論はなかったものの、これらを明確に定めた条文はありませんでした。旧民法598条は、少なくとも文言上は借主の収去権を定めた規定に過ぎず、ここから借主の原状回復義務・収去義務を読み取ることは困難でした。

（2）　改正後

改正後は、「借主は、借用物を受け取った後にこれに附属させた物を収去することができる。」（民599②）として、借主の収去権の規定を維持した上で、「借主は、借用物を受け取った後にこれに附属させた物がある場合において、使用貸借が終了したときは、その附属させた物を収去する義務を負う。」（民599①本文）として、収去義務を明示しました。

第3章　第5節　使用貸借　　　323

ただし、「借用物から分離することができない物又は分離するのに過分の費用を要する物」は収去義務の対象から除外されています（民599①ただし書）。

さらに、「借主は、借用物を受け取った後にこれに生じた損傷がある場合において、使用貸借が終了したときは、その損傷を原状に復する義務を負う。」（民599③本文）として、原状回復義務についても明示しました。ただし、「その損傷が借主の責めに帰することができない事由によるものであるとき」には原状回復義務を負わないものとされています（民599③ただし書）。

なお、収去義務（民599①）及び収去権（民599②）の規定は賃貸借について準用されていますが、原状回復義務（民599③）の規定は準用されていません（民622）。

2　要件事実について

❶　使用貸借の合意の主張です。詳細は【85】を参照してください。

❷　損傷が目的物引渡し後に生じたことが必要であるため（民599③本文）、❶に基づき引き渡したことを主張します。

❸　原状回復義務が発生するのは「使用貸借が終了したとき」（民599③本文）であるため、使用貸借の終了原因を主張します。

❹　借主への引渡し後に損傷が生じたことの主張です。損傷の内容を具体的に主張する必要があります。

3　訴状例について

請求の原因第1項が要件事実❶及び要件事実❸のうちの使用貸借期間の合意の主張、同第2項が要件事実❷の主張、同第3項が要件事実❹の主張、同第4項が要件事実❸のうちの使用貸借期間満了の主張です。請求の原因第3項については、通常、貸与中の物件にいつ損傷等が生じたかを貸主において正確に主張することは難しいので、訴状の段階で

はこの程度の記載にせざるを得ないでしょう。

　請求の趣旨のうち、損傷箇所の修復については、強制執行可能な程度に特定する必要があるため、場合によってはさらに詳しく請求内容を特定するよう求められる可能性もあります。なお、収去請求権は原状回復請求権の一内容であると考えますが、別個の条項による請求権であるため、区別して記載しています。

訴 状 例

第1　請求の趣旨
　1　被告は，原告に対し，別紙物件目録記載の建物につき，別紙附属物・損傷箇所目録記載1の附属物を収去せよ
　2　被告は，原告に対し，別紙物件目録記載の建物につき，別紙附属物・損傷箇所目録記載2の損傷箇所を修復せよ
　3　被告は，原告に対し，別紙物件目録記載の建物を明け渡せ
　4　訴訟費用は被告の負担とする
　との判決並びに仮執行の宣言を求める。
第2　請求の原因
　1　原告は，被告との間で，平成○年○月○日，別紙物件目録記載の建物（以下「本件建物」という。）を，使用貸借期間を平成△年△月△日までとして，原告が被告に対して無償で貸し渡す旨の合意をした。
　2　原告は，被告に対し，前同日，上記使用貸借契約に基づき，本件建物を引き渡した。
　3　被告は，平成○年○月○日以後，別紙附属物・損傷箇所目録記載1の附属物を本件建物に附属させるとともに，同目録記載2の損傷箇所を損傷した。
　4　平成△年△月△日は経過した。
　5　よって，原告は，被告に対し，上記使用貸借契約の終了に基づき，収去請求として上記附属物の収去を，原状回復請求として上記損傷箇所の修復を，返還請求として本件建物の明渡しを求める。

（別紙）

物件目録

所　　在　　○○県○○市○○町○○番地

家屋番号　　○○番

種　　類　　居宅

構　　造　　木造亜鉛メッキ鋼板ぶき2階建

床 面 積　　1階　　○○．○○㎡

　　　　　　2階　　○○．○○㎡

（別紙）

附属物・損傷箇所目録

1　附属物
　(1)　1階北東角居室の天井設置の冷暖房機1台
　(2)　同居室の北側外壁設置の室外機1台
　(3)　2階西側居室の北側内壁設置の本棚
2　損傷箇所
　(1)　1階北側台所の壁面中央付近の直径約10cmの穴
　(2)　2階東側居室の西側内壁付着の約50cm四方の赤色ペンキ汚れ

【88】 損害賠償等の請求権についての期間の制限（損害賠償請求） 〔民600〕

＜要件事実＞

旧	―
新	❶　貸主が借主から目的物の返還を受けていないこと又は ❶′　貸主が借主から目的物の返還を受けてから1年以内であること

ポイント

1　改正内容について

(1)　改正前

　改正前は、使用貸借の「契約の本旨に反する使用又は収益によって生じた損害の賠償及び借主が支出した費用の償還は、貸主が返還を受けた時から1年以内に請求しなければならない」（旧民600）とされていました。これに加えて、一般の時効にも服するものとされていたため、契約期間の途中で借主が用法違反により貸主に損害を与えた場合に、貸主がそれを知らないまま損害賠償請求権の消滅時効が進行してしまう可能性がありました。

(2)　改正後

　改正後は、旧民法600条が民法600条1項とされた上で、民法600条2項に「前項の損害賠償の請求権については、貸主が返還を受けた時から1年を経過するまでの間は、時効は、完成しない。」との規定が新設されました。

第3章　第5節　使用貸借　　327

　これは、新たに時効の完成猶予事由を定めたものであり、賃貸借についても準用されています（民622）。この改正により、目的物返還前に消滅時効が完成することはなく、目的物の返還を受けてから1年以内に損害賠償請求をすれば足りることになります。

　なお、貸主が知らない間に消滅時効が完成することを防止するという上記改正の趣旨からすると、債権者（貸主）が権利を行使することができることを知った時（主観的起算点）から5年間の消滅時効（民166①一）に関しても民法600条2項による時効の完成猶予が適用されることについて若干の疑問も生じますが、それを限定する規定はないため、適用は否定されないものと解します。

2　要件事実について

　貸主が借主に対して用法違反による損害賠償請求（民594①・600①）をしたのに対して、借主から一般の消滅時効（民166①一・二）による時効消滅の抗弁が主張された場合の再抗弁（時効の完成猶予）の要件事実です。

❶　上記のとおり、目的物返還前は消滅時効が完成しないと解されますので、目的物の返還が未了であることは再抗弁として機能するでしょう。

❶′　目的物返還後1年以内であれば時効は完成しないので、これも再抗弁として機能します。

3　訴状例について

　使用貸主が使用借主に対して用法違反による損害賠償を請求する事例です。貸主が用法違反を知ってから5年以上経過しているものの、目的物の返還から1年以内という前提です。

　請求の原因の記載は、用法違反による損害賠償請求の要件事実です。

これに対して、被告からは訴訟外で消滅時効の主張がなされていることから（関連事実第3項）、関連事実第4項において、再抗弁となるべき時効の完成猶予の要件事実❶′をあらかじめ主張しているものです。

訴 状 例

第1　請求の趣旨
　1　被告は，原告に対し，○万円及び訴状送達の日の翌日から支払済みまで年3%の割合による金員を支払え
　2　訴訟費用は被告の負担とする
　との判決並びに仮執行の宣言を求める。
第2　請求の原因
　1　原告は，被告との間で，平成○年○月○日，○○県○○市○○町○○番地所在の○○アパート（以下「本件アパート」という。）の101号室（以下「本件居室」という。）を，目的を被告の居住，使用貸借期間を平成△年△月△日までと定めて，無償で貸し渡す旨の合意をした。
　2　原告は，被告に対し，前同日，上記使用貸借契約に基づき，本件居室を引き渡した。
　3　ところが，被告は，上記目的に反して，平成○年△月頃から同年□月頃までの間，本件居室を違法カジノの営業のために使用し，その間，深夜を中心にカジノの顧客が頻繁に本件アパートに出入りしていた。
　4　前項の事実が本件アパートの他の住人（いずれも賃貸借契約に基づく賃借人）に知れ渡ったことから，別紙賃貸借契約一覧表記載のとおり，他の住人のうち○名が平成○年□月までに原告との賃貸借契約を中途解約して退室してしまった。これにより原告が失った得べかりし賃料の額は，別紙賃貸借契約一覧表記載のとおり，合計○万円である。
　5　よって，原告は，被告に対し，被告の用法違反による損害賠償請求として，○万円及びこれに対する訴状送達の日の翌日から支払済みまで民法所定の年3%の割合による遅延損害金の支払を求める。

第3章　第5節　使用貸借　　329

第3　関連事実
1　原告と被告とは従兄弟どうしであり，原告は，平成○年○月頃，○
　○国から帰国したばかりの被告が住むところがなくて困っていると
　の話を聞いたため，原告所有の本件アパートの一室を一時的に居住
　目的で無償使用させることとしたものである。
2　ところが，被告は，上記のとおり違法カジノの営業を開始してしま
　ったのであり，原告の再三にわたる警告によりようやく営業を中止
　したものの，その間に多数の住人が本件アパートを退室してしまっ
　た。
3　原告は，被告に対して本件居室からの退室と上記損害賠償金の支
　払を繰り返し求めていたものの，被告は一向に応じることがないま
　ま5年が経過し，被告は，損害賠償請求権は時効消滅している（民法
　166条1項1号）などと主張するに至っている。
4　しかしながら，原告が被告から本件居室の返還を受けたのは，今か
　ら約10か月前の平成△年△月○日のことであり，いまだ返還から1年
　が経過していない。よって，民法600条2項により消滅時効の完成は
　猶予されており，被告の主張には理由がない。

（別紙）
賃貸借契約一覧表

　　（省略）

第6節　賃貸借

【89】　不動産の賃貸人たる地位の移転（賃料請求）

〔民605の2〕

＜要件事実＞

旧	〔新〕と同じ
新	❶　旧所有者と賃借人との間の賃貸借契約の締結 ❷　❶の当時、旧所有者が目的物を所有 ❸　❶に基づく目的物の引渡し ❹　賃借人が❶の賃借権につき対抗要件具備 ❺　新所有者の旧所有者からの所有権取得原因事実 ❻　一定の賃貸借期間の経過 ❼　賃料支払期限の到来

ポイント

1　改正内容について

(1)　改正前

　改正前は、不動産の賃貸人の地位の移転に関して定めた条文は存在していませんでしたが、判例（大判大10・5・30民録27・1013）によれば、賃借権につき対抗要件を具備した賃借人がいる土地を賃貸人が第三者に譲渡したときは、土地の新所有者はその賃貸借契約に基づく旧所有者の権利義務を承継するものとされていました。この場合には、判例により、敷金返還債務（最判昭44・7・17判時569・39）及び費用償還債務（最判昭46・2・19判時622・76）についても新所有者に承継されるものとされていました。

第3章　第6節　賃貸借　　　331

　また、新所有者が賃借人に対して賃料請求等するためには、所有権
移転登記が必要である旨の判例（大判昭8・5・9裁判集民12・1123）もあり
ました。
　(2)　改正後
　改正後は、不動産の賃貸人の地位の移転に関する条文が整理され、
「(前略) 賃貸借の対抗要件を備えた場合において、その不動産が譲渡
されたときは、その不動産の賃貸人たる地位は、その譲受人に移転す
る。」との規定が新設されました（民605の2①）。対抗要件としては、具
体的に民法605条（賃借権の登記）、借地借家法10条（土地上の登記済
建物の所有）及び31条（建物の引渡し）が例示されていますが、その
他の法令による対抗要件具備も同様です。賃貸人たる地位が移転した
ときは、費用償還債務（民608）及び敷金返還債務（民622の2①）について
も、譲受人（又はその承継人）が承継します（民605の2④）。
　また、「(前略) 賃貸人たる地位の移転は、賃貸物である不動産につ
いて所有権の移転の登記をしなければ、賃借人に対抗することができ
ない。」との規定が新設されました（民605の2③）。
　上記はいずれも従前の判例の明文化ですが、それ以外に、賃借権に
つき対抗要件を備えた賃貸中不動産の所有権移転の場合にも、①賃貸
人たる地位を譲渡人に留保すること、及び、②目的不動産を譲受人か
ら譲渡人へ賃貸することを、譲渡人と譲受人との間で合意したときは、
賃貸人たる地位が移転しない旨の規定（民605の2②）も新設されました。
このような合意があるときは、譲受人から譲渡人へ、譲渡人から賃借
人へ、順次目的不動産が賃貸（転貸）されている状態となります。

2　要件事実について

　民法605条の2は、上記のとおり、第2項を除いて従前判例により認め
られてきた要件・効果を明文化したものであるため、改正による要件

事実の変更はありません。

❶　旧所有者との賃貸借契約の締結の主張です。目的物を特定することにより、民法614条所定の支払時期が適用されることになりますが、特約でそれより早い時期を支払時期と定め、特約どおりの支払を求める場合には、特約の主張も必要です。

❷　所有権の移転に伴う賃貸人の地位の移転を主張するため、元の貸主が所有権を有していたことを主張する必要があります。

❸　賃料は目的物の使用収益の対価のため（民601）、使用収益可能な状態に置いたことの主張として引渡しの主張が必要となります。

❹　民法605条の2第1項による賃貸人の地位の移転を主張するには賃借権につき対抗要件を具備していることが前提となります。なお、目的物が建物の場合には、❸の主張が同時に借地借家法31条による対抗要件具備の主張にもなります。

❺　売買、贈与又は代物弁済等、所有権の取得原因を主張します。なお、民法605条の2第3項で所有権移転登記が必要とされていますが、これは賃借人への対抗要件のため、請求原因としては不要であり、賃借人から対抗要件の抗弁の権利主張があったときに再抗弁として主張すれば足ります。

❻　請求する賃料に相当する賃貸借期間が経過したことの主張です。

❼　民法614条所定の支払時期又は❶で約定した支払時期の到来を主張します。

3　訴状例について

賃貸建物の所有権を売買によって取得したことを理由として、賃借人に対して賃料及び遅延損害金の支払を求める事例です。

請求の原因第1項が要件事実❶❷の主張、同第2項が要件事実❸❹の

主張、同第3項が要件事実❺の主張、同第4項が要件事実❻❼の主張です。請求の原因第4項が支払期限の「到来」ではなく「経過」となっているのは、遅延損害金の請求も併せて行っていることによるものです。

訴 状 例

第1　請求の趣旨
 1　被告は，原告に対し，○万円並びにうち○万円に対する平成○年7月1日から，うち○万円に対する同年8月1日から及びうち○万円に対する同年9月1日から各支払済みまで年10％の割合による金員を支払え
 2　訴訟費用は被告の負担とする
 との判決並びに仮執行の宣言を求める。
第2　請求の原因
 1　Aは，被告に対し，平成○年1月○日，Aが所有する別紙物件目録記載の建物（以下「本件建物」という。）を，以下の約定で賃貸した。
  (1)　賃貸期間：平成○年1月○日から平成△年12月末日まで
  (2)　賃　　料：月額○万円
  (3)　支払期日：毎月末日限り翌月分を支払う
  (4)　損　害　金：年10％
 2　Aは，被告に対し，前同日，上記賃貸借契約に基づき，本件建物を引き渡した。
 3　Aは，原告に対し，平成○年6月5日，本件建物を○万円で売った。
 4　平成○年6月から同年8月までの各末日は経過した。
 5　よって，原告は，被告に対し，上記賃貸借契約に基づき，平成○年7月分から9月分までの賃料合計○万円及び各月分につき支払期日の翌日から支払済みまで約定の年10％の割合による遅延損害金の支払を求める。

（別紙）

物件目録

所　　在　○○県○○市○○町○○番地

家屋番号　○○番

種　　類　居宅

構　　造　木造亜鉛メッキ鋼板ぶき2階建

床 面 積　1階　○○.○○㎡

　　　　　2階　○○.○○㎡

第3章　第6節　賃貸借　　　335

【90】　合意による不動産の賃貸人たる地位の移転（地代請求）　〔民605の3〕

＜要件事実＞

旧	〔新〕と同じ
新	❶　旧所有者と賃借人との間の賃貸借契約の締結 ❷　❶の当時、旧所有者が目的物を所有 ❸　❶に基づく目的物の引渡し ❹　新所有者の旧所有者からの所有権取得原因事実 ❺　新所有者と旧所有者との間の賃貸人たる地位の移転の合意 ❻　一定の賃貸借期間の経過 ❼　賃料支払期限の到来

ポイント

1　改正内容について

（1）　改正前

改正前は、不動産の賃貸人の地位の移転に関して定めた条文は存在していませんでしたが、判例（最判昭46・4・23判時634・35）によれば、賃貸借の目的となっている土地の所有者が、その所有権とともに賃貸人たる地位を譲渡する場合には、特段の事情のない限り賃借人の承諾を必要としないとされていました。

通常、契約上の地位の譲渡に債務の移転が伴う場合には、債権者たる相手方の承諾が必要ですが（民539の2参照）、上記判例は、賃貸借契約における賃貸人の義務が賃貸人によって履行方法が特に異なるものではないこと、土地所有権の移転があったときに新所有者にその義務の

承継を認めることがむしろ賃借人にとって有利であることから、上記のような判示をしているものです。

（2）改正後

改正後は、不動産の賃貸人の地位の移転に関する条文が整理され、民法605条の2（不動産の賃貸人たる地位の移転）に加え、民法605条の3（合意による不動産の賃貸人たる地位の移転）前段として、「不動産の譲渡人が賃貸人であるときは、その賃貸人たる地位は、賃借人の承諾を要しないで、譲渡人と譲受人との合意により、譲受人に移転させることができる。」との規定が新設されました。これは民法539の2（契約上の地位の移転）の特則に当たります。

合意により賃貸人たる地位が移転したときは、費用償還債務（民608）及び敷金返還債務（民622の2①）についても、譲受人（又はその承継人）が承継します（民605の3後段・605の2④）。

また、賃貸人たる地位の移転は、賃貸物である不動産について所有権移転登記をしなければ賃借人に対抗することができません（民605の3後段・605の2③）。

民法605条の3は、民法605条の2と異なり、賃借人が賃借権につき対抗要件を具備していない場合を前提としたものです。

2 要件事実について

民法605条の3は、判例を明文化したものであるため、改正による要件事実の変更はありません。

❶ 旧所有者との賃貸借契約の締結の主張です。目的物を特定することにより、民法614条所定の支払時期が適用されることになりますが、特約でそれより早い時期を支払時期と定め、特約どおりの支払を求める場合には、特約の主張も必要です。

❷ 所有権の移転に伴う賃貸人の地位の移転を主張するため、元の

第3章　第6節　賃貸借　　337

貸主が所有権を有していたことを主張する必要があります。

❸　賃料は目的物の使用収益の対価のため（民601）、使用収益可能な状態に置いたことの主張として引渡しの主張が必要となります。なお、目的物が建物の場合には、この主張により同時に借地借家法31条による対抗要件具備が明らかとなることから、民法605条の2によって当然に賃借人たる地位の移転が生じ、合意による不動産の賃借人たる地位の移転の主張は過剰主張になると考えられます。

❹　売買、贈与又は代物弁済等、所有権の取得原因を主張します。なお、民法605条の3後段及び民法605条の2第3項で所有権移転登記が必要とされていますが、これは賃借人への対抗要件のため、請求原因としては不要であり、賃借人から対抗要件の抗弁の権利主張があったときに再抗弁として主張すれば足ります。

❺　旧所有者から新所有者へ賃貸人たる地位を移転する旨の合意を主張します。

❻　請求する賃料に相当する賃貸借期間が経過したことの主張です。

❼　民法614条所定の支払時期又は❶で約定した支払時期の到来を主張します。

3　訴状例について

賃貸土地の所有権を売買によって取得したことを理由として、賃借人に対して地代及び遅延損害金の支払を求める事例です。なお、実務上、土地が目的物の場合には「地代」という用語を使用することがありますが、特に賃料と異なる意味で使用されているものではありません。

請求の原因第1項が要件事実❶❷の主張、同第2項が要件事実❸の主

張、同第3項が要件事実❹の主張、同第4項が要件事実❺の主張、同第5項が❻❼の主張です。請求の原因第5項が支払期限の「到来」ではなく「経過」となっているのは、遅延損害金の請求も併せて行っていることによるものです。

訴 状 例

第1　請求の趣旨
1　被告は，原告に対し，○万円及びこれに対する平成○年12月16日から支払済みまで年14.6％の割合による金員を支払え
2　訴訟費用は被告の負担とする
との判決並びに仮執行の宣言を求める。

第2　請求の原因
1　Aは，被告に対し，平成○年1月○日，Aが所有する別紙物件目録記載の土地（以下「本件土地」という。）を，以下の約定で賃貸した。
　　(1)　賃貸期間：平成○年1月○日から30年間
　　(2)　地　　　代：年額○万円
　　(3)　支払期日：毎年12月15日限り翌年分を支払う
　　(4)　損　害　金：年14.6％
2　Aは，被告に対し，前同日，上記賃貸借契約に基づき，本件土地を引き渡した。
3　Aは，原告に対し，平成○年6月5日，本件土地を○万円で売った。
4　Aは，原告との間で，上記売買の際，本件土地の賃貸人たる地位をAから原告に移転させるとの合意をした。
5　平成○年12月15日は経過した。
6　よって，原告は，被告に対し，上記賃貸借契約に基づき，平成△年分の地代○万円及びこれに対する支払期日の翌日である平成○年12月16日から支払済みまで約定の年14.6％の割合による遅延損害金の支払を求める。

第3章　第6節　賃貸借

（別紙）

物件目録

所　　在　○○県○○市○○町○丁目

地　　番　○○番○○

地　　目　宅地

地　　積　○○．○○㎡

第3章 第6節 賃貸借

【91】 不動産の賃借人による妨害の停止の請求等（妨害排除請求）

〔民605の4〕

＜要件事実＞

旧	〔新〕と同じ
新	❶ 不動産賃貸借契約の締結 ❷ ❶の当時、賃貸人が目的不動産を所有 ❸ 賃借人が❶の賃借権につき対抗要件具備 ❹ 第三者による目的不動産の占有又は占有妨害

ポイント

1 改正内容について

(1) 改正前

改正前は、不動産の賃借人が第三者に対して妨害の停止等を請求できる旨の条文はありませんでした。判例においては、旧罹災都市借地借家臨時処理法10条による対抗要件を具備した不動産の賃借人について、二重賃借人や不法占拠者に対する妨害排除請求権が認められていました（最判昭28・12・18判時19・20、最判昭30・4・5判タ50・20）。

(2) 改正後

改正後は、上記判例を明文化し、不動産の賃借人が民法605条（賃借権の登記）、借地借家法10条（土地上の登記済建物の所有）及び31条（建物の引渡し）その他の法令の規定による賃借権の対抗要件を備えた場合、「その不動産の占有を第三者が妨害しているとき」には「その第三者に対する妨害の停止の請求」が（民605の4一）、「その不動産を第三者が占有しているとき」は「その第三者に対する返還の請求」が（民605の4二）、それぞれできるものとされました。

2 要件事実について

民法605条の4は、上記のとおり、判例を明文化したものといえますが、不法占拠者に対しても対抗要件の具備が要求されるのかという点については解釈が分かれています。本書は二重賃借人か不法占拠者かを区別せず、同様の要件が必要との見解によるものです。

❶ 民法605条の4が適用されるのは不動産の賃貸借契約に限られます。

❷ 妨害排除請求権は、本来は所有権に基づく権利であり、他人物賃貸借ではなく、所有者から賃借した賃借人であることが必要であると解されます（伊藤滋夫編著『新民法（債権関係）の要件事実Ⅱ改正条文と関係条文の徹底解説』516頁（青林書院、2017）参照）。

❸ 賃借権につき対抗要件を具備したことの主張です。民法605条、借地借家法10条又は同法31条その他の法令の規定による対抗要件具備を主張します。

❹ 第三者による妨害状態を主張します。占有しているのか、占有以外の態様による妨害なのかを区別するとともに、請求の趣旨につながるよう具体的に主張する必要があります。

3 訴状例について

借地借家法10条による対抗力ある土地賃借人が、当該土地上に廃棄物を放置した隣地所有者に対してその撤去を求める事例です。

請求の原因第1項が要件事実❶及び要件事実❸のうち建物所有目的（借地借家法適用の前提）の主張、同第2項が要件事実❷の主張、同第3項及び第4項が要件事実❸のうち土地上の登記済建物所有（借地借家10）の主張、同第5項が要件事実❹の主張です。

第3章　第6節　賃貸借

訴状例

第1　請求の趣旨
1　被告は，原告に対し，別紙物件目録記載1の土地のうち，別紙図面のイロハニイの各点を順次直線で結んだ線で囲まれた範囲内の部分のコンクリート片を撤去せよ
2　訴訟費用は被告の負担とする
との判決並びに仮執行の宣言を求める。
第2　請求の原因
1　Aは，原告に対し，平成○年○月○日，別紙物件目録記載1の土地（以下「本件土地」という。）を，以下の約定で賃貸した。
　　(1)　賃貸期間：平成○年○月○日から30年間
　　(2)　目　　的：建物所有
　　(3)　地　　代：年額○万円
2　上記賃貸借契約締結当時，Aは本件土地を所有していた。
3　本件土地上には，別紙物件目録記載2の建物が存在する。
4　上記建物には，平成○年○月○日付けで原告名義の所有権保存登記がされている。
5　被告は，本件土地の隣地所有者であるところ，隣地上の建物の解体によって生じたコンクリート片を，本件土地上の隣地との境界付近（別紙図面のイロハニイの各点を順次直線で結んだ線で囲まれた範囲）に，多数放置している。
6　よって，原告は，被告に対し，本件土地の対抗力ある賃借権に基づく妨害排除請求として，上記コンクリート片の撤去を求める。

（別紙）

物件目録

1　所　　在　　○○県○○市○○町○丁目
　　地　　番　　○○番

地　　　目　宅地

地　　　積　○○．○○㎡

2　所　　　在　○○県○○市○○町○○番地

家屋番号　○○番

種　　　類　居宅

構　　　造　木造亜鉛メッキ鋼板ぶき2階建

床　面　積　1階　○○．○○㎡

　　　　　　2階　○○．○○㎡

（別紙）

図　　面

（省略）

【92】 賃借物の一部滅失等による賃料の減額等（賃料返還請求） 〔民611〕

＜要件事実＞

旧	① 目的物の引渡後にその一部が<u>滅失したこと</u>及びその時期 ② ①の減失が賃借人の<u>過失によらないで生じたこと</u> ③ 減額されるべき賃料の額 ④ <u>賃料減額請求の意思表示</u>
新	❶ 目的物の引渡後にその一部が<u>滅失その他の事由により使用及び収益をすることができなくなったこと</u>及びその時期 ❷ ❶の減失が賃借人の<u>責めに帰することができない事由によるものであること</u> ❸ 減額されるべき賃料の額 ❹ 〔削除〕

ポイント

1 改正内容について

(1) 改正前

改正前は、「賃借物の一部が賃借人の過失によらないで滅失したときは、賃借人は、その滅失した部分の割合に応じて、賃料の減額を請求することができる。」(旧民611①)とされており、減額請求権は実体法上の形成権であり、その効果は一部滅失が生じた時に遡って生じるものと解されていました。また、一部滅失以外の一時的な一部履行不能の場合にも類推適用されるとの見解がありました。

(2) 改正後

改正後は、「賃借物の一部が滅失その他の事由により使用及び収益をすることができなくなった場合において、それが賃借人の責めに帰することができない事由によるものであるときは、賃料は、その使用及び収益をすることができなくなった部分の割合に応じて、減額される。」（民611①）と改められました。減額事由が一部滅失に限られないことが明確にされた点及び減額の意思表示が不要となり当然に減額されることになった点が主な変更点です。

2　要件事実について

賃料請求に対して目的物の一部滅失による代金減額の抗弁を主張する場合の要件事実です。

❶　滅失その他の事由は、引渡後に生じたものであることが必要です。引渡時点で既に滅失等していた場合には、追完請求権（民562・559）の問題となります。

❷　賃借人の帰責事由によらないことは、賃借人において主張立証責任を負うものとされています。賃貸人から賃借人に目的物が引き渡されている以上、賃貸人よりも賃借人の方が、滅失等の事由についての主張立証が容易であると考えられます。

❸　減額は、「使用及び収益をすることができなくなった部分の割合に応じて」（民611①）なされるため、具体的には使用収益不能となった部分の割合を主張し、それを本来の賃料に乗じて算出することになります。

3　訴状例について

目的物の一部滅失後の賃貸借期間について約定どおりの賃料を支払った賃借人が、過大に支払った賃料の返還を求める事例です。不当利得の要件である「法律上の原因がないこと」（民703）につき請求原因説

の立場によっています。

請求の原因第3項が要件事実❶❷に対応する主張、同第5項が要件事実❸に対応する主張です。

訴 状 例

第1　請求の趣旨
　1　被告は，原告に対し，116万円を支払え
　2　訴訟費用は被告の負担とする
　との判決並びに仮執行の宣言を求める。
第2　請求の原因
　1　被告は，原告に対し，平成○年3月29日，別紙物件目録記載の建物（以下「本件建物」という。）を，以下の約定で賃貸した。
　　(1)　賃貸期間：平成○年4月1日から平成△年3月31日まで2年間
　　(2)　賃　　料：月額18万円
　　(3)　支払期日：毎月末日限り翌月分を支払う
　2　被告は，原告に対し，平成○年4月1日，本件建物を引き渡した。
　3　本件建物は，平成○年6月20日，震度○を記録した○○地震によって1階南側の一部（別紙図面の斜線部分）が倒壊し，本件建物の延床面積のうち3分の1超が使用不能となったまま，現在に至っている。
　4　原告は，被告に対し，本件訴訟提起までの間に，平成○年6月分から平成△年1月分まで20か月分の約定賃料合計360万円を支払った。
　5　しかしながら，第3項記載の使用不能により，平成○年7月分から平成△年1月分までの賃料は，少なくともその3分の1である6万円が減額されているため（民法611条1項），12万円である。
　　　また，平成○年6月分については，その賃借期間のうち3分の1の10日間分について少なくともその3分の1である2万円が減額されているため，16万円である。
　6　したがって，減額後の賃料額244万円（12万円×19か月＋16万円）と支払済賃料360万円との差額である116万円について，被告は法律上の原因なく利得している。

7 よって，原告は，被告に対し，不当利得返還請求権に基づき，116万円の返還を求める。

（別紙）

物件目録

所　　在　○○県○○市○○町○○番地
家屋番号　○○番
種　　類　居宅
構　　造　木造亜鉛メッキ鋼板ぶき2階建
床　面　積　1階　○○．○○㎡
　　　　　　2階　○○．○○㎡

（別紙）

図　　面

（省略）

【93】 敷金（敷金返還請求）

〔民622の2〕

＜要件事実＞

旧	〔新〕と同じ
新	❶ 賃貸借契約の締結 ❷ ❶に基づく目的物の引渡し ❸ ❶に付随する敷金授受の合意 ❹ ❸に基づく敷金の交付 ❺ ❶の終了原因事実 ❻ ❺に基づく目的物の返還 ❼ ❷から❺までの賃料（及び❺の翌日から❻までの賃料相当損害金）の弁済

ポイント

1 改正内容について

(1) 改正前

改正前は、民法上、敷金との文言は存在していたものの（旧民619②）、敷金の定義や返還請求権の発生時期等についての定めはありませんでした。

敷金は、賃借人の債務を担保する目的で賃貸人に交付され、賃貸借契約終了時に賃借人に債務不履行があれば当然にその弁済に充当され、債務不履行がなければ返還される金銭であると解されていました（大判大15・7・12民集5・616）。

また、敷金返還請求権の発生時期は、賃貸借契約の終了後、目的物の返還（明渡し）完了時に、明渡しまでの未払賃料及び賃料相当損害

金等の損害金を控除した残額について発生するものと解されていました（最判昭48・2・2判時704・44）。

　(2)　改正後

　改正後は、敷金は、「いかなる名目によるかを問わず、賃料債務その他の賃貸借に基づいて生ずる賃借人の賃貸人に対する金銭の給付を目的とする債務を担保する目的で、賃借人が賃貸人に交付する金銭」と定義されました（民622の2①柱書）。

　敷金の返還時期は、「賃貸借が終了し、かつ、賃貸物の返還を受けたとき」（民622の2①一）又は「賃借人が適法に賃借権を譲り渡したとき」（民622の2①二）とされ、返還すべき額は、「その受け取った敷金の額から賃貸借に基づいて生じた賃借人の賃貸人に対する金銭の給付を目的とする債務の額を控除した残額」（民622の2①柱書）とされました。

　また、賃借人の金銭債務不履行の際には、賃貸人は敷金をその債務の弁済に充てることができるものの、賃借人は敷金を充てることを請求できない旨の規定も設けられました（民622の2②）。

2　要件事実について

　民法622条の2は、上記のとおり、従前の判例による要件・効果を明文化したものであるため、改正による要件事実の変更はありません。

❶　敷金契約と賃貸借契約は別個の契約ですが、前者は後者に付随するものと解されているため、賃貸借契約の締結の主張が必要です。

❷　敷金の被担保債権である賃料債権が発生したことを明らかにするため、引渡しの主張が必要です。

❸　敷金契約の締結の主張です。

❹　敷金契約は担保の設定契約であり、質権設定契約と同様（民344）に要物契約と解されているため、金銭の交付が必要です。

350 第3章 第6節 賃貸借

❺ 敷金返還請求権の発生には賃貸借契約の終了が必要です。

❻ 敷金返還請求権の発生には目的物の返還が必要です。

❼ ❶❷❺❻によって、❷から❺までの賃料（及び❺より❻が遅れた場合には❺の翌日から❻までの賃料相当損害金）の発生が明らかになるため、これらを支払ったことを主張する必要があります。これら以外の債務の発生原因事実は、賃貸人が主張すべき抗弁となります。

3 訴状例について

　請求の原因第1項が要件事実❶の主張、同第2項が要件事実❷の主張、同第3項が要件事実❸❹の主張、同第4項が要件事実❺の主張、同第5項が要件事実❻の主張、同第6項が要件事実❼の主張です。本件では期間満了日に明け渡しているため、賃料相当損害金は発生していません。なお、敷金返還請求権については、明渡日に発生すると同時に原則として支払期限が到来し、その翌日から遅滞に陥ると解されているので、通常は遅滞に陥るのを防止するために「明渡しから○○日以内」などと支払期限を合意しておくことが多いでしょう。

訴 状 例

第1　請求の趣旨
　1　被告は，原告に対し，○万円及びこれに対する平成△年△月○日から支払済みまで年3％の割合による金員を支払え
　2　訴訟費用は被告の負担とする
　との判決並びに仮執行の宣言を求める。
第2　請求の原因
　1　被告は，原告に対し，平成○年○月○日，○○○○所在の○○マン

ション○号室（以下「本件建物」という。）を，以下の約定で賃貸した。

(1)　賃貸期間：平成○年○月○日から平成△年△月△日まで

(2)　賃　　料：月額○万円

2　被告は，原告に対し，前同日，上記賃貸借契約に基づき，本件建物を引き渡した。

3　原告は，被告との間で，上記賃貸借契約にかかる敷金として○万円を交付する旨合意し，これに基づき，平成○年○月△日，被告に対し，○万円を交付した。

4　平成△年△月△日は経過した。

5　原告は，被告に対し，平成△年△月△日，本件建物を明け渡した。

6　原告は，被告に対し，平成○年○月分から平成△年△月分までの賃料をいずれも支払期日までに支払った。

7　よって，原告は，被告に対し，上記敷金契約に基づき，敷金○万円及びこれに対する明渡日の翌日である平成△年△月○日から支払済みまで民法所定の年3％の割合による遅延損害金の支払を求める。

第7節　雇用・請負

【94】　履行の割合に応じた報酬（雇用報酬請求）

〔民624の2〕

＜要件事実＞

旧	―
新	❶　雇用契約の締結 ❷　❶に基づく一部の労働の履行 ❸　❷後の労働不能又は雇用の中途終了 ❹　❷の労働の全体に占める割合

ポイント

1　改正内容について

（1）　改正前

　改正前は、雇用契約について、「労働者は、その約した労働を終わった後でなければ、報酬を請求することができない」（民624①）、「期間によって定めた報酬は、その期間を経過した後に、請求することができる」（民624②）との規定がありましたが（これらの規定は改正なし）、労働が中途で終了した場合における規定は存在していませんでした。

　しかしながら、既に労働が履行された部分についての報酬請求権の行使は可能であるとの解釈が一般的でした。また、使用者の責めに帰すべき事由により労働が履行不能となった場合には、危険負担の規定（旧民536②前段）により、労働者は報酬請求権を失わないものと解されていました。

（2）　改正後

　改正後は、「使用者の責めに帰することができない事由によって労

第3章　第7節　雇用・請負　　353

働に従事することができなくなったとき」又は「雇用が履行の中途で
終了したとき」には、労働者は、「既にした履行の割合に応じて報酬を
請求することができる」（民624の2）との規定が新設されました。これ
により、労働が履行不能となったり中途で終了したりした場合には、
それが労働者の責めに帰すべき事由によるものか否かを問わず、労働
者は既履行分の割合に応じた報酬請求権を行使できることが明確にな
りました。

　なお、使用者の責めに帰すべき事由による履行不能が除かれている
のは、改正前と同様に、危険負担の規定（民536②前段）により、使用者
は労働者からの（既履行の割合によらない）報酬請求を拒むことがで
きないと解されるからです。

2　要件事実について

❶　雇用契約の締結が前提となります。

❷　雇用契約に基づく労働の履行の主張です。もし契約に基づく
　　（一定期間の）労働を全部履行していれば、約定どおりの報酬が
　　請求可能なので、一部の履行にとどまることを主張します。

❸　一部の履行しか済んでいなくても報酬請求が可能な場合に該当
　　すること、すなわちそれ以降の労働が継続できない状態となった
　　ことの主張が必要です。なお、民法624条の2第1号の場合も、「使
　　用者の責めに帰することができない事由によること」の主張は不
　　要であると解します。もし使用者に帰責事由があれば民法536条2
　　項により全額請求が可能なはずなのに、使用者に帰責事由がない
　　ことの主張立証がない限り割合的請求が認められないとすること
　　は不合理だからです。

❹　履行済みの労働の割合を主張する必要があります。通常、労働
　　期間に応じて報酬が定められるため、約定の労働期間に対する実

際に労働した期間の割合を主張し、それを約定の労働期間分の報
酬額に乗じて請求額を算定することになります。

3　訴状例について

　請求の原因第1項から第4項までがそれぞれ要件事実❶から要件事実
❹の主張です。請求の原因第5項は、同第1項の主張の際に支払期日の
定めを主張しているため、支払期日の到来を主張しているものです。

　要件事実❹（既履行の労働の割合）については、本件のように計算
が容易な事案では、請求の原因第1項及び第2項の記載があれば改めて
根拠を明記しなくても黙示的に主張されていると解されるでしょう
が、やはり請求の原因第4項のようにできるだけ明確に主張しておく
ことが望ましいでしょう。

訴状例

第1　請求の趣旨
　1　被告は，原告に対し，○万円を支払え
　2　訴訟費用は被告の負担とする
　との判決並びに仮執行の宣言を求める。
第2　請求の原因
　1　原告は，平成○年○月○日，被告との間で，以下のとおりの約定で，
　　原告を労働者，被告を使用者とする雇用契約を締結した。
　　（1）　雇用期間：平成○年4月1日から同年9月30日まで
　　（2）　業　　　務：○○データ入力業務及び○○データ解析業務
　　（3）　給　　　与：1か月あたり△万円
　　（4）　支払期日：毎月末日締　翌月6日払
　2　原告は，上記雇用契約に基づき，平成○年4月1日から同月15日まで
　　上記業務に従事した。

第3章　第7節　雇用・請負　　355

　3　原告は，平成○年4月16日の出勤前に自宅で転倒し，右手首を骨折
　　して上記業務の継続が困難となったことから，同日，被告との間で，
　　雇用期間を同月15日までで終了させることを合意した。

　4　原告が上記業務に従事した期間は15日間であるから，被告が支払
　　うべき給与額は，1か月分△万円の2分の1である○万円である。

　5　平成○年5月6日は到来した。

　6　よって，原告は，被告に対し，上記雇用契約に基づき，○万円の支
　　払を求める。

356 第3章 第7節 雇用・請負

【95】 注文者が受ける利益の割合に応じた報酬（請負報酬請求） 〔民634〕

＜要件事実＞

旧	—
新	❶ 請負契約の締結 ❷ ❶に基づく仕事の一部履行 ❸ ❷後の仕事完成不能又は仕事完成前の請負の解除 ❹ ❷の給付により注文者が利益を受けること ❺ ❹の利益の全体に占める割合

ポイント

1 改正内容について

(1) 改正前

改正前は、「請負は、当事者の一方がある仕事を完成することを約し、相手方がその仕事の結果に対してその報酬を支払うことを約することによって、その効力を生ずる。」（民632）との規定及び「報酬は、仕事の目的物の引渡しと同時に、支払わなければならない。」（民633本文）との規定がありました（これらの規定は改正なし）。そのため、仕事が完成しなければ報酬が請求できないのが前提であり、仕事が結局完成に至らなかった場合についての定めはありませんでした。

ただし、工事内容が可分であり、当事者が既施工部分の給付に関し利益を有するときは、特段の事情のない限り、既施工部分について契約を解除することができず、未施工部分について契約の一部解除をすることができるにすぎない旨の判例があり（大判昭7・4・30民集11・780、

最判昭56・2・17判時996・61)、いわゆる出来高部分についての報酬請求が認められていました。また、「請負契約において、仕事が完成しない間に、注文者の責に帰すべき事由によりその完成が不能となった場合には、請負人は、自己の残債務を免れるが、民法536条2項によって、注文者に請負代金全額を請求することができ、ただ、自己の債務を免れたことによる利益を注文者に償還すべき義務を負うにすぎないものというべきである。」との判例もありました(最判昭52・2・22判時845・54)。

 (2)　改正後

　改正後は、「注文者の責めに帰することができない事由によって仕事を完成することができなくなったとき」又は「請負が仕事の完成前に解除されたとき」において「請負人が既にした仕事の結果のうち可分な部分の給付によって注文者が利益を受けるときは、その部分を仕事の完成とみなす。」ものとされ、請負人は、「注文者が受ける利益の割合に応じて報酬を請求することができる」(民634)との規定が新設されました。これにより、仕事が未完成のまま終了したとしても、それが請負人の責めに帰すべき事由によるものか否かを問わず、注文者が受ける利益の割合に応じた報酬請求権を行使できる場合があることが明確になりました。

　なお、注文者の責めに帰すべき事由による履行不能が除かれているのは、改正前と同様に、危険負担の規定(民536②前段)により、注文者は請負人からの(利益の割合によらない)報酬請求を拒むことができないと解されるからです。

2　要件事実について

❶　請負契約の締結が前提となります。

❷　請負契約に基づく仕事の一部履行の主張です。もし契約に基づ

く仕事を完成していれば、約定どおりの報酬が請求可能なので、一部の履行にとどまることを主張します。

❸　一部の履行しか済んでいなくても報酬請求が可能な場合に該当すること、すなわちそれ以降の仕事が継続できない状態となったことの主張が必要です。なお、民法634条1号の場合も、「注文者の責めに帰することができない事由によること」の主張は不要であると解します。もし注文者に帰責事由があれば民法536条2項により全額請求が可能なはずなのに、注文者に帰責事由がないことの主張立証がない限り割合的請求が認められないとすることは不合理だからです。

❹❺　一部履行された仕事の給付により注文者が利益を受けること及び注文者の受けた利益の割合を主張する必要があります。一部について仕事の完成とみなされる（民634①前段）ことにより請負人の報酬請求が可能となります。

　注文者は仕事の出来高割合に応じて利益を受けるのが原則だから、❹❺ではなく、出来高割合を主張すれば足りる旨の見解もあります（伊藤滋夫編著『新民法（債権関係）の要件事実Ⅱ改正条文と関係条文の徹底解説』559頁（青林書院、2017））。

3　訴状例について

　請求の原因第1項から第5項までがそれぞれ要件事実❶から要件事実❺の主張です。

　請求の原因第4項につき、目的物の完成は要件事実ではありませんが、原告の出来高により実際に被告が利益を受けていることを示すために事実関係を主張しています。

第3章　第7節　雇用・請負　　　359

訴 状 例

第1　請求の趣旨
　1　被告は，原告に対し，○万円を支払え
　2　訴訟費用は被告の負担とする
　との判決並びに仮執行の宣言を求める。
第2　請求の原因
　1　原告は，平成○年○月○日，被告との間で，以下のとおりの約定で，
　　原告を請負人，被告を注文者とする請負契約を締結した。
　　　(1)　工　事　名：A邸新築工事
　　　(2)　工事場所：○○県○○市○○町○丁目○番○号
　　　(3)　工　　　期：平成○年○月○日から同年○月○日まで
　　　(4)　請負報酬：○万円
　　　(5)　支払期日：着工時40％（○万円），完成引渡時60％（○万円）
　　　(6)　特　　　約：原告の代表者，役員又は実質的に経営を支配する者
　　　　　が，暴力団，暴力団員等の反社会的勢力であったことが判明した
　　　　　ときは，被告は契約を解除できる。
　2　原告は，上記請負契約に基づき，平成○年○月○日から同年○月○
　　日まで上記建築工事を施工した。
　3　被告は，平成○年○月○日，原告の取締役であるBが暴力団員であ
　　ることを理由として，第1項(6)記載の特約により上記請負契約を解
　　除した。
　4　上記解除の時点までに，原告は，A邸の建築を80％完了していたと
　　ころ，その後，C社がA邸の建築を引き継ぎ，平成○年○月○日にA
　　邸は完成している。
　5　原告が建築した部分の給付により被告が得た利益は，上記A邸の
　　出来高である80％を下らないため，原告は被告に対して約定の請負
　　報酬○万円の80％である○万円から着工時受領済みの○万円を控除
　　した○万円の請求権を有している。
　6　よって，原告は，被告に対し，上記請負契約に基づき，請負報酬○
　　万円の支払を求める。

第3章 第7節 雇用・請負

【96】 請負人の担保責任（原状回復請求）
〔新民法該当なし（旧民635の削除）〕

＜要件事実＞

旧	—
新	❶ 請負契約の締結 ❷ ❶に基づく目的物の引渡し又は金員の交付 ❸ 解除権の発生原因事実 ❹ ❶の契約解除の意思表示

ポイント

1 改正内容について

（1） 改正前

　改正前は、請負契約の「仕事の目的物に瑕疵があり、そのために契約をした目的を達することができないときは、注文者は、契約の解除をすることができる。ただし、建物その他の土地の工作物については、この限りでない。」（旧民635）と定められていて、土地の工作物が目的物であるときは、その瑕疵を理由として解除することができませんでした。これは、解除を認めた場合、請負人に当該工作物の収去義務を負わせるのは負担が大きいこと、また、瑕疵があったとしても一定の価値のある工作物を収去することは社会経済的に見て損失が大きいとの理由によるものでした。

　しかしながら、建物に重大な瑕疵があって建て替えざるを得ない場合に、注文者の請負人に対する建替費用相当額の損害賠償を認めた判例（最判平14・9・24判時1801・77）は、建替費用相当額の損害賠償を認めることが旧民法635条の趣旨に反するか否かが争われた事案でした。

当該判例は、重大な瑕疵がある場合には、請負人に対して実質的に解除したのと同様の負担を課すことも許され、かつ、当該瑕疵ある建物を収去することが必ずしも社会経済的損失にはつながらない、との考え方に立つものといえます。

(2) 改正後

改正後は、旧民法635条は削除され、請負人の担保責任については、民法636条（請負人の担保責任の制限）及び637条（目的物の種類又は品質に関する担保責任の期間の制限）のほかは、売買契約の規定が準用されることとなりました（民562〜564・559）。

旧民法625条の削除により、目的物が建物その他の土地の工作物の場合にも、通常の債務不履行に基づく解除に関する規定（民541・542）が適用されることとなり、解除が可能となりました。契約が解除された場合には、原状回復義務が発生し、請負人は建築した建物等を収去するとともに受領した請負報酬に利息を付して返還する必要が生じるでしょう（民545）。

他方、請負人から注文者に対しては、当該建物等の使用利益の返還や出来高に応じた報酬請求（民634）の可否も問題となりますが、建替が不可欠なような場合には、通常、注文者の利益はないとされるでしょう。

2 要件事実について

❶ 請負契約の締結が前提となります。

❷ 請負契約に基づく仕事の成果たる目的物の引渡しや、請負報酬の支払を主張します。解除によりこれらを原状回復する必要が生じます（民545①）。その場合には、金銭については利息（民545②）、金銭以外の物については果実（民545③）の返還が必要となります。

❸ 解除権の発生原因事実を主張します。法定解除事由としては、催告解除事由(民541)や無催告解除事由(民542)が定められています。

362 第3章　第7節　雇用・請負

❹　解除の意思表示の主張です。訴訟前に行っている場合にはその事実を主張し、行っていない場合には訴状に解除の意思表示を記載し、訴状の送達をもって解除の意思表示の到達とすることが一般的です。

3　訴状例について

　請求の原因第1項が要件事実❶、同第2項及び第3項が要件事実❷、同第4項及び第5項が要件事実❸❹の主張です。

　請求の原因第4項第2文は催告解除の主張であり、いわゆる停止期限付解除の意思表示（催告期間経過時に解除する、ただし催告期間内に履行があったときはこの限りでない旨の意思表示）ですが（司法研修所編『改訂　紛争類型別の要件事実—民事訴訟における攻撃防御の構造—』19頁（法曹会、2006））、実務上はこのような記載をすることが多いでしょう。ただし、期間内に履行がなかったことまでの主張立証は本来不要であり、被告において期間内に履行したことの主張立証責任を負うものと解します。

訴 状 例

第1　請求の趣旨
　1　被告は，原告に対し，別紙物件目録記載の建物を収去せよ
　2　被告は，原告に対し，○万円及びこれに対する平成○年○月○日から支払済みまで年3％の割合による金員を支払え
　3　訴訟費用は被告の負担とする
　との判決並びに仮執行の宣言を求める。
第2　請求の原因
　1　原告は，平成○年○月○日，被告との間で，以下のとおりの約定で，

原告を注文者，被告を請負人とする請負契約を締結した。
- (1) 工　事　名：○○工場新築工事
- (2) 工事場所：○○県○○市○○町○丁目○番○号
- (3) 工　　　期：平成○年○月○日から同年△月△日まで
- (4) 請負報酬：○○万円
- (5) 支払期日：着工時40％（○万円），完成引渡時60％（△万円）

2　原告は，平成○年○月○日，上記請負契約に基づき，被告に対し，請負報酬のうち○万円を支払った。

3　被告は，上記請負契約に基づき別紙物件目録記載の工場を建築し，平成○年△月△日，原告に対し，上記建物を引き渡した。

4　ところが，原告が上記建物の耐震強度を検査したところ，震度○以上の地震により倒壊の危険ありとの結果となった。そのため，原告は，平成○年△月○日到達の内容証明郵便により，被告に対し，平成△年○月○日までに上記建物の耐震補強工事を行わない限り上記請負契約を解除するとの意思表示をした。

5　平成△年○月○日は経過した。

6　よって，原告は，被告に対し，上記請負契約の解除に基づく原状回復請求として，上記建物の収去並びに支払済みの請負報酬○万円及びこれに対する受領日から支払済みまで民法所定の年3％の割合による利息の返還を求める。

（別紙）

物件目録

所　　在　　○○県○○市○○町○○番地

家屋番号　　（未登記）

種　　類　　工場

構　　造　　鉄骨造陸屋根2階建

床面積　　1階　　○○．○○㎡

　　　　　　2階　　○○．○○㎡

第8節 委 任

【97】 受任者の履行割合に応じた報酬（委任報酬請求）

〔民648③〕

＜要件事実＞

旧	① 委任契約の締結 ② ①の委任にかかる報酬の合意 ③ ①に基づく委任事務の一部の履行 ④ ③後の<u>受任者の責めに帰することができない事由による</u>委任の中途終了 ⑤ ③の委任事務の全体に占める割合
新	❶ 委任契約の締結 ❷ ❶の委任にかかる報酬の合意 ❸ ❶に基づく委任事務の一部の履行 ❹ ❸後の<u>委任事務の履行不能又は</u>委任の中途終了 ❺ ❸の委任事務の全体に占める割合

ポイント

1 改正内容について

（1） 改正前

　改正前は、「委任が受任者の責めに帰することができない事由によって履行の中途で終了したときは、受任者は、既にした履行の割合に応じて報酬を請求することができる。」とされており（旧民648③）、受任者の帰責事由による中途終了の場合には割合的報酬の請求はできないものと解されていました。

第3章　第8節　委　任　　　365

　また、委任者の帰責事由による履行不能の場合には、危険負担の規定（旧民536②前段）により、受任者は報酬請求権を失わないものと解されていました。

　(2)　改正後

　改正後は、「委任者の責めに帰することができない事由によって委任事務の履行をすることができなくなったとき」又は「委任が履行の中途で終了したとき」には、受任者は、「既にした履行の割合に応じて報酬を請求することができる」（民648③）と改正されました。これにより、受任者の帰責事由による場合や履行不能の場合にも割合的報酬の請求が可能となりました。この規定は寄託について準用されています（民665）。

　なお、委任者の責めに帰すべき事由による履行不能が除かれているのは、改正前と同様に、危険負担の規定（民536②前段）により、委任者は受任者からの（既履行の割合によらない）報酬請求を拒むことができないと解されるからです。

2　要件事実について

　委任が中途で終了等した場合の割合的報酬請求の要件事実です。

❶　委任契約の締結が前提となります。

❷　委任契約は無報酬が原則のため、報酬の特約を主張する必要があります（民648①）。

❸　委任契約に基づく委任事務の履行の主張です。もし契約に基づく委任事務を全部履行していれば、約定どおりの報酬が請求可能なので、一部の履行にとどまることを主張します。

❹　一部の履行しか済んでいなくても報酬請求が可能な場合に該当すること、すなわちそれ以降の委任事務が継続できない状態となったことの主張が必要です。なお、民法648条3項の場合も、「委任

者の責めに帰することができない事由によること」の主張は不要であると解します。もし委任者に帰責事由があれば民法536条2項により全額請求が可能なはずなのに、委任者に帰責事由がないことの主張立証がない限り割合的請求が認められないとすることは不合理だからです。

❺　履行済みの委任事務の割合を主張する必要があります。委任事務全体に占める履行済みの委任事務の範囲を明確に主張します。

3　訴状例について

準委任契約が中途終了した場合の報酬の請求です。準委任契約にも委任の規定が準用されます（民656）。

請求の原因第1項が要件事実❶❷の主張、同第2項が要件事実❸の主張、同第3項が要件事実❹の主張、同第4項が要件事実❺の主張です。

訴 状 例

第1　請求の趣旨
1　被告は，原告に対し，20万円を支払え
2　訴訟費用は被告の負担とする
との判決並びに仮執行の宣言を求める。
第2　請求の原因
1　原告は，平成○年○月○日，被告との間で，以下のとおりの約定で，原告を受任者，被告を委任者とする準委任契約を締結した。
　(1)　委任期間：平成○年4月1日から同年6月30日まで
　(2)　委任事務：被告の海外出張中における被告宅の維持管理
　(3)　報　　酬：30万円
2　原告は，上記準委任契約に基づき，平成○年4月1日から同年5月31日まで上記委任事務を履行した。
3　ところが，当初3か月間の予定であった被告の海外出張が2か月間

第3章　第8節　委　任　367

で打ち切りとなり，被告は平成○年5月31日に帰国した。これにより，
同年6月1日から30日までの委任事務が不要となったため，原告と被
告とは委任期間を同年5月31日までと合意した。

4　原告が上記委任事務を履行した期間は2か月間であり，当初予定し
ていた本来の委任期間の3分の2であるから，被告が支払うべき報酬
額も当初予定していた報酬額の3分の2の20万円である。

5　よって，原告は，被告に対し，上記準委任契約に基づき，履行の割
合に応じた報酬金20万円の支払を求める。

【98】 成果等に対する報酬（委任報酬請求）

〔民648の2〕

＜要件事実＞

旧	―
新	❶ 委任契約の締結 ❷ ❶の委任にかかる成果報酬の合意 ❸ ❶に基づく委任事務の一部の履行の結果 ❹ ❸後の成果取得不能又は成果取得前の委任の解除 ❺ ❸の給付により委任者が利益を受けること ❻ ❺の利益の全体に占める割合

ポイント

1 改正内容について

（1） 改正前

改正前は、（準）委任契約において事務処理の成果に対して報酬を支払うタイプの契約（成果報酬型）に関する定めはありませんでしたが、成果報酬型の契約も一般的に締結されていました。

（2） 改正後

改正後は、民法648条の2として、成果報酬型の委任契約の報酬に関する定めが新設されました。同条によって、「委任事務の履行により得られる成果に対して報酬を支払うことを約した場合において、その成果が引渡しを要するときは、報酬は、その成果の引渡しと同時に、支払わなければならない。」とされました。また、成果報酬型の委任契約は請負契約に類似するため、「委任事務の履行により得られる成果

第3章　第8節　委　任　　369

に対して報酬を支払うことを約した場合」について、請負契約におけ
る注文者が受ける利益の割合に応じた報酬の規定（民634）が準用され
ることとなりました。同条を委任契約の場合に読み替えれば、「委任
者の責めに帰することができない事由によって委任事務履行の成果を
得ることができなくなったとき」又は「委任が委任事務履行の成果を
得る前に解除されたとき」において「受任者が既に履行した委任事務
の結果のうち可分な部分の給付によって委任者が利益を受けるとき
は、その部分を成果の取得とみなす。」となり、受任者は、「委任者が
受ける利益の割合に応じて報酬を請求することができる」ことになり
ます。

2　要件事実について

❶　委任契約の締結が前提となります。

❷　委任契約は無報酬が原則のため、報酬の特約を主張する必要が
あります（民648①）。本件では成果報酬の合意を主張します。

❸　委任契約に基づく委任事務の一部履行の結果の主張です。もし
契約どおりの成果を得られていれば、約定どおりの報酬が請求可
能なので、契約どおりの成果に満たない結果であることを主張し
ます。

❹　一部履行の結果しか出ていなくても報酬請求が可能な場合に該
当すること、すなわちそれ以降の委任事務が継続できない状態と
なったことの主張が必要です。なお、成果取得不能が「委任者の
責めに帰することができない事由によること」の主張は不要であ
ると解します。もし委任者に帰責事由があれば民法536条2項によ
り全額請求が可能なはずなのに、委任者に帰責事由がないことの
主張立証がない限り割合的請求が認められないとすることは不合
理だからです。

370 第3章 第8節 委 任

❺❻ 一部履行された委任事務の結果の給付により委任者が利益を受けること及び委任者の受けた利益の割合を主張する必要があります。

3 訴状例について

請求の原因第1項が要件事実❶❷の主張、同第2項から第5項までがそれぞれ要件事実❸から要件事実❻の主張です。

請求の原因第5項（要件事実❻）について、実際の利益の割合をどのように算定し、主張立証していくかは難しいところでしょう。

訴状例

第1 請求の趣旨
1 被告は，原告に対し，○万円を支払え
2 訴訟費用は被告の負担とする
との判決並びに仮執行の宣言を求める。
第2 請求の原因
1 原告は，平成○年○月○日，被告との間で，以下のとおりの約定で，原告を受任者，被告を委任者とする委任契約を締結した（以下「本件委任契約」という。）。
(1) 委任事項：被告所有の○○アパート101号室（以下「本件建物」という。）の賃借人Aに対する滞納賃料の請求及び回収並びに同人との間の賃貸借契約（以下「本件賃貸借契約」という。）の解消及び明渡しの交渉
(2) 弁護士報酬：着手金○万円，報酬金○万円
(3) 支払時期：着手金　平成○年○月○日
　　　　　　　　　報酬金　Aの明渡完了から○日以内
2 原告は，本件委任契約に基づき，被告の代理人としてAに対する請求及び交渉を行った結果，Aとの間で以下の内容を骨子とする合意に至り，平成○年○月○日，その旨の合意書を作成した。

第3章　第8節　委　任

(1)　被告とAとは，本件賃貸借契約を平成○年○月○日限り合意解約する。

(2)　Aは，被告に対し，本件賃貸借契約に基づく○万円の賃料債務及び(1)の合意解約の翌日から本件建物の明渡済みまで1か月○万円の割合による賃料相当損害金の支払義務を負っていることを確認する。

(3)　Aは，平成○年○月○日，被告に対し，本件建物を明け渡す。

(4)　Aは，平成○年○月○日，被告に対し，(2)記載の賃料債務から敷金○万円を控除した残額○万円及び平成○年○月○日から同月○日までの賃料相当損害金○万円を支払う。

(5)　清算条項

3　ところが，Aは，突如として前言を翻し，何の理由もなく上記約定どおりの明渡し及び支払を拒み，原告が繰り返し履行を求めたにもかかわらず，一切応じようとしなかった。

　　そのため，原告は，上記合意書に基づき訴訟を提起することを被告に提案したものの，被告は，新たな費用が発生することを嫌って訴訟提起はせず，「Aとの交渉は決裂したので本件委任契約は解除する」旨，原告に告げるに至った。

4　Aは現在も本件建物を明け渡していないものの，上記合意書が存在することによって，訴訟提起及びその後の強制執行により明渡しを実現できる可能性は非常に高い。

5　上記合意書の作成による被告の利益は，現実に明渡しを受ける利益のうち少なくとも○％を占めるものといえる。

6　よって，原告は，被告に対し，本件委任契約に基づく約定報酬のうち○％相当額である○万円の支払を求める。

372　　　　第3章　第8節　委　任

【99】　委任の解除（損害賠償請求）

〔民651②〕

＜要件事実＞

旧	―
新	❶　委任契約の締結 ❷　❶が受任者の利益をも目的とすること ❸　❶の解除の意思表示 ❹　❸による損害の発生及び額

ポイント

1　改正内容について

(1)　改正前

　改正前は、「委任は、各当事者がいつでもその解除をすることができる」（民651①）として、原則として自由に解除できることを前提とした上で（同項は改正なし）、「当事者の一方が相手方に不利な時期に委任の解除をしたときは、その当事者の一方は、相手方の損害を賠償しなければならない。ただし、やむを得ない事由があったときは、この限りでない。」（旧民651②）として一定の場合に解除者に損害賠償義務が課されていました。

　判例においては、委任が受任者の利益をも目的とする場合には、委任者は任意に解除することができないとされていましたが（大判大9・4・24民録26・562）、その後、委任が受任者の利益をも目的とする場合でも、受任者の著しく不誠実な行動などのやむを得ない事由があるときは、委任者による解除が可能とされ（最判昭43・9・20判時536・51）、さら

に、やむを得ない事由がなくとも、委任者が解除権を放棄したものと解されない事情があるときには委任者による解除が可能との判断（最判昭56・1・19判時996・50）もなされています。

(2) 改正後

改正後は、民法651条1項による各当事者の自由な解除を認める規定を維持した上で、同条2項が、「前項の規定により委任の解除をした者」は、「相手方に不利な時期に委任を解除したとき」（民651②一）又は「委任者が受任者の利益（専ら報酬を得ることによるものを除く。）をも目的とする委任を解除したとき」（民651②二）には、「相手方の損害を賠償しなければならない。ただし、やむを得ない事由があったときは、この限りでない。」と改正されました。

2 要件事実について

委任が受任者の利益をも目的とするものであった場合に、委任者がそれを解除したことを理由とする損害賠償請求（民651②二）の要件事実です。

❶ 委任契約の締結が前提となります。

❷ 委任契約が受任者の利益をも目的とするものであることを主張します。ここにいう利益は、「専ら報酬を得ることによるもの」を除きます。

❸ 委任者による解除の意思表示を主張します。委任は各当事者がいつでも解除できるため（民651①）、解除の理由を主張する必要はありません。

❹ 委任者の解除によって受任者に損害が生じたこと及びその額を主張します。

374　　　　　　第3章　第8節　委　任

3　訴状例について

　準委任契約が委任者により解除された場合の受任者からの損害賠償
請求です。準委任契約にも委任の規定が準用されます（民656）。この
ような委任が「受任者の利益をも目的とする委任」に該当するかどう
かはケースバイケースでしょう。また、その場合の損害の範囲もいろ
いろな考え方があるかと思います。

　請求の原因第1項から同第4項までがそれぞれ要件事実❶から要件事
実❹までの主張です。

訴 状 例

第1　請求の趣旨
　1　被告は，原告に対し，○万円を支払え
　2　訴訟費用は被告の負担とする
　との判決並びに仮執行の宣言を求める。
第2　請求の原因
　1　原告は，平成○年○月○日，被告との間で，以下のとおりの約定で，
　　原告を受任者，被告を委任者とする準委任契約を締結した。
　　　(1)　委任期間：平成○年4月1日から2年間
　　　(2)　委任事務：被告の海外出張中における被告宅の維持管理
　　　(3)　報　　　酬：月額5万円
　2　上記準委任契約に基づく委任事務は，原告が被告宅に住み込んで
　　被告宅の維持管理をすることが前提となっており，かつ，原告は，平
　　成○年○月当時居住していたアパートの賃貸借契約が更新時期とな
　　っていたことから，同アパートの賃貸借契約を更新せず，被告宅に転
　　居してきたものである。
　　　上記準委任契約は，賃料なしに居住場所が確保できるという原告
　　の利益をも目的とするものであった。
　3　ところが，当初2年間の予定であった被告の海外出張が半年で打ち
　　切りとなったことから，被告は，平成○年10月10日に帰国し，同日，

原告に対し，上記準委任契約を解除する旨の意思表示をした。

4　原告は，被告による上記準委任契約の解除により，以下のとおり，合計○万円の損害を被った。

　(1)　……

　(2)　……

　(3)　……

5　よって，原告は，被告に対し，上記準委任契約の解除に基づく損害賠償請求として，○万円の支払を求める。

第9節　寄　託

【100】　期限前返還（損害賠償請求）

〔民662②〕

＜要件事実＞

旧	―
新	❶　寄託契約の締結 ❷　❶に基づく寄託物の引渡し ❸　返還時期の合意 ❹　❸の期限前の寄託物の返還 ❺　損害の発生及び額

ポイント

1　改正内容について

（1）　改正前

改正前は、「当事者が寄託物の返還の時期を定めたときであっても、寄託者は、いつでもその返還を請求することができる。」（旧民662）とされていましたが、返還期限より前に返還することにより受寄者に損害が生じる場合の規定はありませんでした。

（2）　改正後

改正後は、旧民法662条が民法662条1項となり、同条2項に「前項に規定する場合において、受寄者は、寄託者がその時期の前に返還を請求したことによって損害を受けたときは、寄託者に対し、その損害を請求することができる。」との規定が設けられました。

第3章　第9節　寄　託　　　377

2　要件事実について

❶　寄託契約の締結が前提となります。

❷　改正により寄託契約が要物契約から諾成契約となったため（民657）、別個の要件として挙げています。

❸　民法662条2項は、返還時期を定めた場合を前提としているため、返還時期の合意が必要となります。

❹　受寄者が❸の期限前に返還したことの主張です。民法662条2項の条文上は、「寄託者がその時期の前に返還を請求したことによって損害を受けた」としており、現実に返還する前であっても、返還請求を受けた時点で損害賠償請求が可能なようにも読めますが、請求を受けただけで損害が発生することは想定し難いため、現実に返還したことが必要であると考えます。

❺　❹による損害の発生と額の主張です。何をもって損害とするかについては、様々な考え方があり得るでしょう。

3　訴状例について

　請求の原因第1項が要件事実❶❸の主張、同第2項が要件事実❷の主張、同第3項が要件事実❹の主張、同第4項から第6項までが要件事実❺の主張です。

訴 状 例

第1　請求の趣旨
　1　被告は，原告に対し，○万円を支払え
　2　訴訟費用は被告の負担とする
　との判決並びに仮執行の宣言を求める。
第2　請求の原因
　1　被告は，原告に対し，平成○年6月1日，被告の所有するA直筆の書

簡3点（以下「本件書簡」という。）を以下のとおり保管することを委託し，原告はこれを承諾した。

(1)　寄託期間：平成○年6月1日から5年間

(2)　原告は，寄託期間中，原告の運営するA資料館（東京都○○区○○町○－○－○）において，本件書簡を展示し，一般の観覧に供することができる。

2　被告は，前同日，原告に対し，上記寄託契約に基づき本件書簡を引き渡した。

3　ところが，被告は，寄託期間開始から約1年後の平成△年5月20日，原告に対し，本件書簡の返還を請求したため，原告は，同月31日，被告に対し，本件書簡を返還した。

4　本件書簡は，いずれも幕末にAがBに宛てて送った書簡であり，明治維新へと至る当時の状況を窺い知ることのできる貴重な歴史的資料であった。そのため，原告は，第1項(2)の約定に基づきA資料館に常設展示するとともに，毎年7月から9月にかけて企画展を開催することとしていた。実際に平成○年7月から9月まで開催した企画展では，これまでの来場者平均を大きく上回る1日当たり○人の来場者数を記録している。

5　原告は，被告から上記返還請求があった時点で，既に平成△年7月から開催予定の企画展のポスターやチラシの印刷を発注済みであり，せめて企画展の終了まで待ってほしいと懇願したが，被告は聞き入れず，やむなく本件書簡を返還せざるを得なかった。

6　原告は，本件書簡の返還により，次のとおり合計○万円の損害を被った。

(1)　……

(2)　……

(3)　……

7　よって，原告は，被告に対し，民法662条2項に基づく損害賠償金○万円の支払を求める。

第3章　第9節　寄　託　　　379

【101】　損害賠償等の請求権についての期間の制限（損害賠償請求）　〔民664の2〕

＜要件事実＞

旧	—
新	❶　寄託者が受寄者から寄託物の返還を受けていないこと 又は ❶′　寄託者が受寄者から寄託物の返還を受けてから1年以内であること

ポイント

1　改正内容について

（1）　改正前

改正前は、寄託物の一部滅失又は損傷による損害賠償請求について特別の期間制限は定められていませんでした。なお、旧商法626条1項では、倉庫営業者の責任の消滅時効として「寄託物ノ滅失又ハ毀損ニ因リテ生シタル倉庫営業者ノ責任ハ出庫ノ日ヨリ1年ヲ経過シタルトキハ時効ニ因リテ消滅ス」として、1年の短期消滅時効が定められていました。

（2）　改正後

改正後は、「寄託物の一部滅失又は損傷によって生じた損害の賠償及び受寄者が支出した費用の償還は、寄託者が返還を受けた時から1年以内に請求しなければならない。」（民664の2①）との規定が新設されました。賃貸借や使用貸借においては、改正前後を通じて、賃借人等

に対する損害賠償請求権の行使期間が1年に制限されているところ（民622・600①）、権利関係の早期確定の必要性は寄託においても同様であることから、これに倣ったものです。寄託物の全部滅失の場合が除かれているのは、既に返還不能となっており、権利関係の早期確定の必要性が高くないとの考慮によるものです。

また、賃貸借や使用貸借の場合と同様（民622・600②）、「前項の損害賠償の請求権については、寄託者が返還を受けた時から1年を経過するまでの間は、時効は、完成しない。」（民664の2②）との規定も新設されました。

これは、契約期間の途中で受寄者が寄託物を損傷等した場合に、寄託者がそれを知らないまま損害賠償請求権の消滅時効（民166①一）が進行してしまう可能性があったことから、新たに時効の完成猶予事由を定めたものです。この改正により、寄託物返還前に消滅時効が完成することはなく、寄託物の返還を受けてから1年以内に損害賠償請求をすれば足りることになります。

2　要件事実について

寄託者が受寄者に対して寄託者の善管注意義務（民400・659）違反等による寄託物の損傷等を理由とする損害賠償請求をしたのに対して、借主から一般の消滅時効（民166①一・二）による時効消滅の抗弁が主張された場合の再抗弁（時効の完成猶予）の要件事実です。

❶　上記のとおり、寄託物返還前は消滅時効が完成しないと解されますので、寄託物の返還が未了であることは再抗弁として機能するでしょう。

❶´　寄託物返還後1年以内であれば時効は完成しないので、これも再抗弁として機能します。

第3章 第9節 寄 託　　381

3　訴状例について

　寄託者が受寄者に対して寄託物の損傷を理由として損害賠償を請求する事例です。受寄者が寄託物を損傷してから10年以上経過しているものの、寄託物の返還から1年以内という前提です。

　請求の原因の記載は、無報酬の受寄者の注意義務（民659）違反による損害賠償請求の要件事実です。これに対して、被告からは訴訟外で消滅時効の主張がなされているため、関連事実第5項において、再抗弁となるべき時効の完成猶予の要件事実❶′をあらかじめ主張しているものです。

訴 状 例

第1　請求の趣旨
　1　被告は，原告に対し，〇万円及び訴状送達の日の翌日から支払済みまで年3％の割合による金員を支払え
　2　訴訟費用は被告の負担とする
　との判決並びに仮執行の宣言を求める。
第2　請求の原因
　1　原告は，被告に対し，平成〇年〇月〇日，別紙物件目録記載の原告の父の遺品〇点（以下「本件遺品」という。）の保管を委託し，被告はこれを承諾した。
　2　原告は，被告に対し，前同日，上記寄託契約に基づき，本件遺品を引き渡した。
　3　原告は，平成〇年〇月〇日，被告から本件遺品の返還を受けたが，以下のとおり，紛失及び損傷があった。
　　(1)　〇〇（別紙物件目録記載3）
　　　　〇〇部分にひび割れ
　　(2)　〇〇（別紙物件目録記載6）
　　　　〇〇部分にカビ付着，〇〇部分に破れ

（3）　○○（別紙物件目録記載13）

　　　紛失

（4）　……

　　　……

4　上記紛失及び損傷は，被告がその注意義務（民法659条）を怠り，適切な保管を行わなかったために生じたものである。

5　上記紛失及び損傷により，原告は以下のとおり合計○万円の損害を被った。

（1）　……

（2）　……

（3）　……

6　よって，原告は，被告に対し，上記寄託契約に基づく被告の注意義務違反による損害賠償請求として，○万円及びこれに対する訴状送達の日の翌日から支払済みまで民法所定の年3％の割合による遅延損害金の支払を求める。

第3　関連事実

1　被告は，亡くなった原告の父の弟であり，原告の叔父にあたる。

2　平成○年○月○日に原告の父が亡くなり，相続人は原告のみであったが，原告は，平成○年以降，東京を生活の本拠としており，○○県所在の父の自宅不動産を含めた相続財産の処分又は管理をするのが困難であった。そこで，父の自宅不動産の売却を地元の○○不動産販売株式会社に委託するとともに，同社との連絡やその余の遺産の管理を父の自宅から徒歩○分の距離に居住していた被告に委託した。

3　原告の父の死亡から約1年後に自宅不動産は売却できたが，売却に際し，自宅内に保管されていた本件遺品については，原告においてすぐに引き取ることが困難だったことから，被告にその保管を依頼したものである。

4　その後，原告は，平成○年に現在の住居に転居して保管スペースも確保できたことから，平成○年○月○日に行われた父の十三回忌の際，被告に対して本件遺品を引き取ることを伝え，上記のとおり返還を受けたが，その際，上記紛失及び損傷が発覚したものである。

　　原告は，上記紛失及び損傷への対応について被告と繰り返し協議

第3章　第9節　寄　託　　　383

していたが，平成○年○月○日の電話を最後に一切被告と連絡が取れなくなり，やむなく本件提訴に至ったものである。しかしながら，原告としては，可能な限り話し合いにより解決できることを望んでいる。

5　なお，被告は，上記協議の際，上記紛失及び損傷は本件遺品を預かってから半年くらいの間に生じたものであり，10年以上経っているから時効ではないか（民法166条1項2号）と主張していたが，いまだ返還から1年が経過しておらず，民法664条の2第2項により消滅時効の完成は猶予されている。

（別紙）

物件目録

　（省略）

第10節　組　合

【102】　加入・脱退した組合員の責任（組合債務履行請求）

〔民677の2②，680の2①〕

＜要件事実＞

旧	－
新	❶　組合債務の発生原因事実 ❷　現在、組合員であること又は 　　過去、組合員であったこと ❸　損失分担の割合又は利益分配の割合又は 　　出資価額の割合又は組合員の数

ポイント

1　改正内容について

(1)　改正前

改正前は、組合の成立後に新たに組合員を加入させることができるか否か、加入した組合員が加入前に生じていた組合債務の弁済義務を負うのか否かについて、明確な規定はありませんでした。

また、組合を脱退した組合員について、脱退前に生じていた組合債務の弁済義務を負うのか否かについても、明確な規定はありませんでした。

(2)　改正後

改正後は、「組合員は、その全員の同意によって、又は組合契約の定めるところにより、新たに組合員を加入させることができる。」（民677の2①）として、組合員の加入が可能であること及び加入の要件が明確

となりました。また、「前項の規定により組合の成立後に加入した組合員は、その加入前に生じた組合の債務については、これを弁済する責任を負わない。」（民677の2②）との規定も新設されました。

さらに、「脱退した組合員は、その脱退前に生じた組合の債務について、従前の責任の範囲内でこれを弁済する責任を負う。」（民680の2①前段）との規定が新設されました。

これらの改正により、組合債務については、当該債務の発生時点における組合員が弁済の責任を負うことが明確となりました。

2 要件事実について

❶ 組合債務の発生原因事実を主張します。

❷ 実体要件としては❶時点において組合員であったことが必要ですが、第三者である債権者が、組合内部における組合員の変動を具体的に主張立証することは困難な場合も考えられます。そこで、債権者において過去又は現在のいずれかの時点で組合員であった事実を主張立証した場合、組合員の側において、抗弁として、❶より前に脱退したこと又は❶より後に加入したことを主張立証しない限り、❶時点において組合員であったものと取り扱われるべきと考えます。

❸ 組合員は、損失分担の割合を定めたときはその割合で組合債務について弁済の責任を負います（民675②本文）。利益分配の割合のみを定めていれば損失もその割合で分担するものと推定され（民674②）、損益とも分配割合を定めなかったときは出資の価額に応じて損失分担割合が定められます（民674①）。

さらに、均等割合で請求することもでき（民675②本文）、その場合には組合員の数を主張することになります。ただし、債権者が債権発生時に損失分担の割合を知っていたとき（かつ、それが均

等割合より少ない場合）には、組合員において悪意の抗弁が主張されることになるでしょう（民675②ただし書）。

3　訴状例について

請求の原因第1項が要件事実❶の一部となる先立つ代理権発生原因の主張、要件事実❷のうち現在組合員であることの主張、要件事実❸のうち組合員の数の主張です。組合の業務執行者は民法上、代理権を有するため（民670の2②）、業務執行者であること（正確には業務執行者に選任されたこと）を主張する必要があります。

請求の原因第2項から第4項はいずれも要件事実❶の一部の主張であり、同第2項は代理人（業務執行者）による法律行為の主張、同第3項は顕名の主張、同第4項は約定のキャンセル料の発生原因となる2日前のキャンセルの事実の主張です。

本件では、被告はいずれも現在の組合員であることを前提としているため、被告の中で、賃貸借契約後に加入した者がいれば、その主張が当該被告の抗弁となります。

訴 状 例

第1　請求の趣旨
1　被告らは，原告に対し，各自16万円及びこれに対する訴状送達の日の翌日から支払済みまで年3％の割合による金員を支払え
2　訴訟費用は被告らの負担とする
との判決並びに仮執行の宣言を求める。
第2　請求の原因
1　被告ら5名は，いずれも演劇の公演を目的とするA組合の組合員であり，業務執行者は被告Bである。
2　原告は，平成○年○月○日，被告Bに対し，原告の運営する○○ホ

第3章　第10節　組　合　　387

ールを次の約定で貸し出す旨の契約を締結した。
　(1)　貸出日時：平成○年7月20日（日）午前9時から午後7時まで
　(2)　利用料：100万円
　(3)　キャンセル料
　　ア　貸出予定日の1週間前から3日前まで　利用料の　50％
　　イ　貸出予定日の3日前から前日まで　　　利用料の　80％
　　ウ　貸出日当日　　　　　　　　　　　　　利用料の　100％
3　被告Bは，前項の際，A組合のためにすることを示した。
4　被告Bは，今回の公演の主役である被告Cがリハーサル中に舞台から転落して負傷したため公演を中止するとして，平成○年7月18日，原告に対してキャンセルの申入れをした。
5　よって，原告は，被告らに対し，上記賃貸借契約に基づき，各自16万円（キャンセル料80万円を被告ら5名で均等に除した額）及びこれに対する訴状送達の日の翌日から支払済みまで民法所定の年3％の割合による遅延損害金の支払を求める。

【103】 脱退した組合員の組合に対する求償権（求償請求） 〔民680の2②〕

＜要件事実＞

旧	－
新	❶ 組合債務の発生原因事実 ❷ ❶の当時、組合員であったこと ❸ 損失分担の割合又は利益分配の割合又は 　 出資価額の割合 ❹ 組合の脱退 ❺ ❹の後の組合債務の弁済

ポイント

1 改正内容について

（1） 改正前

改正前は、組合を脱退した組合員について、脱退前に生じていた組合債務の弁済義務を負うのか否か、また、弁済義務を負う場合に組合に対してどのような請求が可能かについて、明確な規定はありませんでした。

（2） 改正後

改正後は、「脱退した組合員は、その脱退前に生じた組合の債務について、従前の責任の範囲内でこれを弁済する責任を負う。」（民680の2①前段）との規定が新設されました。

また、「この場合において、債権者が全部の弁済を受けない間は、脱退した組合員は、組合に担保を供させ、又は組合に対して自己に免責を得させることを請求することができる。」（民680の2①後段）との規定

も設けられました。さらに、「脱退した組合員は、前項に規定する組合の債務を弁済したときは、組合に対して求償権を有する。」（民680の2②）ことが明文化されました。

2　要件事実について

❶　組合債務の発生原因事実を主張します。

❷　❶時点において組合員であったことを主張します。元組合員自身が主張するため、債権者が主張する場合とは異なり特定の時点における組合員であったことの主張立証が必要であると考えます。

❸　組合員は、損失分担の割合を定めたときはその割合で組合債務について弁済の責任を負います（民675②本文）。利益分配の割合のみを定めていれば損失もその割合で分担するものと推定され（民674②）、損益とも分配割合を定めなかったときは出資の価額に応じて損失分担割合が定められます（民674①）。

❹　組合を脱退したことを主張します。さらに持分の払戻しを受けたことまで主張が必要とする見解もありますが（伊藤滋夫編著『新民法（債権関係）の要件事実Ⅱ改正条文と関係条文の徹底解説』617頁（青林書院、2017））、脱退時には組合財産の状況に応じて払戻しがなされるのが原則であり（民681）、本来より多額の払戻しを受けたことや、逆に脱退時には債務超過であったのに損失負担分を支払っていないことなどは、被告側の抗弁となるものと考えます。

❺　脱退後に組合債権者に対して弁済をしたことを主張します。

3　訴状例について

請求の原因第1項が要件事実❷❸の主張、同第2項から第4項までが要件事実❶の主張です。組合の業務執行者は民法上、代理権を有するた

め（民670の2②）、業務執行者に選任されたことが代理権の発生原因事実となります。

　請求の原因第5項が要件事実❹の主張、同第6項が要件事実❺の主張です。

訴 状 例

第1　請求の趣旨
　1　被告Bは，原告に対し，100万円を支払え
　2　被告C及び被告Dは，原告に対し，各自50万円を支払え
　3　訴訟費用は被告らの負担とする
　との判決並びに仮執行の宣言を求める。
第2　請求の原因
　1　原告及び被告らは，平成○年3月2日当時，いずれも○○を目的とするA組合の組合員であり，原告，被告B，被告C及び被告Dの出資割合は，2：2：1：1であった。
　2　訴外Eは，平成○年3月2日，被告Bに対し，○○を代金600万円で売った。
　3　被告Bは，前項の際，A組合のためにすることを示した。
　4　被告Bは，第2項に先立ち，A組合の業務執行者に選任された。
　5　原告は，平成○年3月31日，A組合を脱退した。
　6　訴外Eは，平成○年4月30日，原告に対し，上記売買代金のうち第1項記載の原告の出資割合に応じた200万円の支払を請求し，原告はこれを支払った。
　7　よって，原告は，被告Bに対して100万円，被告C及びDに対して各自50万円の求償金（200万円を各被告の出資割合に応じて分割した額）の支払を求める。

民法（債権法）
旧新条数索引

392

民法（債権法）　旧新条数索引

※〔　〕囲みの見出しは、任意に付したものです。

旧条	旧条見出し	新条	新条見出し	項目No.
		3の2	〔意思能力〕	1
90	公序良俗	90	公序良俗	2
93	心裡留保	93	心裡留保	3
95	錯誤	95	錯誤	4,5,6,7
96	詐欺又は強迫	96	詐欺又は強迫	8,9
97	隔地者に対する意思表示	97	意思表示の効力発生時期等	10
		107	代理権の濫用	11
109	代理権授与の表示による表見代理	109	代理権授与の表示による表見代理等	12
112	代理権消滅後の表見代理	112	代理権消滅後の表見代理等	13
117	無権代理人の責任	117	無権代理人の責任	14
		121の2	原状回復の義務	15
130	条件の成就の妨害	130	条件の成就の妨害等	16
145	時効の援用	145	時効の援用	17
		147	裁判上の請求等による時効の完成猶予及び更新	18
		151	協議を行う旨の合意による時効の完成猶予	19
		152	承認による時効の更新	20
400	特定物の引渡しの場合の注意義務	400	特定物の引渡しの場合の注意義務	21

394 民法（債権法） 旧新条数索引

旧条	旧条見出し	新条	新条見出し	項目No.
404	法定利率	404	法定利率	22
410	不能による選択債権の特定	410	不能による選択債権の特定	23
412	履行期と履行遅滞	412	履行期と履行遅滞	25
		412の2	履行不能	26
413	受領遅滞	413	受領遅滞	27
		413の2	履行遅滞中又は受領遅滞中の履行不能と帰責事由	28,29
415	債務不履行による損害賠償	415	債務不履行による損害賠償	24,30
416	損害賠償の範囲	416	損害賠償の範囲	31
		417の2	中間利息の控除	32
419	金銭債務の特則	419	金銭債務の特則	33
		422の2	代償請求権	34
423	債権者代位権	423	債権者代位権の要件	35
		423の7	登記又は登録の請求権を保全するための債権者代位権	36
424	詐害行為取消権	424	詐害行為取消請求	37
		424の2	相当の対価を得てした財産の処分行為の特則	38
		424の3	特定の債権者に対する担保の供与等の特則	39
		424の4	過大な代物弁済等の特則	40

民法（債権法）　旧新条数索引　　395

旧条	旧条見出し	新条	新条見出し	項目No.
		424の5	転得者に対する詐害行為取消請求	41
		424の6	財産の返還又は価額の償還の請求	37
		424の7	被告及び訴訟告知	37
		424の8	詐害行為の取消しの範囲	37
		424の9	債権者への支払又は引渡し	37
425	詐害行為の取消しの効果	425	認容判決の効力が及ぶ者の範囲	37
		425の2	債務者の受けた反対給付に関する受益者の権利	42
		425の4	詐害行為取消請求を受けた転得者の権利	43
428	不可分債権	428	不可分債権	45
430	不可分債務	430	不可分債務	47
		432	連帯債権者による履行の請求等	44
432	履行の請求	436	連帯債務者に対する履行の請求	46
440	相対的効力の原則	441	相対的効力の原則	48
442	連帯債務者間の求償権	442	連帯債務者間の求償権	49
444	償還をする資力のない者の負担部分の分担	444	償還をする資力のない者の負担部分の分担	50

旧条	旧条見出し	新条	新条見出し	項目No.
		458の3	主たる債務者が期限の利益を喪失した場合における情報の提供義務	51
459	委託を受けた保証人の求償権	459	委託を受けた保証人の求償権	52
		459の2	委託を受けた保証人が弁済期前に弁済等をした場合の求償権	53
465の2	貸金等根保証契約の保証人の責任等	465の2	個人根保証契約の保証人の責任等	54
465の5	保証人が法人である貸金等債務の根保証契約の求償権	465の5	保証人が法人である根保証契約の求償権	55
		465の6	公正証書の作成と保証の効力	56
		465の7	保証に係る公正証書の方式の特則	56
		465の8	公正証書の作成と求償権についての保証の効力	56
		465の9	公正証書の作成と保証の効力に関する規定の適用除外	56
466	債権の譲渡性	466	債権の譲渡性	57
		470	併存的債務引受の要件及び効果	58
		472	免責的債務引受の要件及び効果	59, 60

民法（債権法）　旧新条数索引　　　397

旧条	旧条見出し	新条	新条見出し	項目No.
		473	弁済	61
		477	預金又は貯金の口座に対する払込みによる弁済	62
478	債権の準占有者に対する弁済	478	受領権者としての外観を有する者に対する弁済	63
482	代物弁済	482	代物弁済	64
499	任意代位	499・500	〔弁済による代位の要件〕	65
500	法定代位			
501	弁済による代位の効果	501	弁済による代位の効果	65
502	一部弁済による代位	502	一部弁済による代位	66
513	更改	513	更改	67
514	債務者の交替による更改	514	債務者の交替による更改	68
518	更改後の債務への担保の移転	518	更改後の債務への担保の移転	69
		539の2	〔契約上の地位の移転〕	70
542	定期行為の履行遅滞による解除権	542	催告によらない解除	71
543	履行不能による解除権			
545	解除の効果	545	解除の効果	71
		548の2	定型約款の合意	72
		548の4	定型約款の変更	73

旧条	旧条見出し	新条	新条見出し	項目No.
549	贈与	549	贈与	74
551	贈与者の担保責任	551	贈与者の引渡義務等	75
		560	権利移転の対抗要件に係る売主の義務	76
560	他人の権利の売買における売主の義務	561	他人の権利の売買における売主の義務	77
		562	買主の追完請求権	78
		563	買主の代金減額請求権	79
		566	目的物の種類又は品質に関する担保責任の期間の制限	80
579	買戻しの特約	579	買戻しの特約	81
		587の2	書面でする消費貸借等	82
		589	利息	83
591	返還の時期	591	返還の時期	84
593	使用貸借	593	使用貸借	85
		593の2	借用物受取り前の貸主による使用貸借の解除	85
597・599	借用物の返還の時期・借主の死亡による使用貸借の終了	597・598	期間満了等による使用貸借の終了・使用貸借の解除	86
598	借主による収去	599	借主による収去等	87
600	損害賠償及び費用の償還の請求権についての期間の制限	600	損害賠償及び費用の償還の請求権についての期間の制限	88
		605の2	不動産の賃貸人たる地位の移転	89

旧条	旧条見出し	新条	新条見出し	項目No.
		605の3	合意による不動産の賃貸人たる地位の移転	90
		605の4	不動産の賃借人による妨害の停止の請求等	91
611	賃借物の一部滅失による賃料の減額請求等	611	賃借物の一部滅失等による賃料の減額等	92
		622の2	〔敷金〕	93
		624の2	履行の割合に応じた報酬	94
		634	注文者が受ける利益の割合に応じた報酬	95
635	〔請負人の担保責任としての解除と土地工作物についての制限〕			96
648	受任者の報酬	648	受任者の報酬	97
		648の2	成果等に対する報酬	98
651	委任の解除	651	委任の解除	99
662	寄託者による返還請求	662	寄託者による返還請求等	100
		664の2	損害賠償及び費用の償還の請求権についての期間の制限	101
		677の2	組合員の加入	102
		680の2	脱退した組合員の責任等	102,103

新債権法における
要件事実と訴状記載のポイント

平成31年3月8日　初版発行

著　者　中　村　　知　己

発行者　新日本法規出版株式会社

代表者　服　部　昭　三

発行所　新日本法規出版株式会社

本　　社　（460-8455）　名古屋市中区栄１－23－20
総轄本部　　　　　　　　　電話　代表　052(211)1525

東京本社　（162-8407）　東京都新宿区市谷砂土原町２－６
　　　　　　　　　　　　　電話　代表　03(3269)2220

支　　社　札幌・仙台・東京・関東・名古屋・大阪・広島
　　　　　　高松・福岡

ホームページ　http://www.sn-hoki.co.jp/

※本書の無断転載・複製は、著作権法上の例外を除き禁じられています。
※落丁・乱丁本はお取替えします。　　　　ISBN978-4-7882-8515-6
5100052　新債権法訴状記載　　　　　　ⓒ中村知己 2019 Printed in Japan